Archiv der Jugendkulturen

Interviews Die Gothics Fotografien

Originalausgabe
Verlag Thomas Tilsner
www.tilsner.de

Herausgeber:
Archiv der Jugendkulturen e.V.
Fidicinstr. 3, 10965 Berlin
www.jugendkulturen.de

Gestaltung:
Kerstin & Roland Koletzki / kom.un.art.
unter Verwendung zweier Fotos
von Boris Geilert / G.A.F.F. und Kirsten Wallraff

Druck und Verarbeitung:
Marxmühle

Die Deutsche Bibliothek – CIP-Einheitsaufnahme

Der Titelsatz für diese Publikation ist bei
Der Deutschen Bibliothek erhältlich.

Berlin / Bad Tölz 2001
ISBN 3-933773-09-1

Interviews

Die Gothics

Fotografien

Klaus Farin

Klaus Farin

Geboren 1958 in Gelsenkirchen, fünfjährige Ausbildung als Schülerzeitungsredakteur, anschließend Journalist, Verleger, Buchhändler. Ab 1981 in Berlin als Security für eine Konzertagentur, wieder Journalist und Autor, Lehrbeauftragter und Vortragsreisender in Jugendklubs, Schulen, Akademien und Unternehmen. Diverse Veröffentlichungen über Skinheads, Hooligans und andere Szenen. 1997 Mitbegründer und Leiter des

ARCHIV

der Jugendkulturen e.V.

Das Berliner Archiv der Jugendkulturen e.V. existiert seit 1998 und hat es sich zur Aufgabe gemacht, vor allem authentische Zeugnisse aus den Jugendkulturen selbst (Fanzines, Flyer, Musik etc.) zu sammeln, auszuwerten und der an einem differenzierten Blick interessierten Öffentlichkeit zugänglich zu machen. Zu diesem Zweck gibt das Archiv der Jugendkulturen e.V. auch im Verlag Thomas Tilsner eine eigene Buchreihe mit sechs Titeln jährlich heraus, in denen sowohl sachkundige WissenschaftlerInnen, JournalistInnen u.a. über Jugendkulturen Forschende als auch Szene-AktivistInnen zu Wort kommen. Das Archiv der Jugendkulturen e.V. legt großen Wert auf eine enge Kooperation mit Angehörigen der verschiedensten Jugendkulturen und ist daher immer an entsprechenden Angeboten, Reaktionen und Material jeglicher Art interessiert. Eine Mitgliedschaft im Verein des Archivs lohnt sich vor allem für diejenigen, die sich eine qualifizierte und stets aktuelle Bibliothek zum Thema Jugendkulturen aufbauen wollen.

Denn für einen Jahresbeitrag von 240,- DM erhält jedes Vereinsmitglied sämtliche vom Archiv der Jugendkulturen herausgegebenen Bücher, das *Journal der Jugendkulturen* u.a. special services. Die allgemeine Nutzung des Archivs und sein Bibliotheksbestände ist selbstverständlich auch für Nicht-Vereinsmitglieder kostenlos möglich.

Kontakt:
Archiv der Jugendkulturen e.V.
Fidicinstraße 3
10965 Berlin
Tel.: 030-694 29 34
Fax: 030-691 30 16
e-mail: archivderjugendkulturen@t-online.de
Homepage & Mailorder: www.jugendkulturen.de

Vorwort

Leipzig, Pfingsten 19-

Neunzehnhundert...? Ich muß in der falschen Zeit gelandet sein. Um mich herum lustwandeln blasse Edelleute, in Samt und Brokat gehüllt, reichlich mit Silberschmuck behängt und überhaupt herausgeputzt, als gingen sie zur Soirée bei König Lothar. Unbeeindruckt von der lärmenden Hektik ihrer Umgebung schreiten sie stolzen Hauptes durch das sich um sie bildende Spalier bedeutend einfacher gekleideter Menschen: Landsknechte und Handwerker, oft in Leder oder Fellen gewandet, Spielleute mit seltsamen Instrumenten ohne Stromklinke. Keine drei Meter vor mir schlagen zwei Männer mit ellenlangen Schwertern klirrend aufeinander ein. Ein gutes Dutzend weiterer Kerle steht feixend daneben und genießt das Spektakel, anstatt die Irren einzufangen. Eine Amazone in schwarz glänzendem Leder übt sich im Speerwerfen. Ich weiche zurück und gerate zwischen ein Quartett langhaariger Gesellen, die sich mit großen Met-Krügen zuprosten.

Ich bin offensichtlich auf einem Markt gelandet. Ein schwarzer Schuhmacher preist seine Schuhe an, die allesamt vorne in aufgerichteten Schnäbeln münden. Ein Glasbläser produziert unermüdlich neue zerbrechliche Gefäße, ein grauhaariger Miraculix verkauft selbsthergestelltes Räucherwerk. An weiteren Ständen bieten Magier, Wahrsager und Alchimisten ihre Dienste an, eine Hexe mischt aus geheimnisvollen Kräutern Heiltees, Salben und Arzneien. Ein Ausrufer erinnert daran, daß in wenigen Minuten der »Sklavenmarkt mit Jungfernversteigerung« eröffnet werde; ein junger Ritter, der auf dem Kopf statt eines Helms einen feuerroten Iro trägt, drückt mir eine weitere Einladung in die Hand. Glasscherbentreten, Bauch- und Schlangentanz sowie eine »mystische Feuerprozession mit Brandpfeilbogenschießen« werden geboten. »Kinder, die das Schwert der Wächter am Eingang nicht überragen, haben freien Zutritt.«

Leipzig war schon in Vor-Wende-Zeiten die heimliche Kultur-Hauptstadt der DDR, zumindest was alles Abseitige, Untergründige, Subkulturelle anbelangte. Hier trafen sich in den Siebzigern verpönte Literaten zu heimlichen Privatlesungen, in den frühen Achtzigern rotzten die ersten ostdeutschen Punk-Bands in Kirchensälen und zweckentfremdeten Betriebs- oder FDJ-Klubs zu minimalistischem Drei-Akkorde-Pogo ihre obrigkeitsfeindlichen Texte ins Mikro. Und hier versammelten sich auch in den späten Achtzigern in der Villa oder im Eiskeller die Grufties der DDR. Die taten zwar eigentlich nichts Schlimmeres als Partys zu feiern und über Gott und die Welt zu meditieren, waren aber alleine schon aufgrund ihres »negativ-dekadenten« Outfits der Optimismus verordnenden Staatsführung ein Dorn im Auge. So ließ sie auch die Grufties – wie alle (vermeintlich) oppositionellen Gruppen, Szenen und Kulturen – von der Firma Horch & Guck scharf überwachen und bedrängen. 600 Grufties kannte das Ministerium für Staatssicherheit Anfang 1989 mit Namen und Anschrift, 36 davon – jede/r Sechste – wurden als »Informelle Mitarbeiter« geführt. Wo immer sich eine größere Clique von Grufties zusammenfand, war ein staatlicher Spitzel unter ihnen.

1992 ging schließlich aus den bis dahin losen regionalen Treffen der Grufties das erste größer angelegte »Wave-Gotik-Treffen« hervor. Damals mit rund 2000 Beteiligten, die aus ganz Deutschland zusammenströmten. 1996 waren es schon gut 5000, vier weitere Jahre später mehr als 20.000 Schwarze, die aus zwanzig Ländern anreisten, um drei Tage – und vor allem: Nächte – lang unbehelligt vom Normalvolk ihrem Kult zu frönen.

Während ich noch etwas unentschieden in dem 44seitigen Programmheft zum »Internationalen Zusammenfinden« der Gothic-Szene blättere, zieht sich der gefährlichste Feind des Gothic-Volkes bedrohlich über unseren Köpfen zusammen: schwere, schwarzgraue Regenwolken. Der

Marktplatz leert sich, Gruppen von kunstvoll Schwarzweiß-Geschminkten verlassen fluchtartig das Gelände. Die meisten nutzen die Gelegenheit, sich im Schutz ihrer Zelte für den Abend und die Nacht noch einmal aufzurüsten, andere suchen direkt einen der 22 Klubs und anderen Locations auf, die an diesem Wochenende den angereisten Lords & Princesses of Darkness ein adäquates Programm offerieren. Mit Ausnahme weniger Spießer-Läden, deren Betreiber offensichtlich befürchten, die geschminkten Schwarzen könnten das mit Goldkettchen behängte Stammpublikum verschrecken, sind Grufties in der Gastronomie gerne gesehen: Anders als ihre nächsten Verwandten, die Punks, haben die Schwarzen zumeist ausreichend Zahlungsmittel bei sich, die sie auch mit Vergnügen gegen eine angemessene Gegenleistung eintauschen. Zehn Millionen Mark werden am Ende des diesjährigen Wave-Gotik-Treffens in der Sachsen-Metropole bleiben.

Ich strande zunächst in einer riesigen, zweigeteilten Halle, die zu zwei Dritteln ebenfalls mit Verkaufsständen belegt ist, vor denen sich Hunderte von Schwarzen tummeln. Die meisten Händler haben Kleidung und Mode-Accessoires im Programm, andere bieten Musik, Bücher und Fanzines an, mittelalterliche Waffen und esoterische Kultgegenstände, mit Runen verzierte heilige Steine oder astrologische Kalender. Hier gibt es Ketten und Ringe für jegliche Körperglieder und -öffnungen, Kreuze, Piercing- und anderen Schmuck je nach Belieben in christlicher, heidnischer oder satanistischer Ausführung. Eine selbst üppig mit düsteren Ornamenten und fröhlichen Springteufeln verzierte Tätowiererin bietet ihre Künste gleich vor Ort an und findet reichlich Zuspruch von jungen Menschen beiderlei Geschlechts. Als ein kahlköpfiges Model mit grün leuchtenden Pupillen eine Mode-Show ankündigt, ziehe ich weiter...

... und lande in einem düsteren Kellergewölbe. Eine Patchoulie-Wolke schlägt mir gleich am Eingang entgegen, raubt mir fast die Besinnung. Wenige Schritte weiter mischt sich das Patchoulie in der Luft mit den süßlichen Aromen diverser Parfüms und einem weiteren, Haut und Kleidung durchdringenden Duft, der mich schaudernd an jene roten Spitzkegel erinnert, die man früher immer mitsamt erzgebirgischem Holzmännchen als Strafe für ein »Paket nach drüben« zurückbekam. Im Saal ist es finsterer als im wurmzerfressenen Sarg der Gräfin Barthory. Nur hier und da glimmen rote Räucherstäbchen vor sich hin. Verwischende Konturen scheinen kurz auf und tauchen wieder ins Dunkel hinab. An einem Platten- und T-Shirt-Verkaufsstand wirft eine flackernde Kerze ihr Licht auf einen grinsenden Totenschädel.

Während ich mich an unsichtbaren Körpern vorbei zur Bühne drängle, gewöhnen sich meine Augen allmählich an den Lichtmangel. Graue Schatten zeichnen sich vor dem tiefschwarzen Hintergrund ab. Ich erahne schwarze, oft zu waghalsigen spätgotischen Kathedralen auftoupierte Haare, schwarze Jacken, manchmal mit Spiegelscherben verziert, schwarze Bodys, Kleider, Miniröcke, viel Lack, Latex und Leder, bestrapste Beine, die in Springerstiefeln enden, und immer wieder diese schwarzen, spitzen Schnallenschuhe, die ich schon auf dem Markt bewundert hatte. Verlockend geschminkte Gesichter beiderlei Geschlechts fangen meinen Blick ein, manche mit Spinnennetzen verziert; schwarzer Eyeliner umrandet Augen mit in der Natur nicht existierenden Pupillenfarben, darunter kullern große schwarze Tränen, aufgemalt auf leichenblaß gepuderte Wangen. Während ein Techniker im *Paradise Lost*-T-Shirt auf der Bühne zum letzten Mal die Kabelanschlüsse für die gleich beginnende Band mit dem anheimelnden Namen *Untoten* checkt, erfüllt aus den Boxen ein Uralt-Song von *Siouxsie & the Banshees* den Saal. *Dead before born, words fall in ruins, but no sound...*

History

Fragt man Gothics nach den »Erfindern« ihres Stils, fällt bezeichnenderweise vor allem der Name eines Musikers: *Robert Smith*, Kopf und Sänger der 1978/79 in Sussex/Großbritannien gegründeten Band *The Cure*.

The Cure waren allerdings alles andere als ein »Heilmittel« für die depressive Jugend. Ihre Konzerte wirkten wie ein »Marathon der Angstzustände«, schrieb der *Rolling Stone*, »Selbstmord-Punk« assistierte *Time Out*, »manche Leute machen aus Elend einen Beruf«, spottete der *New Musical Express*, als *Smith* wieder einmal von der Bühne herab sein Publikum mit den aufmunternden Worten empfing: »Du bestehst bloß aus drei kranken Löchern, du bist sowas von scheißüberflüssig, du bist wie eine schleimige Schnecke am Boden, du bist zu nichts nutze und abscheulich.« Dazu präsentierte sich *Robert Smith* in schwarzer Kleidung, mit schwarz gefärbten, hochtoupierten Haaren, die ihm bald nur noch in wilden Strähnen vom Kopf abstanden, das Gesicht totenblaß, die Augen schwarz umrandet, die Lippen knallrot gefärbt. Ein androgynes, wildes, melancholisches Wesen, ein Alien von einer fremden Welt, aus einer anderen Zeit, war unter die Menschen gefallen.

Robert Smith, seine visuelle Präsentation, die düstere Atmosphäre seiner frühen Songs, sein in den Songtexten, Interviews und diversen Ausrastern hervorbrechender Weltschmerz, symbolisiert bis heute den idealtypischen Gruftie schlechthin. Allerdings spitzte *Robert Smith* nur zu, was bereits im Punk-Outfit jener Tage angelegt war und auch andere Bands und manche Straßenpunks ähnlich darboten. Zum Beispiel die 1979 in Los Angeles/USA gegründeten *Christian Death*, die meist an zweiter Stelle der Gruftie-«Erfinder« genannt werden, spätestens, seitdem sie sich 1982 auf ihrer heute als Kult-Album geheiligten LP »Only Theatre Of Pain« im selbigen Outfit präsentierten. Waren *The Cure* die Einstiegsdroge Nr. 1 für melancholische Zwölf- bis Sechzehnjährige, so brachten die inhaltlich radikaleren, provokativeren, auch mißverständlicheren Anti-Christen aus L.A. vor allem Ältere und Ex-Punks zum Gruftie-Kult. Beide wiederum, Teenager und Alt-Punks, verführte die dämonische Punk-Prinzessin Susan Dallion alias *Siouxsie Sioux*, die als Frontfrau der *Banshees* (Todesfeen) schon 1976 mit schwarz umränderten Augen im blassen Gesicht durch die Londoner Klub-Szene wirbelte und wie viele Punks der ersten Generation die Farbe schwarz als realistisches Abbild der Gesellschaft begriff. (1979 stieg *Robert Smith* sogar kurzzeitig als Gitarrist bei den *Banshees* ein.) *Siouxsie* gab mit ihrer Musik und ihren Texten nicht nur dem Punk und New Wave jener Tage eine deutlich morbidere, introvertiertere Richtung, sie popularisierte auch die Beschäftigung mit okkulten Symbolen und entsprechenden Themen.

Aus gutem Grund entstand Punk erst in den späten siebziger Jahren – mit dem Ende der Wirtschaftswunder-Ära. Während die Generation der Kriegskinder und der im Nachkriegs-Schutt und -Elend Aufgewachsenen noch glückselig taumelnd den neuen Luxus genoß (und dabei die »Nebenwirkungen« wie den radikalen ökologischen Raubbau und die Verelendung der sogenannten »Dritten Welt« verdrängte), waren es die Jungen, zumindest einige unter ihnen, die bald erkannten: sie waren die erste Generation, der es nicht besser gehen würde als ihren Eltern. Das immer Höher-Schneller-Weiter funktionierte nicht mehr. Der traditionelle Industriekapitalismus hatte seine *Grenzen des Wachstums* erreicht.

Wozu also noch sich tagtäglich knechten und ausbeuten lassen, wenn es eh keinen Sinn mehr machte? (Von Spaß ganz zu schweigen.) Eine Antwort hieß Punk. Punk bedeutete zunächst: viel Spaß ohne Rücksichtnahme auf langweilige Konventionen. Punk hieß nicht: die Welt ist so traurig, laßt uns 'ne Runde heulen, sondern: Wenn die Welt schon so beschissen ist und wir daran nichts ändern können, dann laßt uns eben Party machen, solange es noch geht. Und gleichzeitig denen, die verantwortlich sind für all den Dreck und die Langeweile, zeigen, was sie uns können: »There´s no future – for you!«

Es ist müßig zu fragen, wer die erste Punk-Runde gewonnen hat: die Straßenkinder und die Kunst-Avantgardisten der ersten Punk-Generation, die immerhin eine Gegen-Kultur ins Leben riefen, die noch heute von Tausenden von Bands, Fanzines, Labels und Szene-Treffs getragen wird, oder das Establishment, das schon drei Jahre nach dem ersten Auftritt der *Sex Pistols* alle bekannteren Bands unter Vertrag genommen und das schrille Outfit der No-Future-Kids zur Boheme-Attitüde umgewidmet hatte. Die Punks selbst reagierten unterschiedlich auf die Vereinnahmung ihres Stils durch Politik, Industrie, Ex-Hippies und Medien-Schickeria: Viele hörten einfach auf, Punk zu sein, schlossen ihren Frieden mit der Welt, gründeten Familien und abonnierten für die abendliche Freizeitgestaltung Fernsehprogrammzeitschriften; manche sprangen selbst auf die Kommerz-Lokomotive, um auch für sich ein paar Kohlen aus dem Feuer zu holen; ein größerer Teil opponierte auf verschiedensten Wegen weiter, mischte zum Beispiel in der Bewegung für autonome Jugendzentren oder gegen die verstärkt aufkommenden neonazistischen Umtriebe mit, oder driftete selbst in die rechtsradikale Szene ab; andere wiederum pflegten demonstrativ ihr Proleten-Dasein, verließen – manchmal aus Not, manchmal aus Überzeugung – nur noch selten die Straße, vermischten sich gelegentlich mit rechten oder linken Skinheads und kultivierten die derbere Variante des saufenden, herumprollenden Straßenpunks: »Pöbel & Gesocks« – die Beschimpfungen der Passanten avancierten zum Adelsprädikat.

Wieder andere, die schon früher lieber stundenlang über den Sinn des Lebens meditierten statt dessen Sinnlosigkeit in Bier zu ertränken, die keinen Spaß an der Gewalt und wenig Interesse für die Politik hatten, die ein edleres Outfit dem Straßen-Schmuddel-Look vorzogen, die insgesamt Introvertierteren aus der Punk-Szene wurden Grufties.

Man könnte sicher noch hinzufügen: die eher aus besseren Verhältnissen Stammenden. Hatten die Punks mißtrauisch beobachtet, wie ihre Gegen-Kultur immer mehr zur Freizeitmode der »Stinos« degenerierte und Jugendliche aus den mittleren und oberen Schichten der Gesellschaft in ihre Szene einzogen – der berühmte, immer wieder kolportierte Sohn des Sparkassen-Filialleiters, der am Wochenende mit bunt gefärbten Haaren und Sicherheitsnadeln an der Kutte am Stadtbrunnen oder Bahnhofsvorplatz herumsaß und Geld für Bier schnorrte, um dann am Montag wieder in der Schule der sicheren Karriere entgegenzuschleimen –, so rekrutierten sich die Grufties eher aus diesen kulturell gebildeten und materiell gesicherten Familien. Gymnasiastenkinder, die im Punk die Möglichkeit sahen, dem gesicherten, aber stinklangweiligen Alltag ihres Lebens und der Gleichgültigkeit ihrer Eltern zu entfliehen, aber bald merkten, daß sie mit der exzessiven Körperlichkeit bzw. -vernachlässigung (Prügel, Saufen/Drogen, Leben auf der Straße) und der Extrovertiertheit der rüden Arbeiterkinder nicht klarkamen. So zogen sie sich nach und nach zurück und bauten ihre eigene Szene auf. Mit Bands, die nicht nur die Schlechtigkeit der Welt geißelten, sondern

Bravo vom 17. Oktober 1985

auch die schwarzen Seiten in einem selbst anklingen ließen, Bands, bei denen es sich lohnte, zweimal ins Textheft zu sehen: *Siouxsie & the Banshees, The Cure, Christian Death, Depeche Mode, Bauhaus, Joy Division, Fields of the Nephilim, Sisters Of Mercy...*

Die Literatur

Die Punks hatten sich seit Ende der siebziger Jahre eine der bis dahin kreativsten und vielfältigsten Subkulturen aufgebaut: mit eigenen Bands, Cassettenvertrieben und Platten-Labels, mit Klubs und Jugendzentren, Fanzines und Info-Läden, Volxküchen und (besetzten) Wohnprojekten – und sich gleichzeitig vom etablierten Kulturbetrieb radikal abgenabelt. Die bildungsbürgerlich aufgeschlosseneren Grufts dagegen standen zu keiner Zeit in Fundamentalopposition zur Mehrheitskultur. Ihre Rebellion war keine sozial begründete, ihre Provokation keine politische, sondern eine ästhetische. So suchten und entdeckten sie auch weiterhin in der etablierten Kultur Parallelen oder gar Vorfahren (zu) ihrer eigenen Kultur. Dabei spielte die Literatur eine besondere Rolle, bot sie den introvertierten Schwarzen doch als einziges Medium nicht nur die Möglichkeit des Rückzugs vom Alltagslärm der Gesellschaft, sondern auch Anlässe und Anregungen für die Beschäftigung mit grundlegenden Fragen des menschlichen Seins. AutorInnen wie *Hermann Hesse* (»Siddharta«), *Friedrich Nietzsche* (»Also sprach Zarathustra«), *H.P. Lovecraft*, der misanthrope Schöpfer düsterer Horrorgeschichten, *Feodor Dostojewskij* und *Nikolai Gogol*, die gemütsschweren Russen, die in ihren Werken immer wieder das menschliche Seelen- und Triebleben untersuchten, *Charles Baudelaire* (»Die Blumen des Bösen«), *Mary Shelley* (»Frankenstein«), *Bram Stoker* (»Dracula«), *Sheridan le Fanu* (»Carmilla«) und andere Schöpfer von Gothic Novels und Vampirgestalten bevölkern seitdem die Bücherregale von Grufties. Neben Romanen und Lyrik (Grufties produzieren selbst erstaunlich viel Lyrik, siehe etwa die entsprechenden Seiten in einschlägigen Magazinen) auch Sachliteratur, die immer wieder um zentrale Themen kreist: Der Tod und mögliche Welten und Reinkarnationen danach, mittelalterliche Geschichte(n), nordische Mythen, Märchen und Sagen, runenkundliche und esoterische Werke, (neo)satanistische Werke *(Aleister Crowley, Anton La Vey)*.

Der Tod

Die intensive Beschäftigung mit dem Sinn des Lebens führt unweigerlich zur Frage nach dem Ursprung (göttliche Schöpfung?) und dem Ende allen Seins. Der Tod durchzieht als roter Leid-Faden die gesamte Gothic-Kultur. Gothics lieben diese endlosen Gespräche über das Ende und mögliche Wiedergeburten, obwohl sie natürlich wissen, daß sie die gültige Antwort erst dann erhalten werden, wenn es soweit ist, die irdische Hülle abzustreifen. Der Glaube an Reinkarnation ist in der Gothic-Szene weit verbreitet; vermutlich zunächst, weil es einfach »natürlich« erscheint: die sterblichen Überreste des Menschen zerfallen in der Erde, vereinen sich so wieder mit der Natur und bringen neues Leben hervor. Außerdem scheinen Menschen, die sich intensiv mit dem Sinn des Lebens befassen, fast zwangsläufig in die Hoffnung hineinzuwachsen, da gebe es noch mehr als das bekannte kümmerliche Erden-Dasein – vielleicht, um nicht in Verzweiflung zu verfallen. Literarische wie filmische Einflüsse (Vampir-Mythen) spielen dabei ebenso eine Rolle wie die »Wiederentdeckung« heidnischer Religionen, die in der Regel ganzheitlicher bzw. naturverbundener waren als das Christentum, das die Angst vor dem Tod als machtpolitisches Instrument zuspitzte und instrumentalisierte – und damit erst das Feindbild Satan und so die Voraussetzung für jeglichen Satanismus selbst schuf. Wenn Gothics sich so intensiv mit dem Tod beschäftigen, steht dahinter nicht nur die Faszination für alles Extreme, im Besonderen extreme psychische Situationen, sondern auch das Ziel, den Tod wieder wie zu vorchristlichen Zeiten zu entdämonisieren, als unweigerlich eintretenden Alltagsfall zu akzeptieren. Die Beschäftigung mit dem Tod entwickelt sich nicht aus eigener Todes*sehnsucht*, sondern führt zur Todes*akzeptanz*. Das ist ein Unterschied.

Gothics sind keine »Subkultur des Todes«, die ihre Mitglieder in den Suizid treibt, wie es sensationsheischende Medienreportagen gerne behaupten, sondern das Gegenteil davon: »Ein Versuch, sich mit der eigenen Einsamkeit und Todesnähe kritisch und zusammen mit anderen auseinanderzusetzen. Sie entwickeln mit dem Bewußtsein, daß sie hier und jetzt leben und ihre Probleme bewältigen müssen, eine andere Beziehung zum eigenen Tod, da sie die große Angst anderer Menschen vor dem Sterben überwunden haben.«[1]

Sex

Im Widerspruch zur düsteren Ästhetik steht auch die offensichtliche Lebensfreude der Gothics: Keine andere Szene inszeniert sich und ihre Körper mit soviel Ausdauer, Freude und Lust. Keine andere Kultur präsentiert sich so offen erotisch und sexuell aufgeladen wie die Gothics. Tragen Normalbürger ihre Beate-Uhse-Kostüme allenfalls unter Gleichgesinnten und -aussehenden im Swinger-Klub oder im heimischen Schlafzimmer hinter heruntergelassenen Jalousien, um den gelangweilten Ehe- oder Beziehungspartner mal wieder auf Trab zu bringen, so ist es für viele Gothics »normal«, zum Konzert oder in der Disco mit eher ent- als verhüllendem Lack & Leder am Körper aufzutauchen. Seitdem Bands wie *Umbra et Imago* oder *Die Form* ihre Zugehörigkeit zur S/M-Szene offen auf die Bühnen trugen, avancierte Fetisch-Mode zur gängigen Streetwear der Gothics.

Sex & Tod, schwarz & weiß – diese vordergründigen Widersprüche sind stilprägend für die Gothics. »Schönheit« schließt für Gothics das Häßliche mit ein, bedingt es geradezu. Kein Leben ohne Tod, kein Licht ohne Dunkelheit, keine Freude ohne Trauer. Um »Glück« zu definieren, muß ich auch »Unglück« erfahren haben. Gothic zu sein bedeutet für die meisten nicht, ständig unter Depressionen zu leiden, sondern die schwarzen Seiten des Lebens auch zuzulassen. Die alte Regel – willst du etwas über die Mehrheit einer Gesellschaft erfahren, dann sieh dir ihre Minderheiten an – gilt auch für die Gothics: Die geradezu magische Anziehungskraft, die extreme Themen, Gefühle und Lebensstile (Tod, Sadomasochismus, Körperschmuck wie Piercing usw.) auf die Gothics ausüben, nährt sich aus den Tabus und Verdrängungen der Mehrheitsgesellschaft.

Mixes

Die S/M-Szene ist nicht die einzige, die sich in den 90er Jahren mit den Gothics paarte. Wo immer Überschneidungen zu anderen Szenen bestanden – sei es in der Modefarbe schwarz, in musikalischer Hinsicht, in der Hinwendung zu vermeintlich romantischeren Zeiten (Mittelalter) – die Gothics erwiesen sich stets als offen und ließen sich befruchten. Selbst der Siegeszug des Techno hat vor der Gothic-Szene nicht Halt gemacht. Bezeichnenderweise mischte sich die Dark-Wave-Gemeinde auch hier mit den eher randständigen, weniger kommerziellen Varianten im großen Computersound-Universum, mit EBM (Electronic Body Music) bzw. Industrial. Lärm für Minderheiten.

Nicht weiter überraschend ist die Zuneigung zu mittelalterlichen Spielleuten und Neofolk-Gruppen. Letztere hielten selbst dann Einzug in die Gothic-Gemeinde, wenn sie, wie zum Beispiel die Potsdamer Kombo *Subway To Sally*,

Was bisher geschah: Vero und Dagmar sind ausgerissen nach London. Ihre Freunde in München wissen nicht, wo die beiden stecken. An der Themse lebt ihr Idol „Ratte", eine total [illegible] zusammen mit ein paar anderen Deut[illegible]sbesetzer in einem abbruchreifen Gebäude. [illegible] hat keine Ahnung, daß sie Besuch bekommt – und springt vor Begeisterung auch nicht gerade an die Decke, als sie die beiden Ausreißerinnen vor ihrer Haustür sieht. Vero und Dagmar, völlig geschafft von der anstrengenden Zugfahrt, sind heilfroh, daß sie Ratte überhaupt hier antreffen . . .

BRAVO-Foto-Love-Story . . .

Bravo vom 12. März 1987

Ratte schläft im gemieteten Sarg...

1

Milieu ist eine Katastrophe . . . Aber zunächst einmal sind die beiden Mädchen froh, wenigstens für diese Nacht ein Dach über dem Kopf zu haben. Währenddessen holt Ratte ihre Freundin Marion und stellt ihr den unerwünschten Besuch vor. Marion ist von der Nachricht auch nicht sehr erbaut und macht Ratte Vorwürfe. Sie glaubt ihr natürlich nicht, daß sie nichts von dem Besuch wußte . . .

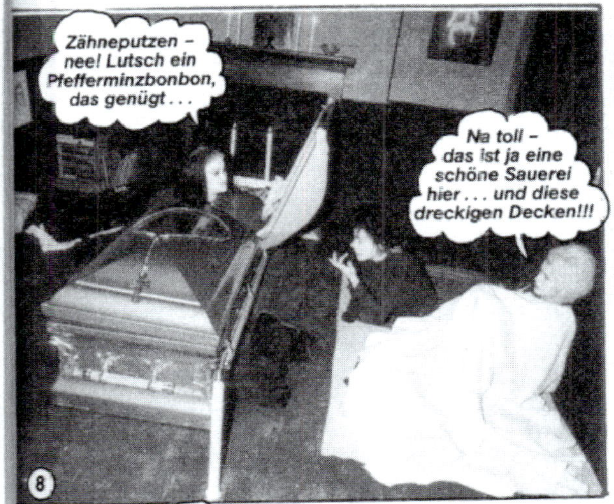

Heavy-Metal-Elemente mitbrachten. Heavy Metal und Grufties schienen sich auszuschließen, waren in den achtziger Jahren definitiv so unvereinbar wie Skinheads und Grufties: Denn Metals und Skins pflegten vorzugsweise Grufties zu drangsalieren und durch die Straßen zu jagen, wenn sie sich nicht untereinander verprügelten.

Metals und Skins waren nun einmal die grobschlächtige, männlich-proletarische Variante aktueller Jugendkultur: dem Alkohol und Prügeleien nicht abgeneigt, lautstark, extrovertiert. Für die Skins gilt das sicherlich noch heute, ebenso wie für die Mehrheit der Heavy-Metal-Gemeinde. Doch auch im Metal gab es stets düstere Fraktionen, die sich über Fantasy-Themen (die wiederum stilbildend für den Metal waren) intensiver mit Fragen von Leben & Tod befaßten, zum Teil die gleichen Horror-Geschichten wie die Gothics lasen. So wurde beispielsweise *Type-O-Negative,* die mehrfach klassische Gothic-Themen aufgriffen und entsprechend düster musikalisch umsetzten, von Anfang an von vielen Gothics geschätzt.

Black Metal

Doch es war vor allem eine Fraktion, die den Schulterschluß mit den Gothics wagte: die Black Metaler. Black Metal, erst in den frühen neunziger Jahren als Weiterentwicklung des (vielen bereits zu kommerziell gewordenen) Death Metal zur eigenständigen Blüte gereift, dürfte heute die härteste Variante im Kosmos der Hardrocker sein. Black Metaler befinden sich innerhalb der Metal-Gemeinde in einer Außenseiter- und Randgruppen-Position, nicht nur wegen ihrer Musikfarbe und ihres drastischen Images, sondern auch aufgrund ihres Outfits. Treten »normale« Metaler bevorzugt sehr männlich auf, so ist es unter Black Metalern durchaus üblich oder sogar verlangt, daß auch Männer sich schminken und ihre Geschlechtszugehörigkeit unter wallendem Schwarz androgyn verbergen. Stilbildend für den Black Metal ist zudem nicht nur das schwarze Outfit und die extrem schnelle Musik, die den Sängern häufig nur akustisch unverständliche Grunz- und Kreischlaute gestattet, sondern auch die Beschäftigung mit der Endzeit, mit Religion & Christentum, wobei die christlichen Institutionen radikal abgelehnt werden und man selbst sich im Gegenzug als absolut *evil* Antichristen stilisiert.

Heil Satan !

Die Beschäftigung und Identifikation mit alten heidnischen Kulturen und dem Spätmittelalter führte auch bei den Gothics schon vor der Symbiose mit Teilen der Black-Metal-Fraktion zu einer – höflich formuliert – kritischen Distanz zum institutionalisierten Christentum (Inquisition, Hexenprozesse, Zwangschristianisierungen), die angesichts der aktuellen Praktiken und Haltungen der offiziellen Kirchen (Schwangerschaftsverhütung, die Rechte von Frauen allgemein, Enthüllungen von mafiosen Strukturen in Vatikan-Konzernen etc.) nicht unbedingt korrigiert wird. So lag es für manche Gothics nahe, sich dem von der Kirche selbst popularisierten Widerstreiter positiv zuzuwenden: dem gefallenen Engel Luzifer, der nun, aus der Sicht der Kirchengegner, zum Rebell wird.

Ob er wirklich existiert oder nur von der Kirche als Züchtigungsinstrument für sündige Schäfchen erfunden wurde, interessiert die Mehrzahl der Gothics kaum: für sie stellt Satan nur eine Schablone dar, ein provokantes Symbol wie der leidende Jesus am Kreuz für die offizielle Kirche – der genau aus diesem Grund von vielen Grufties gerne auf den Kopf gestellt wird. »Satanisten« – Teufelsanbeter im klassischen Sinne – findet man so gut wie nie im realen Leben, nicht annähernd so viele, wie es Berichte über angebliche Satanisten gibt. Bei meinen inzwischen vierjährigen Recherchen zu diesen Fragen sind mir nicht mehr als ein Dutzend »Satanisten« begegnet, und diese, wie auch andere Experten bestätigten, schätzten die Zahl der aktiven Satanisten in ganz Deutschland auf einige hundert Menschen, die Mehrzahl davon keine Jugendlichen.

Stärker verbreitet sind neosatanistische Strömungen, deren Kernaussage – neben dem zentralen Streben nach absoluter individueller Freiheit: *Tue nur was du willst, sei das einzige Gesetz* – sich im Grunde auf eine sozialdarwinistische Weltsicht reduzieren läßt: Die Welt besteht aus ewigem Kampf, bei dem sich natürlich der Stärkere gegenüber dem und auf Kosten des Schwächeren durchsetzt – und so ist es richtig. Diese simple Übertragung von Darwinschen Natur«gesetzen« auf soziale Beziehungen und Gesellschaften spitzt letztendlich nur die »Survival-of-the-Fittest«-Ideologie der Ellbogen-Mehrheitsgesellschaft drastisch zu, auch wenn sie sich gelegentlich mit kultisch begründeten »Ritualen«, esoterischen und anderen Blüten und Praktiken vermischt.

In der Gothic-Gemeinde fristen auch diese neosatanistisch-sozialdarwinistischen Strömungen ein kärgliches Randgruppen-Dasein, denn

- anders als im Black Metal gehört Satanismus nicht zum stilbildenden bzw. imageprägenden Kern der Kultur & Mode;
- die neosatanistische Szene ist zum Teil mit militanten Neonazis verknüpft, die jedoch von den meisten Gothics grundsätzlich abgelehnt werden.
- Ein Teil der Satanisten begeht Taten, die von Gothics absolut abgelehnt werden, etwa die Verwüstung von Grabstätten oder das Besprühen von Gruften, Ruinen, Bäumen mit »satanistischen« Symbolen.

Auch die in beiden Szenen praktizierten »Rituale« unterscheiden sich erheblich. Werden Satanisten vor allem mit recht blutrünstigen Opferritualen in Verbindung gebracht (Meerschweinchen-, Hasen- oder Katzenkreuzigungen, das Ausgraben von Leichen und menschlichen Skeletten, sexuelle Gewalt), so stellen die gängigsten »Rituale« der Gothics schlicht Meditationsübungen dar: auf den Boden setzen, Augen schließen, tief einatmen, in sich blicken...; als Opfergabe brechen manche ein Stück ihres Brotes oder Kuchens ab oder vergießen einen Schluck ihres Rotweins, sprechen dabei geheimnisvolle Macht-Worte und wünschen sich als Gegengabe Gesundheit, Glück, Liebe und Schutz vor bösen Geistern ...

Darker than black

»Deutschland ist das Zentrum einer Musikkultur geworden, die ihre Wurzeln im antimodernistischen Gestus der »Gothic-« (gemeinhin auch: Gruft-)Szene besitzt. Romantisierender Pathos und archaische Gewalt, klassisch orientierte Melodik und brachialer Industrial sind die Pole dieser Musik. Dieses Gemisch birgt eine Sprengkraft, vor der sich alteingesessene Sittenwächter des Musik-Mainstreams in Acht nehmen müssen. Wenn das Mystische und Irrationale, der Wunsch nach anti-aufklärerischer Innenschau und gelebter Transzendenz ihre Stimme in der Jugendkultur finden, ist der ästhetische Konsens des Westens durchbrochen. Wenn die Bezugspunkte Mittelalter und deutsche Geisteskultur darstellen statt »Love and Peace«, wenn die Seele gegen den Intellekt und den Trieb ins Feld geführt wird – dann schneidet sich ein Keil in das Establishment oberflächlicher Beliebigkeit.«

Junge Freiheit vom 26. Januar 1996

Dennoch gibt es Parallelen, gemeinsame kulturelle Bestände, die dazu führten, daß Neosatanisten und auch Faschisten und deren Organisationen, oft angelockt von vorverurteilenden, von keiner Sachkenntnis getrübten Medienberichten, auf die Gothic-Szene aufmerksam wurden und diese zu beeinflussen versuchten. So gab es, schon bevor sensationsgeile Medien auf der Suche nach dem neuen Quoten-Kick von der Glatzen-Jagd aufs Gruftie-Fangen umstiegen, szene-interne Debatten um den

Einfluß – oder besser: das langsame Einströmen – von (neo-)faschistischen Personen und Ideologiefragmenten in die Gothic-Kultur.

Natürlich ging es dabei nicht um die Straßenschläger-Fraktion. Ein sich prügelnder Schwarzer ist ein Widerspruch in sich – und endet zumeist mit der kompromißlosen Ächtung des Täters. Grufties hassen und verachten Gewalt – nicht nur, weil sie Angst um ihr Outfit haben. Sie strafen lieber verbal. Oder durch Schweigen. Mißachtung. Ausschluß. Und auch mit plumpen »Ausländer raus!«-Parolen kann man bei einer Szene, in der Dostojewskij, Gogol und Baudelaire zur Standardlektüre zählen, nicht landen. Das wissen die Rechten natürlich. Also knüpfen sie bei den Gemeinsamkeiten, oder sagen wir besser: Parallelitäten, an. Denn die gibt es durchaus, auch zwischen nicht-rechtradikalen Gothics und organisierten Neo-Nazis. Zum Beispiel das elitäre Gehabe, das bei nicht wenigen Gothics tief im Bewußtsein verankert ist, der Glaube, etwas »Besseres« zu sein als die laute, prollige Rest-Welt. Zum Beispiel das Interesse für nordische Mythen und Sagen, germanisch-keltische Geschichte(n) und Symbole – eine durchweg »weiße« Kulturwelt, die keinerlei »schwarzer« Einflüsse bedarf. Zum Beispiel die Vorliebe mancher Gothics für Haken- und Keltenkreuze, Sonnenräder und andere Runen und Okkult-Symbole, die sie aus Trotz, Provokation und Naivität tragen; darauf angesprochen, verweisen sie gerne darauf, daß diese Symbole oft zweitausend Jahre und älter seien und zumeist (in anderen Erdteilen noch heute) für positive Kräfte standen, verweigern aber gleichzeitig mit fundamentalistischem Trotz die Kenntnisnahme, daß zum Beispiel das Hakenkreuz und große Teile des alten Runen-Alphabets von Hitler und seinen Esoterikern uminterpretiert wurden und heute noch von Neonazis parallel benutzt werden.

Einige wenige benutzen die in Verruf geratenen Symbole bewußt, ähnlich der Haltung vieler Skinheads zu ihrer Mode, um sie nicht den Rechten zu überlassen. Die Mehrzahl der Gothics allerdings denkt nicht weiter über diese Hintergründe nach, das historische Interesse und Wissen ist – trotz der Belesenheit und philosophischen Neugier eines Großteils der Szene – erstaunlich gering. Und diese Naivität – nicht der Gebrauch der Symbole an sich – bietet intellektuellen Faschisten und Rassisten freiwillig ein großes Einfallstor in diese Szene bzw. ermöglicht es rassistisch und faschistisch denkenden Menschen, sich in der Gothic-Kultur heimisch zu fühlen, ohne ihr Weltbild zu ändern.

Daß es bisher zumindest auf der Ebene der Kulturschaffenden und Szene-Aktivisten nur sehr wenige sind, zeigt die Tatsache, daß in der inzwischen seit fünf Jahren forciert geführten Kontroverse um rechtsradikale Einflüsse in der Gothic-Szene immer wieder die selben wenigen Namen genannt werden:[2]

- *Death in June*, eine 1981 von Douglas Pearce, Tony Wakeford und Patrick »O'Kill« Leagus gegründete Neofolk-Band, so benannt in Gedenken an die im Juni 1934 (auf Betreiben der um die Vormachtstellung im NS-Staat konkurrierenden SS) erfolgte Ausschaltung der SA, deren Führer Ernst Röhm zu den erklärten politischen Vorbildern von

Douglas Pearce gehört.

- *NON*, ein Musikprojekt des amerikanischen Experimentalkünstlers und Industrial-Musikers *Boyd Rice*;
- *Sol Invictus* (»Unbesiegbare Sonne«), 1988 von Tony Wakeford (nach seinem Rauswurf/Ausstieg bei *Death in June* wegen seiner zu rechtsextremen Einstellungen!) und Ian Read gegründete Band.
- Letzterer stieg 1992 wieder aus und gründete die ebenfalls eindeutig orientierte Neofolk-Band *Fire & Ice;*
- *Blood Axis*, ein Projekt von *Michael Moynihan*, US-amerikanischer Autor und Verleger von Neo-Nazi-Schriften, Angehöriger einer nordischen »Artgemeinschaft« und Sozialdarwinist in Reinkultur. 1998 erregte er Unruhe in der Black-Metal-Szene mit seinem Buch »Lords of Chaos«, in dem er vorrangig Nazi-Satanisten aus Nordeuropa präsentierte.
- Josef »Jay Kay« Klumb, ehemals *Forthcoming Fire* und *Weissglut*, heute u.a. *Von Thronstahl, Preussak* und *Unternehmen Dreizack*;
- Kadmon und dessen Musikprojekt *Allerseelen* und Schriftreihe *Aorta* bzw. (seit 1995) *Ahnstern* aus Wien;
- *Der Blutharsch* aus Österreich, so genannt nach einem alten Schweizer Ausdruck für besonders harte und grausame Söldner;
- *Strength Through Joy* (Kraft durch Freude, Australien), *Swirling Swastikas* (»wirbelnde Hakenkreuze«, Italien) und *Turbund Sturmwerk* aus Erlangen, die alle 1996 auf einer Doppel-CD zu Ehren der NS-Filmemacherin Leni Riefenstahl vertreten waren und seitdem auch in Deutschland aktiv wurden;
- der dazugehörige Vertrieb VAWS (Verlag & Agentur Werner Symanek) bzw. auch Heliocentric Distribution aus Bingen, der auch die *Unabhängigen Nachrichten*, eines der ältesten Blätter der rechten Szene, sowie Bücher des Nazi-Anwalts Jürgen Rieger und andere rechtsextreme Schriften verlegt und seit etwa fünf Jahren verstärkt auch Gothic-Tonträger und Literatur anbietet.

- Arun-Verlag und Gaia-Versand aus Engerda, Unternehmen des ehemaligen Wiking-Jugend-Funktionärs und *Junge Freiheit*-Politikredakteurs Stefan Ulbrich, die seit drei Jahren vor allem mit ihren esoterischen Titeln massiv die Schwarze Szene bewerben;
- *Zinnober* (ehemals *Sigill*) aus Dresden und *Europakreuz* aus Berlin (heute nur noch im Internet präsent), zwei Magazine, die 1991 bzw. 1993 (*Sigill*, damals noch

unter dem Namen *Bizarre*) als musikorientierte (Neofolk, Industrial, Noise) Fanzines starteten, sich aber im Laufe der neunziger Jahre immer weiter rechtsextrem orientierten und radikalisierten;

- sowie rund dreißig weitere Label und Vertriebe, Bands und Veranstalter, Zines und Szene-Journalisten;
- *Rammstein* und *KMFDM* (»Kein Mitleid Für Die Mehrheit«) wurden in diesem Zusammenhang ebenfalls häufig in den Medien genannt, sind jedoch definitiv keine rechtsradikalen Bands.

Allen (anderen) Genannten gemeinsam ist, daß ihre Wurzeln zwar eindeutig in einer faschistischen Ideologie- und Traditionslinie liegen, dies aber für Außenstehende nur schwer zu erkennen ist, häufig als Akt purer Provokationslust interpretiert wird, weil sie keine Hitler-Jünger sind und ihnen das zentrale »Erkennungsmerkmal« für Neonazitum – Gewalt – fehlt. »Ich verurteile Gewalt an Menschen, gleich welcher Rasse oder Religion«, erklärte zum Beispiel *Josef Klumb* im Interview mit der *Jungen Freiheit*, der Hauspostille der rechtsradikalen Intellektuellen, die sich ebenfalls seit vier Jahren um die Gothic-Kultur bemüht. Denn, so Klumb weiter, »Krieg und Faschismus lassen dem moralisch niederstehenden Menschen mit sadistischen Neigungen zu viel Freiraum.“« Eine in der Philosophie der »Lords of Chaos« durchaus logische Haltung. Denn der »Massenmensch« ist nicht ihre Zielgruppe. Auch nicht der rechtsradikale.

Die Ideen – Songtexte, Interviewaussagen, journalistische Veröffentlichungen, die Bilder- und Symbolsprache der Tonträger – von Moynihan, Rice, Pearce und Co. kreisen immer um den zentralen Themenkomplex Macht & Elite. Die heutige Welt des ausgehenden Jahrhunderts ist die des Massenmenschen, der Dekadenz. „Die Hierarchie in allen Bereichen ist verkehrt.“ (*Josef Klumb* im schon zitierten Interview mit der *Jungen Freiheit* vom 23. Februar 1996). Dies müsse geändert werden, die wahre geistige Elite wieder an die Macht gebracht, »ein Netzwerk von höherstehenden Menschen« (Ian Read) aufgebaut werden. Natürlich nicht durch politisches Engagement, Parteien etc. - denn das hieße ja, man müßte die schwachen, hinwegzufegenden Massenmenschen überzeugen. »Politik heißt, sich mit Menschen zu beschäftigen. Die meisten Menschen sind diese Mühe nicht wert« (*Douglas Pearce, Junge Freiheit* vom 7. März 1997). Sozialdarwinisten und „Nationalrevolutionäre“ wie Pearce, Rice Moynihan zielen nicht auf die Masse, sondern auf die geistige Elite. Diese gelte es aufzurütteln, „einen Bewußtseins-Sturm in Deutschland zu entfachen“ (Klumb, *Junge Freiheit* vom 23. Februar 1996), damit diese „das Diktat des Massenmenschen“ brechen. „Tatsächlich ist es der ‚innere Staat‘, den wir erbauen wollen, und dieses Innere wird nach außen strahlen.“ (*Josef Klumb,* s.o.)

Dieser elitäre Anspruch spiegelt sich natürlich auch in der Ästhetik der entsprechenden Musiker wider. Nazi-Rock und tumbes „Sieg Heil!“- oder „Ausländer raus!“-Gegröhle ist nicht ihr Fall. Die Musik kommt eher filigran oder experimentell daher, die Lyrics selbst von Songs wie „Rose Clouds of Holocaust“ (*Death In June*) sind zweideutiger, als die Titel erahnen lassen, und zumeist nur dann wirklich zu verstehen, wenn man um den esoterisch-nationalrevolutionären Background weiß. Provokante Titel und Symbole sind oft nur Türöffner, um Aufmerksamkeit buhlende Duftmarken. Daß damit in letzter Zeit häufiger auch Angehörige der Straßenschläger-Fraktion der rechtsradikalen Szene angelockt werden (so tauchten bei den letzten Konzerten der genannten Bands in Deutschland regelmäßig auch Blood & Honour-Skinheads auf), wird gerne in Kauf genommen (erhöht dies doch den Provokationswert und die mediale Aufmerksamkeit), ist aber im Kern nicht beabsichtigt, da diese selbst weniger geistige Elite als Masse und SA-Fußvolk darstellen (wollen).

Provokation

»Wenn ein Großteil des Publikums das faschistoide Gehabe keineswegs als Provokation begreift, sondern als schick, aufregend, männlich und mystisch, dann wäre es für diejenigen, die damit provozieren wollen, längst an der Zeit, über den Begriff der Provokation neu nachzudenken.«
»Grufties gegen rechts«

Weil das offene Bekenntnis zur (individuellen) Gewalt fehlt, weil sie oft mit den gleichen Symbolen provozieren und selbst undifferenziert von den Medien als rechtsradikale Friedhofsschänder etc. stigmatisiert werden, erkennen viele Gothics nicht, daß die Lords of Chaos sich in der Tat in einer faschistischen Traditionslinie stellen, deren philosophische Grundlagen eben nicht Straßengewalt, „Mein Kampf“ und Auschwitz sind, sondern eine krude Mischung aus Esoterik, Okkultem, Rassismus und Menschenhass, wie sie bereits für die Nationalsozialisten identitätsstiftend war. So läßt sich *Michael Moynihan* im Booklet des CD-Samplers „Im Blutfeuer“, zu dem *Blood Axis* zwei Stücke beitrug, am Grabe des SS-Brigadeführers Karl Maria Willigut, einem der wichtigsten Nazi-Esoteriker („Privatmagier Himmlers“), abbilden. Im ersten Sampler-Beitrag „The storm before the calm“ blendet *Blood Axis* einen Redeausschnitt des Führers der rumänischen „Eisernen Garde“, einer antisemitischen terroristischen Vereinigung, Corneliu Codreanu, ein. Auf ihrer ersten eigenständigen CD „The Gospel of Inhumanity“ (1995) lassen *Blood Axis* den faschistischen Lyriker *Ezra Pound* zu Wort kommen (die Aufnahme entstand in einer psychiatrischen Anstalt, in der Pound lebte), der Satanist Charles Manson, wegen Mordes lebenslänglich inhaftiert, darf aus dem Knast heraus zu den Klängen von Bach eines seiner wirren Gedichte interpretieren. Und natürlich fehlt auch Friedrich Nietzsche nicht. Auch *Douglas Pearce/Death in June* spielten immer wieder mit Versatzstücken, Texten wie Symbolen aus der NS-Zeit, und vertonten sogar das Horst-Wessel-Lied („Brown Book“) als Trauerhymne. Was viele Gothics in trotziger Naivität und aus historischem Unwissen heraus als bloße „Provokation“ und „Enttabuisierung“ von in der Welt der political correctness verbotenen Gedanken interpretieren, basiert bei Moynihan & Co auf einem sehr klaren Konzept, dessen intellektuelle Grundlagen die Schriften des Mussolini-Beraters Julius Evola („Revolte gegen die moderne Welt“), Vertreter des „nationalrevolutionären“ Flügels der Nazis (Gregor Strasser) und andere, oft radikal antibürgerliche Propagandisten eines „Übermenschen“ als Waffe gegen die egalitäre Moderne schufen. Dabei scheint vor allem die Idee bzw. der Mythos einer über-menschlich starken, absolut reinen, d.h. nicht durch Migration verseuchten “Rasse” intellektueller Conans eine besondere Faszination auf diese Protagonisten der schwarzbraunen “Kulturrevolution von rechts” *(Junge Freiheit)* auszuüben. So trug auch Charles Darwin mit seinen Schriften unfreiwillig zentrale „Erkenntnisse“ bei, indem sie einfach Darwins Beschreibungen der „natürlichen Auslese“ auf menschliche Gesellschaften übertrugen. Das Leben aus der Perspektive der Sozialdarwinisten ist ein ewiger Kampf um Macht, bei dem die Stärkeren natürlich gegen die Schwächeren siegen – und so soll es sein. Sozialstaatliche Fürsorge, die Lebenserhaltung von Kranken, Behinderten, Alten, die nicht autonom für sich selbst sorgen können, sind aus der Perspektive nur Schwächen, die die natürliche Auslese hin zu einer von Starken beherrschten Welt behindern.

Nazi-Pop?

Antifaschistisch geprägte Menschen warnen oft und gerne vor einer potentiellen Massenwerbung und -vermarktung rechtsradikaler Organisationen und Kulturträger gerade unter Jugendlichen. Das Gegenteil ist richtig: Vermarktung und rassistische bzw. faschistische Weltbilder oder auch nur Attitüden schließen sich aus – zumindest wenn es sich um deutschstämmige Protagonisten und Jugendliche als Konsumenten handelt. Faschistische/rassistische Ideen können sich in einer Jugendkultur – egal ob Skinheads, Gothics oder Black Metaler – nur halten, solange diese im Underground verbleibt. Sobald eine Kultur wie die Gothics für den Markt interessant wird, werden die entsprechenden politisch bzw. pekuniär unkorrekten Gedanken gnadenlos gekappt. Dies zeigte nicht nur die Geschichte von *Weissglut*, die Band um den Bingener Sänger und Songschreiber Josef Klumb. 1998 hatte das Sony-Label Dragnet/Epic versucht, mit *Weissglut* einen populären und durchaus authentischen Vertreter der Gothic-Szene zu vermarkten. Natürlich war die Weltsicht des Bandleaders bekannt, doch man glaubte, diese – u.a. durch Interviewverbote und -kontrollen – verstecken zu können, den Sänger schlimmstenfalls als »Geläuterten« nach dem *Böhse-Onkelz*-Prinzip verkaufen zu können. Doch »Jay Kay« hatte – vor dem Abschluß des Vertrages mit dem Medienkonzern – einfach in zu vielen Interviews und Aktivitäten seine Ansichten dokumentiert, die Firma sah ihr Image gefährdet und entließ den Sänger (bzw. ließ dies den Rest der Band in einem peinlich-entwürdigenden Akt selbst erledigen). Weitere Deals zwischen Major-Medienkonzernen und Musikern mit rechtsradikalem Background wurden bis heute nicht bekannt.

Kein Einzelfall, keine große Überraschung, wenn man sich einmal die Marktstrukturen genauer ansieht. Denn die für die Vermarktung von Musik und Jugend(kulturen) zuständigen Medienkonzerne Viva, MTV, EMI, Sony etc. leben zumeist vom wichtigen deutschen Markt, aber nicht von Produkten made in Germoney. Es handelt sich um internationale Konzerne, deren deutsche Filialen in der Regel die Hauptaufgabe haben, die internationale Produktpalette ihrer Mutterfirmen in GB, den USA oder Japan auf dem deutschen Markt zu verkaufen. Nirgendwo könnte eine rechtsradikale deutsche Band geschäftsschädigender wirken als zwischen den Videoclips von *Michael Jackson*, den *Beastie Boys* oder *Lauryn Hill*. Nationalismus und Rassismus sind Störfaktoren im internationalen Business, zumindest, wenn sie aus Deutschland stammen (es sei denn zur Vermarktung in Amerika, siehe den »rechtsradikalen« Hype *Rammstein*, aber das ist wieder ein anderer Thema...).

Overground, Underground ...

Der Berliner Szene-Insider und -Fotograf Andreas Bromba spricht Ende 1997 von »etwa 20.000« Gothics in Deutschland (»Kinder der Nacht«, im Berliner *tip-Magazin*, Nr. 23/97), eine Marktstudie geht zur gleichen Zeit bereits von »60.000 Anhängern der Gothic- bzw. Dark-Wave-Szene« aus. Im Internet finden sich derzeit rund 200 Adressen für Partys, den Bezug von Mode, Musik und anderen Accessoires. In den aktuellen Ausgaben der marktführenden Gothic-Magazine werden 130 (*Sonic Seducer*) bzw. 125 (*Orkus*) Neuerscheinungen auf dem Musikmarkt rezensiert. Im gleichen Monat zwei Jahre früher waren es noch 67 bzw. 82 Tonträger. Der Gothic-Markt boomt. 49 der 164 Seiten im aktuellen *Orkus* sind Anzeigenseiten, beim *Sonic Seducer* sind es immerhin noch 31 von 132 Seiten – Kleinanzeigen, die zum Teil kostenlos sind, nicht mitgezählt. Bei Seitenpreisen bis zu 2000,- DM ein lohnendes Geschäft.

Neben *Orkus* (Stuttgart) und *Sonic Seducer* (Oberhausen) konkurrieren derzeit u.a. noch das *Gothic-Magazin* (Holzgerlingen), *Astan* (Metelen) und natürlich das szeneübergreifende *Zillo* (Stockelsdorf) am Kiosk um die Gunst der Gothic-Fans. Die Gesamtauflage allein der genannten Magazine liegt bei monatlich rund 250.000 Exemplaren. Der Stil-Mix mit Teilen der Metal-Fraktion hat dazu geführt, daß auch – in der Regel wesentlich auflagenstärkere – Metal-Magazine wie *Rock Hard*, *Hammer*, *Break Out* oder das vom *Orkus*-Herausgeber im März 1999 neu auf den Markt geworfene *Metal Heart* verstärkt Bands aus dem Gothic-Bereich ins Blatt hieven.

Der Flirt mit der S/M-Szene hat in den letzten Jahren ein Dutzend »schwarze« Erotik-Boutiquen und Versandfirmen entstehen lassen, deren Szene-Wear-Kollektionen sich kaum von denen einschlägiger Lieferanten unterscheiden. Und so entdecken auch immer mehr »Normalbürger« die erotischen Qualitäten der (weiblichen) Gothics und mischen sich zur »Tittenschau« unter das schwarze Völkchen, beklagte sich Gunnar Eysel von *Love Live Blood* im *Zillo*-Talk über die veränderte Atmosphäre bei Konzerten und Festivals: »Lauter geile, wichsende Schwanzträger, die Musik einen Scheißdreck interessiert, aber wenn nackte Titten und Auspeitschen auf der Bühne sind, dann ist es allemal interessant.« Und sie werden bedient – von einer steigenden Anzahl von Bands, die in der Kombination Gothic & Sex ihre Marktchance sehen. »Wenn es Leute machen, die dazu stehen, wie *Die Form* oder *Mozart* von *Umbra*, dann habe ich davor einen Riesenrespekt. Aber all die anderen Wichser, dann kann ich gleich für fünf Mark Videokabinen aufstellen. Das, was *Atrocity* machen, ist plump und plakativ. Aber es scheint so, als ob die Leute inzwischen die Musik einen Scheißdreck interessiert, also stellen wir ein paar Titten auf die Bühne.« Und natürlich hat die Szene längst auch ihre eigenen Boy-Groups und Teenager-Stars, Wellenreiter anderer Genres erschließen sich den Gothic-Markt durch Übernahme simpler Text-, Themen- und Outfit-Klischees, so wie Mitte der 90er Jahre ausgemusterte Pop-Stars und volkstümelnde Sängerknaben ihre Uralt-Hits noch einmal im Techno-Sound recycelten.

Das Leipziger Gotik-Wave-Treffen spaltete sich bereits 1998 u.a. an dieser Frage und der Einsicht, mit so einem von eigentlich allen Gothics anerkannten Festival Geld verdienen zu können. Ein Teil der ehemaligen Mitstreiter schied aus. »Hintergehung, Irreführung und Lügen dauern immer noch an. Gehilfen, Handlanger und Komplizen haben bis heute noch keinen Weg zur Umkehr gefunden. Die ‚Trittbrettfahrer-Runde' ist herzlichst ausgeladen und auf der gesamten Veranstaltung ausdrücklich unerwünscht«, wurde ihnen im Programmheft des '99er Events nachgerufen. Ausdrücklich erwünscht war dagegen *Joachim Witt*...

JournalistInnen vom *Stern* bis zu Fanzine-RedakteurInnen, die über das Festival berichten wollten, wurden von der inzwischen zur »Wave Gotik Treffen Veranstaltung-GmbH« mutierten Organisation erst einmal zur Kasse gebeten: 120 DM für einen »Pressepass«, der »nicht zum freien Zutritt zu allen Veranstaltungen« berechtigte, sondern lediglich »für bestimmte Bereiche auf dem Treffengelände« gelten sollte, forderte die neue »Öffentlichkeitsarbeiterin« per Rundfax in leicht holprigem Deutsch für das Privileg, die Veranstaltung zu promoten. – Die Gothic-Szene ist auf dem Wege in die Normalität. Ein Business wie Punk, HipHop, Techno, Skateboarding und viele andere auch. Eine Kultur, die einst antrat, um dem schönen Schein der Vergnügungssüchtigen die dunkle Seite ihrer Existenz vor Augen zu führen, wurde selbst zum Teil der Vergnügungsbranche. .

...und zieht sich damit automatisch ihre eigene Opposition heran. Diejenigen, die es ernster meinen. Für die das »Schwarz-sein« keine Mode, sondern ihr ganz persönlicher Weg des Lebens ist. Und die deshalb beginnen, sich neue Nischen zu suchen. Die angesagten Klubs der Wochenend-Schwarzen zu meiden und eigene Locations zu finden, zu schaffen, zu besetzen. Immer neue Homepages vernetzen die schwarze Gemeinde jenseits der kommerziellen Informationskanäle, annoncieren Privatpartys und stiften neue Diskussionsforen. Kleine, billig produzierte Fanzines schießen aus dem Urschlamm und berichten über die Bands, die den großen Magazinen zu unwichtig, zu unverkäuflich sind. Über strittige Themen, die die großen Magazine vermeiden aus Angst, einen Teil der Kundschaft zu verprellen. Jenseits von *Bravo*, MTViva und kommerzialisierten *Gothic Parades* in Leipzig entsteht ein neuer Gothic-Underground. Und wächst. Und wächst. Bis auch dessen Vertreter genug vom Underground haben und die Gelegenheit nutzen, ihre

Passion zum Beruf zu machen. Und damit eine neue Opposition heranzüchten. Die es ernster meint. Strictly uncommercial... Und das alte Wechselspiel vom Over- & Underground geht weiter...

Klaus Farin,
26. Mai 1999 / 30. November 2000

[1] *Birgit Richard: Schwarze Netze. Die Gruftie- und Gothic-Punk-Szene. In: SPoKK (Hrsg.): Kursbuch JugendKultur. Stile, Szenen und Identitäten vor der Jahrtausendwende. Bollmann, Mannheim 1997, S. 131.*

[2] *Reichlich Material und genaue Analysen zu diesem Themenkomplex enthält die 84seitige Dokumentation "Die Geister, die ich rief...", Ausgabe 2, Juni 2000, herausgegeben von den Bremer Grufties gegen Rechts (www.geister-bremen.de).*

» Who loves the sun?
Who cares that it is
s h i n i n g ?
Bah bah bah bah –
Who loves the sun? «

(*The Velvet Underground* 1970)

Gothic People

für Ronja

Hey Mr. Rain! - Der Zug und der Regen

Holgi hat keine Lust mehr, bei diesem Scheißwetter und nicht-enden-wollendem Regen nach Leipzig zu fahren, und ich keine, allein zu fahren, also beschließen wir, daß er mich wenigstens ein bißchen im Zug begleitet. Das hat er nur gemacht, weil ich stinksauer auf ihn war, weil er so kurzfristig umgeschwenkt ist und ich jetzt plötzlich alleine war. Insgeheim hoffe ich natürlich, Holgi während der Fahrt noch umstimmen zu können. Draußen gießt es in Strömen. Meine Chancen, ihn doch noch zu überreden, sinken damit rapide. Der Regen nimmt kein Ende. Und er ist überall.

Markus aus Cottbus

In Braunschweig gehen wir in ein ekliges Bahnhofs-Steh-Café und durchkämmen einen Kiosk nach Brauchbarem (für Holgi gibt´s ´nen Comic, für mich gibt´s nix), bis irgendwann unsere Anschlußzüge kommen. Seiner zurück nach Bremen, meiner nach Leipzig.

Draußen regnet es immer noch in Strömen. Graue Landschaften rauschen vorbei. Sieht fast aus wie die alten Plattenhüllen von The Cure. Düster und verschwommen. Unscharf und undurchsichtig. Du kannst sie solange anschauen, wie du willst, es klärt sich gar nichts. Die Bilder werden nicht durchschaubarer. Du kannst einfach nichts erkennen. Verschwommen. Alles verschwommen.

Langweilige Wiesen... gleichförmige Ackerflächen und Felder... Die Schönheit der Natur haben sie schon vor längerer Zeit erledigt. Firmen und graue Fabriken, Parkplätze und Einkaufszentren. Zwischendurch mal ´ne Stadt, aber meistens nur von weitem. Kein schönes Land.

Der Himmel ist immer abwechselnd weiß in weiß oder von grauen Wolken durchsetzt, was mir lieber ist, weil es wenigstens noch Atmosphäre hat und Hoffnung auf irgendeine Art von Bewegung oder Veränderung läßt. Ich habe keine Ahnung, was mich erwartet. Ich habe die ganze Fahrt über niemanden getroffen, niemanden, der meine komische Stimmung hätte ändern können, und schon gar keine Grufties. Niemand. Es ist, als ob ich in ein schwarzes Loch fahre. Ich habe jetzt überhaupt keine Erwartungen mehr.

Wir sind zu wenige... wir fallen kaum auf... wir treffen selten Gleichgesinnte... Wir treten der Öffentlichkeit nicht trotzig gegenüber, sondern sind unsichtbar. So auffällig wir erscheinen, so unauffällig sind wir in Wahrheit. Wir treten schließlich selten in größeren Gruppen auf, und wenn, dann nachts. Wir sind schön, aber schwarz. Es ist wie mit den schwarzen Raben auf den Feldern. Entweder du hast ein Interesse an ihnen, dann siehst du sie, oder du hast keins und sie fallen dir nicht auf.

Du darfst den Leuten nur nicht zu nahe kommen. Dann bekommen sie es meistens mit der Angst zu tun. Setz´ dich mal in der Straßenbahn neben einen Typen, laß deinen Schmuck klimpern, schlage ein Bein über das andere, zupfe an deinem Haar oder schminke dich. Er wird die ganze Zeit, den Kopf krampfhaft zur Seite gedreht, aus dem Fenster starren. Kaum daß wir ausgestiegen sind, schauen sie uns hinterher. Wir biegen um die nächste Straßenecke und sind verschwunden. Das Bild verschwimmt in den Köpfen, wir sind wieder unsichtbar. Sie werden uns schnell vergessen. Wollen.

Die Pantoffelhelden haben Angst vor uns, weil wir ihre Moral untergraben. Ein Mann in Strapsen, Lack und Leder ist ein ANSCHLAG auf ihre Wertvorstellungen.

Original Sin. Angewidert wendet sich der Bürger ab von der Vorstellung, einer, der sein Sohn sein könnte, kommt ihm in genau den Dessous und verspielten Spitzen entgegen, von denen er träumt, seine Frau würde sie im ehelichen Schlafzimmer tragen, der Wixer. Die verdrängte Sexualität kommt ihnen plötzlich und unerwartet nachts in der Straßenbahn entgegen. Der Tod und das Mädchen... der geschminkte und strapsige MANN und die unheimliche, bleiche FRAU mit dem Kreuz. Die Irritation, auf dem Nachhauseweg auf eine Gruppe schwarzgekleideter Jugendlicher zu treffen, Glockengebimmel und irres Lachen...

Der Wind pfeift und schlägt den Regen ins Abteil. Ich schließe das Fenster.

Turning Circle

Am Leipziger Hauptbahnhof ist die Uhr kaputt, sie steht auf viertel vor 12. Kurz vor Mitternacht. Es ist aber erst 21 Uhr. Cool, der Osten, wo nicht ´mal die Bahnhofsuhren gehen. Vor dem Bahnhof treffe ich eine Gruppe junger Punx, die auch auf das Internationale Wave-Gothic-Treffen wollen und einen Pennplatz in einem leerstehenden Haus haben. Wir beschließen zusammenzubleiben.

Die Straßenbahn ist voller Grufties. Alle in schwarz, manche mit blauen, violetten oder roten Farbtupfern in Kleidung, Schmuck und Haar, gestylt mit Tonnen von Haarspray, geschminkt, mit Gewändern, Röcken, Piratenhemden, Spitzenhandschuhen, Netzstrumpfhosen und zerfetzten Nylons. Ein lustiges Bild. Ein eindrucksvolles Bild. Immer wenn die Straßenbahn anhält und weitere Kreaturen der Nacht einsteigen, schreien ein paar Punx von hinten freundschaftlich: ›Gruftie-Alarm! Achtung! Patchouli-Alarm!‹ und lachen sich halb tot dabei.

Tatsächlich erkennst du eine Gothic-Disco am Geruch. Eine Mischung aus dem Geruch der Nebelmaschinen, Patchouli, Baby-Puder und Ölen.

Bielefelder Gothic-Frau

Bielefelder Gothic-Gruppe in Leipzig

Die Stimmung ist sehr kommunikativ, alle reden durcheinander, Begrüßungen, Umarmungen, Späßchen. Vor uns Gothics aus Bayern, sie verteilen Werbeheftchen für das Chronozon-Industrial-Festival. Direkt vor mir sitzt Vera, sie lädt uns auf das Festival ein, erzählt uns davon, wir machen Faxen, und schon sind wir da und steigen alle aus und sind direkt vor dem Werk II, den alten Fabrikhallen, wo die großen Konzerte stattfinden. Die Punx bleiben vor dem Areal stehen, aber die anderen gehen direkt auf das Gelände, auch Vera, bis sie stehenbleibt, sich nach mir umsieht und mich fragt, ob ich nicht mitkommen wolle. Ich bin etwas überrascht, weil wir uns ja gerade erst vor fünf Minuten kennengelernt haben, und außerdem bin ich ja mit den Punx unterwegs und wir haben noch nix abgemacht und ich weiß noch nicht, wo mein Pennplatz ist, und so sage ich ihr, daß ich später komme und daß wir uns bestimmt noch sehen werden. Wir verabschieden uns mit einem vagen ›Bis später, viel Spaß‹.

Get Out Of The Grave, Alan!

Auf der Straße Debatten und Diskussionen: Leipziger Punx löchern Gothics, warum sie sich nicht der Antifa-Demo gegen ein Treffen der Jungen Nazionaldemokraten angeschlossen haben, die heute nachmittag am Werk II entlangführte. Ein Vertreter älterer Schule erzählt Heldengeschichten aus besseren Tagen in Indie-Discos und wie ER sich damals gegen die Nazis zur Wehr gesetzt hat, aber solange ER von ihnen in Ruhe gelassen wird, interessiert ihn inzwischen offensichtlich überhaupt nichts mehr: ›Wenn die hierherkommen und Streß machen, dann wehren wir uns auch, aber solange sie uns in Ruhe lassen, ist´s uns egal‹, spricht er gleich für alle. Bloß kein Streß!

Wir diskutieren und diskutieren, aber es ist nicht so fruchtbar. Alles dreht sich in Gewaltspiralen der Meinungsfreiheit unaufhörlich im Kreis, und es fängt wieder an zu regnen, und so lassen wir es irgendwann bleiben und auch den Eifrigsten von ihnen im Regen stehen.

Stairs – Uncertain Journey

Unser Haus liegt nur zwei Straßenecken weiter. Ein altes Backsteinhaus, wie es noch so viele davon im Osten gibt. Es war offensichtlich mal besetzt, wurde geräumt und steht seitdem wieder leer, und jetzt kriechen wir durch das Gestrüpp in dem Garten nebenan und gehen eine heruntergekommene und von Unkraut überwucherte Treppe hinunter, die in einen Keller führt. Wir tasten uns durch den Kellerraum, durch dunkle Gänge und alte Gewölbe, vorbei an Spinnenweben, zerbrochenen Bierflaschen, Steinen, Sand und Gerümpel und dann eine stockfinstere Wendeltreppe aus zerbröckelnden Steinen hoch. Ich wundere mich, daß die anderen noch einigermaßen wissen, welchen Weg sie gehen müssen. Einer der Punx hat so ´ne rote Friedhofskerze in der Hand, aber das bringt nicht viel. Wir müssen ganz langsam laufen, stolpern aber trotzdem ständig oder stoßen uns die Köpfe an.

Im ersten Stock ist es etwas heller, die Fenster sind mit Spanplatten verdeckt, aber es kommt noch Licht von den Straßenlaternen durch die Ritzen, so daß wir ein bißchen was sehen können. Eine weitere Treppe. An den Wänden Parolen gegen die Bullen und gegen Faschos.

Unser Zimmer ist gänzlich leer, nicht mal ein Teppich. Die Kerzen werfen flackernde Schatten an die Wände. Um die Türe herum haben die BesetzerInnen mit schwarzer Farbe ein flammenartiges Muster gemalt. An der Wand eine Parole, aber die ist nicht mit Farbe gemacht, die ist so rötlichbraun, nicht deutlich zu erkennen, sie ist nicht aus Farbe, vielleicht aus dem Blut eines rohen Grillhähnchens, ich weiß nicht, und an der Wand steht: FUCK DRACULA! THIS IS REALITY!

Ich will lieber nicht so genau wissen, was die in diesem Zimmer schon alles veranstaltet haben.

Lost Friends And Freaks

Daniel, Lemming und Rover kommen aus Bielefeld. Für Gothic-Musik interessiert sich eigentlich nur Daniel. Lemming und Rover sind mitgekommen, um Party zu machen und den schwarz gekleideten Daniel zu begleiten. Sie wollen aber was anderes in Connewitz machen, also gehen Daniel und ich ins Werk II. Wir wollen uns heute nacht wieder im Haus treffen.

Wie sich auf dem Weg herausstellt, kennt sich Daniel blendend aus mit Gothic und Dark-Wave-Musik, obwohl er sich eher als Außenstehender betrachtet.

Wir machen einen Rundgang durch die verschiedenen Fabrikhallen. Riesige Backsteingebäude mit einer beeindruckenden Dachkonstruktion aus Stahlträgern und Glas. In einer Halle schwebt hoch über den Köpfen ein Kran, der sich früher, als die »Kulturfabrik Leipzig« noch der »VEB Werkstoffprüfmaschinen« war, von der einen zur anderen Hallenseite bewegen ließ, wie uns ein ehemaliger Arbeiter der Fabrik mitten in der Nacht erzählte. Zwischen den einzelnen Hallen ein wunderbarer Innenhof, der jetzt von Hunderten von Grufties belagert ist. Ein geniales Ambiente für das Treffen.

Alle sind da: Bands, Labels, Plattenhändler, Fetisch-Klamottenläden, Schmuckvertriebe, Fanzine-SchreiberInnen. Die Gruft-Szene ist ja überaus klein, das ist irgendwie sympathisch, und die Sachen sind gar nicht so leicht zu kriegen. Also fungiert das Ganze auch als Messe.

Wir vermeiden in Angst vor unbezahlbaren Kosten sämtliche Plattenstände, bevor wir in den Innenhof ziehen, um uns ein bißchen nach Leuten umzusehen. Neben uns regen sich zwei Ossi-Frauen lautstark über »Mitläufer-Grufts« auf, das seien Grufts, die zwar so aussehen, aber die entsprechende Einstellung nicht hätten. Das ist Daniel und mir suspekt, das klingt ein bißchen nach »Wer Szene ist, bestimmen wir«, also sprechen wir sie darauf an:

»Was bedeutet es denn für euch, Gruftie zu sein?«

»Das ist ´ne Lebenseinstellung!« (das war die Standardantwort)

»Was für eine LEBENSEINSTELLUNG habt ihr denn?«

»Wir lieben den Tod«,

sagt die eine etwas kindisch,

– ich will gerade ansetzen nachzufragen, warum sie sich dann nicht umbringt oder wenigstens etwas anderes zur baldigen Beendigung ihres Lebens beiträgt, habe schon Vorschläge im Kopf... – da ergänzt die andere:

»Vor allem tote Männer!«

Mit dieser scharfen Antwort hat sie immerhin den alten Mythos von der schönen toten Frau umgedreht, haha. Wir fühlen uns geschmeichelt.

Die langen Schlangen vor den Würstchen- und Bierständen verhalten sich diszipliniert. Mit britischer Geduld. An die Leute, die in den Schlangen stehen, docken sich außerdem immer wieder Bekannte und Freunde an, so daß die Schlangen den Charakter eines Auflaufs bekommen. Als ich mir ein Bier holen will, gibt es eine längere Wartezeit, weil wir uns alle gegenseitig vorlassen und jeder in dem losen Haufen behauptet, später als die anderen dazugestoßen zu sein. Aber die Verkäufer sind genauso cool und grinsen nur.

Im Conne Island, einem ein paar Kilometer entfernten Jugendzentrum, sollen meine süddeutschen Gothic-Favoriten Love Like Blood spielen. Nachtspaziergang. Der Regen hat längst wieder aufgehört und draußen ist es mild, fast eine laue Sommernacht, als wir an den alten Häusern entlang durch Connewitz laufen. Wir haben es nicht eilig. Lange Zeit säumen Friedhofsmauern unseren Weg und wir fragen uns, ob da zur Stunde außer den Toten irgendwer ist? Grabsteinficker?

Das Zentrum ist schon von weitem an einem riesigen

Graffiti zu erkennen, im Hof sitzen Gothics aus aller Welt. Auf einem Tisch im Vorraum entdecke ich Ronja. Sie hat sich tierisch zurechtgemacht, die langen blondgefärbten Haare nach oben frisiert, bevor sie wie die Blätter einer Ananas herunterfallen, sie hat ewig hohe schwarze Stiefel an, einen Lack-Body, das Gesicht kunstvoll geschminkt und lange schwarze Handschuhe bis zum Ellenbogen. Das Outfit macht sie noch schlanker und größer als sie eh schon ist, sie wirkt riesig und ist wie immer wunderschön. Wir umarmen und begrüßen uns, sprechen aber nur kurz miteinander. Sie ist etwas vorsichtig, weil sie sich mal wieder so einen gräßlich eifersüchtigen Kerl an Land gezogen hat, der die ganze Zeit nervös neben uns steht. Das nervt. Also gehen Daniel und ich ´rein und schlängeln uns bis in die ersten Reihen vor, damit wir auch was sehen.

Do You Believe In Angels?

Vorne sind die Leute richtig in Bewegung, es wird auch gepogt, nicht so aggressiv wie bei Punk-Konzerten, aber erstaunlich schnell.

Von einer inneren Unruhe angetrieben gehen wir nach ein oder zwei Stunden wieder ´raus. Wir setzen uns in den Hof. Daniel erzählt mir von seiner verflossenen Liebe. Ich verteidige ihr Verhalten, obwohl ich sie gar nicht kenne. Das mache ich allerdings fast immer, wenn jemand über eine Frau schimpft. Erzähle ihm von Ronja und daß ich das gut finde, daß wir unsere eigenen Wege gehen und uns trotzdem gut verstehen.

»Das kann doch nicht alles urplötzlich zu Ende sein.«

»Ist es doch auch nicht.«

»Aber warum hat sie sich dann nicht länger mit dir unterhalten? Meine Güte, sie war mal in dich verliebt! Sie war mit dir zusammen!«

»Ok. Aber sie hat ihr eigenes Leben. Und sie hat ihren eigenen Kopf.«

»Aber ihr wart verliebt! SIE HAT DICH GELIEBT! Oder was war das?«

»Natürlich hat sie mich geliebt. Aber das ist jetzt halt vorbei. Das muß ich akzeptieren.«

»Ich finde das total daneben. Da frage ich mich doch, ob ich mich noch Menschen gegenüber öffnen soll, wenn dann sowieso alles irgendwann vorbei ist. So ist´s jedenfalls bei Christina.«

»Daniel, du kannst doch nicht Menschen auf dich verpflichten. Liebe kann kommen und wieder gehen. Sie kann auch bleiben. Aber wenn man sich auseinander lebt...«

»...dann hat man sich wahrscheinlich nie richtig geliebt.«
»Das ist doch Quatsch. Wir haben uns damals richtig geliebt, wir waren unsterblich ineinander verliebt und es war richtig und gut so und es war schön. Dann ist es auseinandergegangen und ich war todtraurig, aber ich mußte es akzeptieren. Das Leben geht weiter.«
»Ich finde das total frustrierend.«
»Das ging mir auch lange Zeit so. Und heute schreiben wir uns wieder Briefe oder verabreden uns, wenn ich mal im Süden bin. Das ist doch schön.«
»Aber wo ist die Nähe hin? Vielleicht lebt sie in einer ganz anderen Welt inzwischen. Warum hat sie sich SO entwickelt und du SO? Und warum habt ihr euch nicht zusammen weiterentwickelt? Warum hat sie das einfach abgebrochen, mittendrin?«

Jetzt fällt mir auch nichts mehr ein. Ernüchtert starre ich über den Hof.

Irgendwann entdecken wir Ronja wieder. Sie sitzt mit irgendwelchen Leuten auf einer kleinen Mauer und unterhält sich und sieht nicht so wahnsinnig zufrieden aus. Wir gehen trotzdem.

Resurrection – Sixth Communion

Wir wollen alles sehen, sind schon ganz nervös, weil uns interessieren würde, was sich jetzt zur gleichen Zeit woanders abspielt. Es ist ein Drama, daß wir nicht alles gleichzeitig machen können, und du mußt die Sachen ja auch erstmal finden in der Nacht. Die Ereignisse finden simultan statt und sind in weiten Räumen verteilt und verborgen.

Im sogenannten Völkerschlachtdenkmal ist ein »Mitternachtskonzert« mit mystischen Frauengesängen. In der alten Peterskirche eine Aufführung, die völlig abge-

fahren gewesen sein muß, schon allein, weil ein paar hundert unchristliche Grufties in dieser alten Kirche versammelt waren und den Klängen lauschten. Die Kirche ist jetzt keine mehr und soll in Zukunft für klassische Konzerte genutzt werden. Ich finde das sehr sympathisch, das ist eine alte anarchistische Forderung, die Kirchen nach der Revolution zu Kinos, Volxküchen und Konzertsälen umzufunktionieren. Die alten Gebäude sind wirklich göttlich, aber man kann schließlich was Vernünftigeres mit ihnen machen als Gottesdienste abzuhalten.

Naja, und an dieser Stelle muß ich jetzt mal was zu unserem Verhältnis zur Religion sagen. Wo die Punx den Wohlstandsmüll für ihr Outfit geplündert haben, haben wir den Religionsmüll geplündert. Der sieht einfach besser aus. Was den Punx die Sicherheitsnadeln, das Dosenbier und die bunten Haare, sind den Gothics die Gewänder, Kreuze und Kruzifixe. In der Szene zirkulierten von Anfang an Elemente und Versatzstücke fast sämtlicher Religionen und Weltanschauungen. Es ist immer wieder überraschend, welche Antworten mensch bekommt, wenn man Grufties nach ihren religiösen Anschauungen befragt. Manchmal glaube ich, jeder hat seine eigene.

Immer mehr aber neige ich zur Ansicht, daß die Gothics als solche eine eigene Religionsgemeinschaft darstellen. Eine, die in keinem Vereinsregister aufgeführt ist.

Electrique Erotique

Es ist mitten in der Nacht, wir sind wieder im Werk II. Das Verrückte ist, daß wir das Gefühl haben, die Nacht liege noch vor uns. Wir wollen jetzt *Die Form* sehen, die französischen Elektro-Grufts Philippe und Eliane. Sie sind berühmt für ihre sexuelle Show. Die beiden sind ein ziem-

Auszug aus einem Comic von Nora Below (Bremen)

ICH VERLIEẞ DIETMAR UND TRAMPTE ZUM WERK ZURÜCK.
WERK
death in June
ICK HÖR DIR TRAPSEN.
LEDER HOSE
CAMOU-EVIL
FUCK FUCK
BIMBOTOWN WAR DIE HÖLLE.

ich abgefahrenes Sado-Maso-Paar. Wenn du sie dir auf Fotos anguckst, bist du sicher, daß sie absolut gleichberechtigt sind. ER verkörpert den Schatten, SIE das Licht. Sie predigen eine erotische Subkultur und haben eine Tänzerin dabei, die zwischen den beiden vermitteln soll. Die Halle ist voll.

Daniel hat jemanden getroffen, wir wollen uns nachher wieder treffen, da sehe ich plötzlich Vera wieder. Ich boxe sie freundschaftlich an, wir umarmen uns, sie lächelt und sagt »Hallo, da bist du ja«, als hätte sie den ganzen Abend auf mich gewartet. Neben ihr ein Kerl, der offensichtlich zu ihr gehört.

Ich gehe Getränke für uns holen. Als ich wiederkomme, schreit der Typ sie ziemlich an. Ich denke, oh Gott, schon wieder so ein eifersüchtiger Scheißkerl, will mich aber nicht einmischen, weil ich ja keine Ahnung habe, was los ist. Schweigend trinke ich mein Bier leer und höre mit halbem Ohr zu, während meine Augen durch die Halle streifen. Vera wechselt währenddessen ab zwischen schweigendem Biertrinken und heftigen Vorwürfen an den Typen, den sie anscheinend ganz gut im Griff hat. Sie macht einen sehr selbstbewußten Eindruck, auf eine kämpferische Art und Weise. Ich schlage ihr vor, daß wir uns später wieder vorne treffen. Aber offensichtlich ist sie gar nicht so scharf auf seine Gesellschaft.

Serpent's Kiss

»And the devil in the black dress watches over
My guardian angel walks away
Life is short and love is always over in the morning
Black wind come carry me far away«
(*Sisters Of Mercy:* »Temple Of Love«)

Sie legt ihren Arm über meine Schultern. Kommt mit mir mit, schiebt mich geradezu weg von ihm (»Laß mal, ich komme lieber mit dir«) und läßt den Kerl stehen. Ich frage Vera, wer das war. »Das war mein Ex«. Sie will aber offensichtlich nicht weiter drüber reden. Sie faßt mich an der Hand, und so gehen wir händchenhaltend durch die Reihen, um uns einen Platz zu suchen. Ich bin gespannt wie es weitergeht, habe aber auch den Eindruck, daß das nicht unbedingt in meinen Händen liegt.

Sie hat einiges von der Venus In Furs aus der alten S/M-Hymne von *Velvet Underground*: Eingepackt in engstes Latex, schwarzer Mini-Rock, schwarze Nylons und hohe schwarze Lederstiefel. »Shiny shiny, shiny boots of leather...» Wir fangen an zu knutschen und uns zu streicheln. Ihre Corsage aus Latex ist sehr eng, ich kann ihre Haut nicht berühren, nur an den Stellen, wo sie verschnürt ist, also bleibe ich dabei, ihre zweite Haut zu streicheln. Das ist ungewohnt, sie wirkt irgendwie verpackt aber sehr erotisch.

Das Konzert geht jetzt los. Wir sehen nix, weil wir zu weit hinten stehen. Die Musik ist elektronisch und wunderschön. Wir gehen noch ein bißchen vor und stehen jetzt relativ weit vorne, aber weil wir beide so klein sind, sehen wir trotzdem nix. Also machen wir unsere eigene erotische Subkultur, spezielle Filme rollen an. Ich streife mein Oberteil ab und lasse es einfach auf den Hallenboden fallen. Vera zieht mich leidenschaftlich an ihren fülligen Lack-Busen, drückt meinen Körper an ihren und ihren Mund auf meinen. Während wir uns küssen, streicht meine Hand ihren Rücken, ihre Schenkel entlang bis hinunter zum Stiefelschaft und schließlich unter ihren Rock. Ich spüre durch die Nylons ihre nackte Haut und drücke sie noch fester an mich. Ihre Hände, von glänzend schwarzen Latexhandschuhen bis zu den Oberarmen verhüllt, streicheln meine nackte Schulter, fassen mich schließlich nachdrücklich an meiner Taille und drücken meinen Körper fest an ihren, streicheln meine Beine, meinen Po, während unsere Münder sich gegenseitig verschlingen, saugen und die Zungen sich küssen, wir uns immer inniger küssen, in den Hals beißen und uns dabei immer mehr ineinanderverschlingen.

Ab und zu schauen wir uns verloren in die Augen, um im nächsten Augenblick wieder in unseren Körpern zu versinken. Die Musik treibt uns weiter. Eine Hand streichelt ihre Lack-Brüste, ihre andere meinen Po, meine rechte hat sich auf die Nylons unter ihrem Rock geeinigt und ihre linke drückt meinen Kopf auf ihren küssenden Mund. Ihre langen schwarzen Haare hat sie nach hinten gebunden. Sie wirkt sehr erwachsen, weiß, was sie tut, sie hat ein schönes und reifes Gesicht, das nicht viel über ihr Innenleben verrät, was sie sehr geheimnisvoll macht. Ich werde nicht schlau aus ihr, aber sie zieht mich magnetisch an. In diesem Moment bin ich richtig verknallt. Im Grunde haben wir noch kein vernünftiges Wort gewechselt.

Es ist so schön und unwirklich: Ich benutze meine Hände anstatt Worte. »Tanzt Schwestern, reiht euch ein ins Leben der Nacht / Schau wie weit du fliegen kannst / Fliegen durch den Himmel / Tausendmillionen Meilen noch durch den Himmel... Hörst du die Musik, Schwester?« Belladonna.

Sie ist meine Mondgöttin. Magisch. Ich verstehe sie nicht, aber sie fasziniert mich. Ich habe keine Ahnung, was sie von mir will, aber sie hat angefangen.

M o n d l i c h t

Mit irgendwelchen Leuten, die Daniel aufgegabelt hat, sind wir dann zum Campingplatz gelaufen. Daniel war der festen Überzeugung, daß da jetzt noch Party gemacht würde und wir da noch hin müssen. War auch ziemlich lustig, da war ´ne Ossi-Frau dabei, die uns den ganzen Weg lang fachmännisch über Ostautos aufklärte, über Trabbis, Wartburgs und Skodas, die verschiedenen Modelle und wie viele Zylinder und PS die jeweils haben, technische Daten und wie viele Türen und die Besonderheiten, Vor- und Nachteile undsoweiter. Sowas habe ich noch nie erlebt. Kultig.

Allerdings streckte sich der gemeinsame Weg zum Campingplatz über fast eine Stunde hin, was hauptsächlich daran lag, daß die Leute wirklich keine Eile zeigten. Das waren einheimische Jugendliche, die auf dem Campingplatz noch Party mit den Grufts machen wollten. Irgendwann dauert uns das dann doch zu lange. Wir beschliessen umzudrehen - zurück zum Haus. Wir quetschen uns wieder an dem Metallzaun neben dem Gebäude vorbei, gehen durch den nächtlichen Garten und die Treppe ´runter, durch die Gewölbe und Keller, wir stolpern jetzt nur noch in der Finsternis herum, die Treppen hoch, die Köpfe angeschlagen, bis wir endlich oben angekommen sind, die anderen sind schon da, »Hi - Hi!«.

Die Friedhofskerzen werfen weite Schatten an die Wände. Lemming und Rover sitzen auf ihren Schlafsäcken und trinken Bier. Wir erzählen uns, was wir erlebt haben. Lemming packt auf einmal so ein komisches Bommelding aus, so ein Schnickschnack, den du auf den Fernseher stellen kannst. Unten ist eine runde Platte, aus der lange Metalldrähte herausragen, an deren Enden runde Kugeln befestigt sind. Wenn du das Ganze mit der Hand anschuckst, dann schwingen die Drähte minutenlang. Er stellt das Ding auf den Boden, gibt den einzelnen Drähten einen Schubs und durch die verschiedenen Kerzen werden die Schatten der Kugeln multipliziert, so daß wir an der Decke vielleicht sechzig schwarze Punkte anstarren können, die langsam auf und ab wippen.

Das ist völlig crazy, wir sind hier in diesem alten leeren Haus, haben nix außer unseren Schlafsäcken und das Bier und unsere Rucksäcke, und da packt dieser Kerl so ein völlig irres Teil aus, mitten in der Nacht, den scheinbar überflüssigsten Gegenstand der Welt. Das nenne ich wahren Luxus. Weiß der Teufel, wie er darauf kam, er hatte bestimmt keine Zahnbürste dabei und seinen Walkman vergessen, aber er hat daran gedacht, dieses flackernde Bommelding mitzunehmen, er hat daran gedacht, weil er auf ein Gruftie-Festival wollte, das war

der gruftigste Punker, den ich jemals getroffen habe, und zwar genau wegen diesem flackernden Bommelding.

Wir rauchen was und liegen in unseren Schlafsäcken und starren nach oben, die schwarzen Schattenpunkte überschneiden sich, wippen vor und zurück und durcheinander, als ob lauter schwarze Sonnen das Milchstraßen-Deckensystem entlang huschen.

Ich erzähle den anderen von einem Geschenk, das mir Ronja vor Jahren machte. Ein Mobilee aus schwarzen Fledermäusen. Wenn du viele Kerzen in deinem Zimmer hast und das Mobilee anpustest, dann sehen die Schatten aus, als ob die Fledermäuse fliegen.
Als ob die Fledermäuse fliegen.

So langsam gehen die Gespräche in Träume über. Ich lasse den Tag passieren und fühle mich sehr glücklich. An der Decke fliegen die schwarzen Sonnen in großer Zahl durch die Gegend, und an der Wand steht immer noch, daß Dracula ein Scheiß gegen die Realität ist. Ich denke an Holgi, an Daniel, Lemming und Rover, an Ronja und natürlich an Vera. Was für ein Tag. Es bommelt und flackert immer noch. Die anderen beiden schlafen schon.

Der Mond steht draußen über dem Haus. Sein silbriges Licht scheint vorsichtig in das Fenster. Eine klare Nacht. Ich fliege den schwarzen Sonnen hinterher.

Draußen ist es dunkel und ruhig. Eine Katze huscht die Straße hinunter. Ich stehe da und liebe die ganze Welt. In den Häusern brennt kein Licht mehr. Die Straßen schimmern im Mondlicht. Ich bin allein, aber ich fühle mich sehr geborgen in dieser Welt. Ich lebe hier. Ich stehe atemlos da, hier, das Leben ist schön - mir fallen keine Vokabeln ein. Ich stehe mit offenem Munde da und betrachte die Nacht. Es herrscht Ruhe. Schöne Ruhe. Es wird kühl.

Irgendwann schlafe ich ein.

Kersten aus Bremen

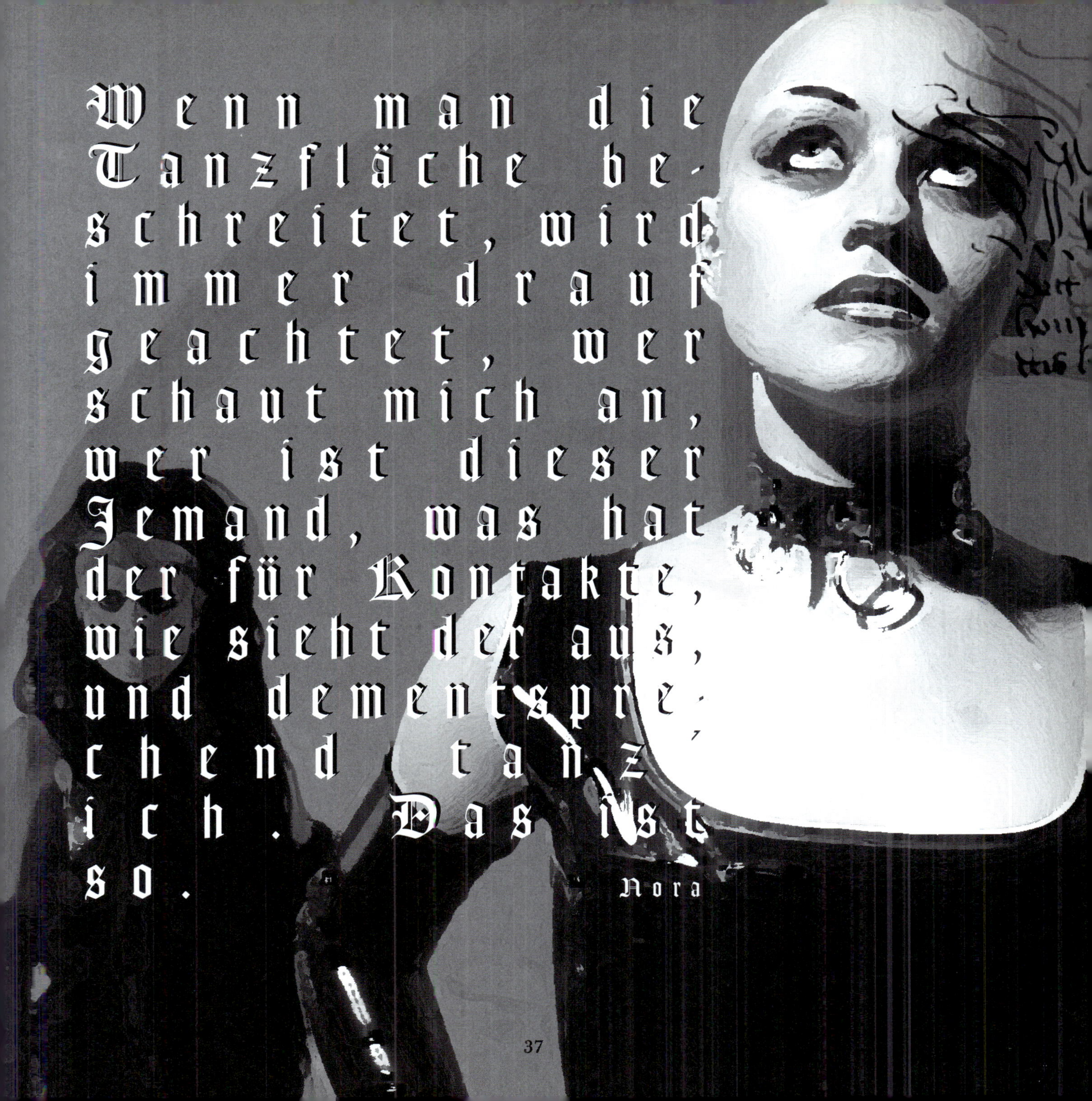

Wenn man die Tanzfläche beschreitet, wird immer drauf geachtet, wer schaut mich an, wer ist dieser Jemand, was hat der für Kontakte, wie sieht der aus, und dementsprechend tanz ich. Das ist so.

Nora

»Wer schaut mich an? Wie sieht der aus?«

Nora, 17 Jahre, Schülerin

Gruft-Musik gehört habe ich das erste Mal mit vier, fünf Jahren bei mir zu Hause, bei meinem Vater, der sich damals mit den Sachen ´n bißchen auseinandergesetzt hat. Fand ich damals schon ganz gut, konnte damit bloß mit vier, fünf Jahren nicht so viel anfangen. Er hat mich dann auch auf diverse Konzerte mitgeschleppt, wo dann die urigsten Gestalten ´rumgelaufen sind, aber richtig, also bewußt musikalisch wahrgenommen habe ich Gruft so mit 16 Jahren. Also ich wußte schon länger, daß es eben diese Musik gibt und so, ich wollte aber doch mal Leute kennenlernen, die diese Musik hören, und hatte auch schon in diversen Magazinen Leute gesehen, die so schwarz angezogen waren, sich blaß schminkten, extreme Frisuren hatten und so, das fand ich schon ganz toll, weil es eben was anderes war als dieses normale Wischiwaschi-HipHop-Gesülze, und weil für mich auch irgendwo ´n Sinn hinter den Texten gestanden hat. Dann habe ich mir den Orkus gekauft, da drin auch diverse Termine oder Klubs in Berlin gefunden und einen ´rausgesucht und bin hingegangen. Und so hatte ich dann mein erstes intensives Erlebnis mit Grufties, und zwar im Fahrstuhl hinauf ins BKA. Da waren gleich drei andere Grufties drin, und ich in den einzigen schwarzen Klamotten, die ich hatte, so halbwegs auf Gruft gestylt, hat mir ziemlich imponiert. Ich hab´ denn trotzdem die Leute direkt angesprochen, also auch so ´n bißchen aufgeschnitten, klar, mit den drei, vier Liedern, die ich damals kannte, aber die waren sehr offen gewesen und sehr nett, und dann fingen auch die ersten an zu tanzen, die Musik ziemlich laut, ziemlich hart, ging mir irgendwie durch Mark und Bein. Und von da an war für mich klar, da gehste jetzt immer hin.

In welchen Szenen oder Freundeskreisen hast du dich denn vorher bewegt?

Ähem, tja, da muß ich zu meiner Peinlichkeit gestehen, alle meine Freunde haben eben diesen Mainstream, HipHop und so, gehört. Aber: Ich war unzufrieden mit dem, mit der ganzen Sache an sich. Die Leute haben mir nicht gefallen, die alle nur irgendwelche Weiber aufreißen wollten, und die Mädels wieder haben nur Sachen angezogen, um den Typen zu gefallen. Ich hab´ eigentlich von Anfang an mein eigenes Ding auch modisch durchgezogen, auch was meine Schminke und was meine Frisur

Nora

betraf, auch wenn das ´n bißchen Befremdlichkeit ausgelöst hat, das war mir eigentlich egal. Ich bin ich, und ich mach das so, wie ich das denke. Und dann, die Klub-Atmosphäre, das war nur so ´n Rumgeseiher, da ist keiner richtig abgegangen. Die waren nicht richtig drauf, das war mehr so, ›gut, die anderen finden die Gruppe gut, also finde ich die jetzt auch gut‹, und dann überhaupt dieses ganze Gehabe und Getue, das war mir zu oberflächlich. Das ging mir nicht tief genug. Ich wollte auch was haben, was so ´n bißchen den Geist berührt, wo sich die Leute auch wirklich damit auseinandersetzen. Und ich wollte auch selbst was machen. Nicht nur konsumieren. Deshalb tanze ich heute auch nebenbei. Außerdem zeichne ich ganz gerne, so düstere Sachen, ästhetische Verletzungen bei irgendwelchen Biomechanoiden, so ´n bißchen Giger-Style abkopiert. Oder manchmal ziehen wir mit Freundinnen so kleine Spaß-Sessions ab, so halbnackt im Schnee, krass geschminkt, nur einen Tanga an und Stiefelchen und Mäntelchen irgendwo auf ´nem Parkplatz oder so.

Woher hast du dir dein Wissen über die Szene angeeignet?
Äh, da kann ich jetzt gar nicht soviel zu sagen, ich bin ja erst ein knappes Jahr dabei. In Zeitungen findet man mehr oder weniger eigentlich nur diese Mainstream-Geschichte. Also entweder wird der Klischee-Gruftie verkörpert, der dann eben Lacrimosa hört oder verschiedene Gruppen, die jetzt auch in Viva oder MTV inserieren quasi, Video-Clips gemacht haben, aber wirklich wertvolle Informationen bekommt man eigentlich nur in den Klubs selber. Und da trifft sich die Gruftie-Szene auch hauptsächlich. Es gibt eigentlich kaum andere Örtlichkeiten, wo sich Grufties wirklich zusammensetzen, weil das im Klub atmosphärisch am besten geht.

Und nachts auf den Friedhöfen, dachte ich...
Ich war bisher erst zweimal auf´m Friedhof mit zwei Grufties, das war für mich aber völlig affig gewesen, weil die zwei eben auch so Wochenend-Grufties waren, und da kam ich mir irgendwie albern vor, weil das aufgesetzt war, so die Atmosphäre. Das war für mich nicht so, wie ich mir das vorstelle, wie das Grufties machen. Tun sollten. Eigentlich.

Was macht denn einen wirklichen Gruftie aus? Was haben alle gemeinsam?
Ich denke mal, fast die oberste Priorität hat die Mode, die Optik an sich. ›Sag mir, was du anhast, und ich sag dir, wer du bist‹. So ist es. Wenn neue Gesichter in einem Klub auftauchen, geht man nicht auf die Leute zu und fragt sie nach ihren Interessen, sondern da wird auf die Klamotten geguckt, und dann wird gesagt, ›der hat Ahnung und der hat keine Ahnung‹. Das ist ganz komisch. Außerdem ist es natürlich wichtig, daß man sich musikalisch ein bißchen auskennt und nicht nur mit

Nora bei einer Modenschau

irgendwelchen Gruppen protzen kann, die eh jedes Schwein kennt. Es läuft eigentlich über Musik und über Mode. Für mich persönlich am meisten über Mode. Wenn man zwei verschiedene Zweige ungünstig am eigenen Körper kombiniert, ist man weg vom Fenster. Das ist so. Denn es gibt ja grundsätzlich zwei Haupttypen: einmal diese Romantik-Grufties in sehr langen wallenden Samtkleidern, vielleicht auch mit Chiffon, die Frauen haben dann längere Haare und Locken und stecken die sich irgendwie hoch, machen sich vielleicht noch kleinen Blümchen ins Haar, tragen auch sehr viel Schmuck, der aber jetzt nicht hart kommt, nicht metallisch hart, sondern eher verspielt romantisch, und die Männer haben dann eben so weite barocke Hemden an, dann vielleicht ´ne Lederhose oder ´ne Samthose, meistens Pikes, diese spitzen Schnallenschuhe, sehr flach von der Sohle her, auch viel Schmuck, viele Ringe, und die Haare entweder an den Seiten abrasiert oder nur hinten abrasiert und meistens kunstvoll zurechtgemacht, auftoupiert, die Männer auch geschminkt. Dann gibt es die etwas härtere Szene, das sind dann diese Lack-Grufties, Frauen, in Netzstrumpfhosen und Korsagen und Lack-Tangas und möglichst hohen Schnallenschuhen, mit Stachelhalsbändern und Stachelarmbändern, aber nicht so viel Fingerschmuck, sondern eher die Halsregion ist da gefragt. Und die Männer eben auch, die kommen meistens so ein bißchen schwul ´rüber, weil sie hautenge Lackoberteile und eng anliegende Lackhosen anhaben.

Wie lange sitzt du vor´m Spiegel, wenn du abends weggehen willst?

Das ist unterschiedlich. Meistens überlege ich mir schon am Tag vorher, was ich anziehen könnte. Für´s Schminken brauch´ ich dann ´ne halbe Stunde, für´s Anziehen vielleicht ´ne Viertelstunde, aber eben die ganzen mentalen Vorbereitungen kosten mich schon einen halben Tag. Also daß ich mir überlege, in welchen Club gehste heute, was spielen sie da für Musik, welche Leute triffst du da, was ist gerade in der Schmutzwäsche, willste mehr abtanzen, dann sollteste flache Schuhe anziehen, legst du mehr Wert auf optische Präsentation, dann sollteste vielleicht hohe Schuhe und ´ne Korsage anziehen, oder möchtest du einfach nur Leute treffen, die dich eh schon kennen, dann ist es alles ein bißchen mehr egal. Aber nicht völlig. Denn die Optik, also quasi die Vermarktung von einem selber spielt immer eine große Rolle. Man ist sich immer der Tatsache bewußt, daß man vor Publikum auftritt, wenn

Leipzig, Pfingsten 1998,
Gruppe Malochia aus Amsterdam

man in einen Klub geht. Wenn man die Tanzfläche beschreitet, wird immer drauf geachtet, wer schaut mich an, wer ist dieser Jemand, was hat der für Kontakte, wie sieht der aus und dementsprechend tanz´ ich. Das ist so.

Wie machen Grufties einander an?

Oh, auch sehr komisch. Nicht, ey, ich find dich gut, geben

wir was trinken, sag mir, wie du heißt, wie alt du bist, ich würde dich gern kennenlernen‘ usw., manchmal, aber meistens kommt irgendein ganz merkwürdiger skurriler Spruch, wo man sich eher aufgrund der Merkwürdigkeit des Spruches animiert fühlt, die Person näher kennenzulernen, oder es läuft eben über´s Tanzen, daß man gut tanzt, dann wird man eben auch angesprochen. Aber meistens läuft es über Kontakte. Wenn man keinen kennt, dann spricht einen auch keiner an. Das ist ziemlich schwierig. Da sind Grufties auch nicht offener als andere Menschen.

...und benötigen dementsprechend vermutlich auch erst einmal bestimmte Drogen, um ´locker´ zu werden?

Drogen eher weniger. Oder zumindest nicht mehr als andere Leute auch. Das Kultgetränk schlechthin ist eher Rotwein. Der hat die Farbe von Blut, säuselt ´n bißchen an, macht aber nicht sturzbetrunken, also man hat sozusagen genau die richtige Stimmung, um sich auch noch mehr in Stimmung versetzen zu lassen, um das Tanzbein zu schwingen, um sich mit Leuten der eigenen Gesinnung auseinanderzusetzen. Es gibt viele Grufties, die gar keinen Alkohol trinken, aber auch viele, die extrem viel Alkohol trinken, die dann eben auch dementsprechend am frühen Morgen aus dem Klub nach Hause torkeln.

Spricht aus deiner Sicht eigentlich was dagegen, wenn Viva und MTV seit einiger Zeit häufiger Gothic abspielen und damit der Szene jugendlichen Nachwuchs zuführen?

An für sich spricht da nichts dagegen. Es ist ja eigentlich ein positiver Aspekt, wenn Leute mit ´nem neuen offenen Wesen an die Sache herangehen und sich dafür auch interessieren. Aber die alten Grufties, die schon in den frühen 80er Jahren mit ihren Kumpelinen und Kumpelchen auf den Friedhöfen abgehangen haben, die fühlen sich zur Seite gedrängt. Weil eben, jeder einzelne ist ´ne Persönlichkeit für sich, und man kennt sich auch untereinander. Und wenn da Otto Meier aus Buxtehude dazukommt, dann fühlt sich jemand, der Rang und Namen hat, zur Seite gedrängt. Weil es ist ja dann nicht nur Otto Meier aus Buxtehude, sondern eben noch Lieselotte Sowieso und Tausende andere, wo er sich dann in seiner Einzigartigkeit einfach bedrängt fühlt. Und mich würde es stören, wenn durch die Massen die Klub-Atmosphäre zerstört würde, diese teilweise sehr private Atmosphäre müßte für mich unbedingt erhalten bleiben, weil dadurch kommen eben auch mit interessanten Leuten interessante Gespräche zustande. Und wenn jeden Tag in Viva oder MTV alle möglichen Gruft-Songs ´rauf und ´runter gedudelt würden, dann hätte es für mich nicht mehr die Einzigartigkeit. Die Gruftie-Szene müßte sich, wenn das passieren würde, selber wieder neu gestalten, weil die Gruftie-Szene lebt von Ideen, von Kreativität und von Optik. Und wenn das alles ausgeschlachtet wird, dann werden Grufties wahrscheinlich zu neuen Sachen greifen, was dann die Szene völlig verändert, bis es erneut in den Medien ausgeschlachtet wird... - ein Teufelskreis.

Wie sieht die Gothic-Szene in zehn Jahren aus?

Dann gibt es Cyber-Grufties mit eingebauten Stacheln aus Metall in der Kopfhaut, und es gibt noch Alt-Grufties, die verzweifelt versuchen, sich an alte Ideale festzuklammern. Nein, keine Ahnung. Also natürlich verändert sich alles, kann ich jetzt nicht sagen, ob es sich positiv verändert, daß die neuen und die alten Leute zueinander finden und gemeinsam eine neue Basis aufbauen oder ob sich das völlig spaltet.

Und wie siehst du in zehn Jahren aus?

Wahrscheinlich ganz bieder und normal, lange Haare, Naturhaarfarbe usw., nee, denk´ ich mal nicht. Ich werde natürlich gewisse Einschränkungen vornehmen müssen, zwangsläufig, wenn ich mich doch mal arbeitsmäßig umschauen sollte, weil ich mir mal denke, daß nicht jeder Geschäftsführer ´n Mädchen nimmt, das zwei rote Iros auf´m Schädel hat, grüne Kontaktlinsen drin hat und morgens in ´ner Korsage oder im Tanga im Büro aufläuft.

Ulrike (30) aus Bielefeld

Das erste Mal in die Szene ´reingeschnuppert habe ich mit 16, da war ich aber höchstens ein Jahr dabei, dann bin ich zu den Punks übergegangen, war lange Jahre Punk, und seit knapp vier Jahren bin ich wieder Gothic. Zwischendurch hab´ ich auch mal wieder versucht, normal zu leben, aber das gefiel mir nicht, da habe ich mich nicht wohl gefühlt.

Als Gothic kann man seine Stimmung richtig ausleben. Wenn man mal schlecht gelaunt ist, dann kann man mit guten Freunden besonders gut drüber reden, man schämt sich halt nicht seiner Gefühle.

Gothic kannste nicht genau definieren. Für jeden ist Gothic was anderes. Für mich sind´s halt Klamotten, Haare und Make-up, für andere dann wieder Musik. Das ist ja eigentlich das Schöne da dran. Es ist halt vielfältig. Und es könnte noch viel vielfältiger sein, wenn einige sich noch mehr Mut geben würden, noch mehr aus sich zu machen. Viele könnten kreativer sein. Die laufen nur so 08/15-mäßig ´rum, schwarzes T-Shirt, schwarzer Rock, glatte Haare, das war´s. Die Leute, die was aus sich machen, kann man echt an fünf Fingern abzählen, das finde ich ein bißchen schade.
Ulrike (30) aus Bielefeld, Altenpflegerin

Ich war früher schon so ´n Einzelgänger. Und als ich die Leute kennengelernt habe, durch meinen Freund, wurde ich auch irgendwie ganz anders. So von meinem Inneren her. Nicht mehr so lebenslustig, eher romantisch. Früher bin ich so technomäßig ´rumgelaufen. Peinlich, aber wahr. Wenn ich jetzt irgendwo vorbeigehe und hör´ die Musik, kann ich damit überhaupt nichts mehr anfangen.
Ramona (22) aus Espelkamp, Verkäuferin

Früher war ich Punk, dann Raver. In der Techno-Szene haben sie mir zu viele Drogen genommen. Und dann der ewige Zwang zu feiern, lustig zu sein. Die ganze Zeit immer nur Party machen, und dann möglichst gleich 48 Stunden, auch mit diesen Tabletten ständig, das war mir zu blöde. Und bei den Punks, das war mir zu asozial. Es ist einfach nicht mehr schön, wenn es heißt, ›ey, auf die Jacke wurde noch nicht draufgeschissen, die ist keine richtige Jacke‹, das ist vorgekommen, echt ekelhaft. In die Szene gekommen bin ich durch die Musik, so die typischen Einsteiger-Bands wie *Lacrimosa*, *Silke Bischoff* oder *Goethes Erben*, inzwischen ist es extrem Mittelalter oder extrem Industrial oder Fetisch, eher die Richtung. Zwischendurch hör´ ich aber auch Punk oder House. Je nach Gefühl. Ich bin ich und mache, was ich will. Das gefällt mir auch so an dieser Szene. Von Lack bis Barock

Henning und Tanja aus Bielefeld

ist da alles bei. Bei den Klamotten kann man wirklich alles miteinander kombinieren, da sind eben keine Grenzen gesetzt. Und man denkt auch mal ein bißchen nach und regelt seinen inneren Kram auch mal. Ob man dabei nun auf dem Friedhof sitzt oder zu Hause auf dem Klo, das ist ja nun egal. Nur die Arroganz, dieses ›Ich bin schwarzer als du‹-Gehabe, ›Bist du überhaupt ein echter Schwarzer‹, das geht mir doch gelegentlich auf den Keks. Wenn jemand nur an sowas denkt oder nur ›Im Charakter ist er ein Idiot, aber schönes Hemd, mit dem muß ich jetzt ausgehen‹, dann ist das ganz schön traurig. Das gibt es leider. Aber mit denen braucht man sich ja nicht zu unterhalten.

Henning (19) aus Braunschweig, Friseur

Hexen und Vampire fand ich schon als Kind so geil. Dann hab´ ich irgendwann ´ne Formel 1-Sendung geguckt, und da kam von *The Cure* »Spider Man«, das Video. Das fand ich richtig toll. Und seitdem habe ich angefangen, mich damit zu befassen. Am Anfang habe ich nur *Depeche Mode* und *Sisters Of Mercy* gehört, was man halt so kennt. Da wohnte ich noch in so ´ner kleinen Stadt,

Tanja (21) aus Bielefeld

hab´ ziemlich viel mit Punks abgehangen, das war spaßig. Vor einem Jahr bin ich nach Braunschweig gezogen, und da hab´ ich dann auch die schwarze Szene kennengelernt. An der Szene reizt mich eigentlich nur der Aspekt, daß man nicht alleine ist und Menschen hat, mit denen man sich unterhalten kann, die einen vielleicht annähernd verstehen könnten. Davor war ich eigentlich ziemlich alleine. Also outfit-mäßig, ich weiß nicht, ich denke, schwarz ist einfach, eintönig eigentlich. Und deshalb, weil´s irgendwie nichts so zu gucken bietet, dann kommt´s vielleicht mehr drauf an, wie ich bin. Und schwarz ist auch die Farbe der Nacht. Und nachts ist irgendwie alles erstmal wunderschön. Du siehst diesen Dreck hier nicht, diese ganzen häßlichen Häuser, die da stehen, es ist ruhig, du hörst nicht so viele Autos. Auch dieser Nachthimmel ist so toll, diese Sterne, schon vor dreitausend Jahren haben die Menschen genau den gleichen Sternenhimmel gesehen, genau den gleichen Mond. Und an diesen Sternen hat noch kein Mensch ´rumgepfuscht, da wurde nichts gemacht. Vielleicht ist es das.

Also die Fetisch-Mode finde ich supergeil, so ´n guter Körper da drin, das gefällt mir sehr gut. Deshalb ziehe ich das auch an, und deshalb finde ich auch die Leute toll mit ihren Ketten, mit denen man sich schön fesseln kann. Es ist was Extremes, wo man sich ausleben kann, seine Abgründe erforschen kann. Das gefällt mir sehr. Andererseits, es hört sich jetzt vielleicht ein bißchen blöd an, weil ich mich auch so ´n bißchen aufstyle, aber ich finde es doof, daß die Leute oft nur nach der Kleidung beurteilt werden. Wenn jetzt jemand hier in Batik-Klamotten ankommt, der wird sofort schief angeguckt, von irgendwelchen Aufgerüschten, dabei haben sie kein Wort mit dem gewechselt. Das finde ich blöd.
Tanja (21) aus Braunschweig, Tischlerin

»Da hält das normale Volk Abstand«

Yvonne (31) aus Düsseldorf

Mit *Depeche Mode* fing alles an. Damals habe ich aber noch in Holland gewohnt, und die kannte da keiner. Und ich hatte das Radio an und dachte, ‚huh, was ist das denn für ´ne komische Musik‘. Und so fing das eigentlich an, daß ich merkte, daß mir die Musik gefällt, ohne daß ich die Szene kannte. Normalerweise rutscht man ja in ´ne Szene durch Leute ´rein und lernt dadurch die Musik kennen. Aber ich hab´ erst die Musik gekannt und wußte überhaupt nichts von schwarz oder so. Und trotzdem fing ich schon mit 14 an, nur noch schwarz zu tragen. Obwohl ich das überhaupt nicht kannte, auch vom Fernsehen nicht, das gab´s damals noch nicht. Zwischendurch bin ich mal ein bißchen Richtung Techno gegangen. Ich weiß nicht, was die jüngeren Leute, so von 18 bis 24, das ist ja so das breite Spektrum der Szene, bewegt, ob das einfach nur saufen, Drogen nehmen und sich treffen ist, ich glaub´, mehr steckt da vielleicht gar nicht dahinter. Aber für mich ist es halt so, ich trag´ nichts Buntes, nur Lack und Leder am liebsten. Ich hab´ nichts anderes im Schrank außer schwarz. Noch nicht mal weiße Unterwäsche. Ich kann es nicht erklären. So Gefühle zu erklären ist schwer.

Was ich an Grufties überhaupt nicht abkann, ist dieses ›bloß nicht lachen‹, ›bloß nicht ´nen Scherz machen‹, es könnte ja im Gesicht bröckeln. Es könnte ja auf einmal Farbe auf die Wangen kommen, auf die schön gekalkten. Ich sag´ immer, wenn ich Unsinn mach´, zu meinem Mann, ich kann´s mir erlauben, ich bin erwachsen. Und deswegen möchte ich nie wieder 17, 18 oder 20 sein. Weil, ich kann jetzt einfach Sachen machen, wo ich vorher dachte, ›uh, was sollen die Leute denken‹. Ich lebe doch nicht, um zu sterben oder um tot zu sein. Und in manchen, in fast allen diesen Gruftie-Diskotheken, wo ich ja auch regelmäßig bin, ist das alles so steif und trocken, und dann hängen die da nur in den Ecken ab, deswegen bin ich auch lieber an der Theke, wo meistens auch etwas ältere Leute stehen, und unterhalte mich mit denen. Das Rumgestehe, nur um angeguckt zu werden, das ist mir heute zu hohl.

Was mir gut gefällt, ist, daß die Leute aus dieser Szene sehr unnahbar aussehen. Ich mag´s nicht, angepackt zu werden. Ich mag das nicht, wenn mir ein fremder Mensch in den Nacken haucht. Und ich mag das nicht, vom normalen Volk angepöbelt zu werden, ›ey Schätzchen, wie wär‘s denn mit uns beiden‹. Oder in diese Proll-Diskotheken zu gehen, Bierdorf, oder wie sie alle heißen. Diese Aufreißer-Dinger. Das kann ich nicht leiden. Deswegen mag ich das kühle Nüchterne auch. Das Lackige und das Ledrige. Latex manchmal auch. Da hält das normale Volk Abstand. In der Rocker-Szene, wenn da ´n Rocker neu kommt, dann ist das ein Kumpel, der wird anerkannt. In der Gruftie-Szene wird er abgeschätzt. Vor allem bei den Frauen ist das ganz schlimm. ›Oh, die hat ja die Haare länger als ich‹, ›die hat ja ´ne engere Taille als ich‹, ›die hat ja längere Beine, höhere Schuhe an‹, das ist furchtbar. Vergleichen ist gut, man kann nur dazulernen. Aber dieses Eifersüchtige, Neidische, was unter Frauen sehr verbreitet ist, das finde ich zum Kotzen. Ästhetisch ist für mich etwas, was angedeutet wird, wo man sich den Rest selber denken muß. Und wenn so nackte Tatsachen gezeigt werden, ist es schon aufgeklärt. Das ist genauso, wie wenn man sich ´nen Krimi nimmt, und vorne steht als erstes, ›der Gärtner war der Mörder, und nun sehen Sie, wie es begann‹. Das ist genau das, was die Männer immer so aufgeilt. So ´n schneller Striptease, in Blitzeseile ausgezogen, ohne daß es ´n bißchen sexy geht.

Yvonne (31) aus Düsseldorf

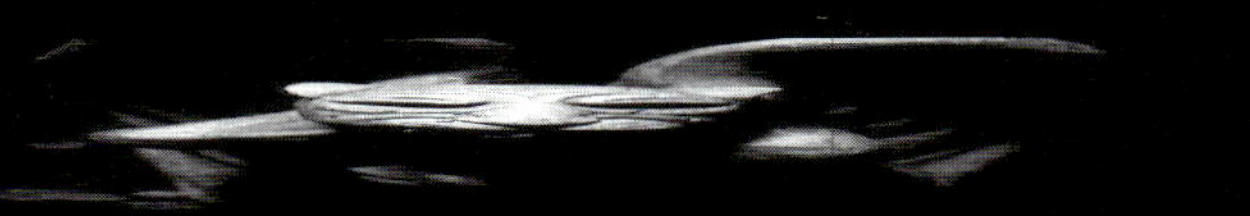

Yvonne (31) aus Düsseldorf

Ich setze mir keinen Zeitpunkt, keinen Todestag oder so. Aber ich gebe mir auch keine Mühe, mein Leben zu erhalten.

Aus dem Tagebuch eines Grufties

Freitag, 20. April 1990

OTIG - »Der Tod ist groß« - so steht es meist ganz klein auf unseren Lederjacken. Die, die diese Jacken tragen, werden oft im Volksmund als Grufties beschimpft. Wegen ihrem morbiden Auftreten. In einigen Städten sieht man sie noch, zumeist Jugendliche zwischen 15 und 20 Jahren. Mit auffälligen Haarfrisuren, gänzlich schwarz gekleidet, mit Kruzifixen an Rosenkränzen. Treffen sie sich oder fahren sie zu Konzerten, dann geht es zu wie auf einer Beerdigungsfeier. Weiß geschminkte Gesichter, schwarze Augenhöhlen und blutrote Lippen. Ein Maskenball der Dunkelwelt...

In der letzten Zeit sind einige Skandale an die Öffentlichkeit getreten. Solcherart gekleidete Jugendliche haben Friedhöfe geschändet, Gräber umgestoßen. Aha, das also sind sie, die Grufties...! Sind das Grufties? Von meinem Standpunkt aus nein! Ich bin jetzt zwanzig Jahre, seit drei Jahren kenne ich Teile der Szene, habe mittlerweile tieferen Einblick bekommen. Differenzen tun sich auf. Unter den Grufties gibt es wie in jeder sozialen Gemeinschaft erheblich unterschiedliche Charaktere. Jeder Mensch ist ein anderes, abgeschlossenes Ich.

Ja, es mag sein, daß es in den letzten Jahren des öfteren zu Vorfällen dieser oder ähnlicher Art und Weise gekommen ist. Und ich möchte mich in keiner Weise schützend vor diese Leute stellen. Nein, im Gegenteil. Ich verurteile dies. Nur sollten die Menschen mit ihren Vorurteilen sich auch mal die Frage stellen, wieso Jugendliche sich auf Friedhöfen und in Leichenhallen rumtreiben! (Solche Fragen lassen sich nicht mit Antworten wie: »Denen geht´s zu gut, wir mußten in ihrem Alter längst hart arbeiten« abtun!)

Jugendliche, die einen Friedhof schänden, unter dem Deckmantel des »Grufti-Images« sind nur Pseudos! Sie haben keine Ahnung von dem, was Gruft sein wirklich heißt. Ich zum Beispiel gehe des öfteren abends oder nachts auf den Friedhof. Alleine, zu zweit, aber nie mehr als drei... Ich hasse diese Kinderfeten mit Kassettenrecordern und Rotwein. Das ist echte Friedhofsschändung. Wir setzen uns auf eine Bank (falls vorhanden) oder direkt auf den Erdboden. Es wird kaum gesprochen. Wir genießen einfach nur die Ruhe, die Abgeschiedenheit von der Gesellschaft, die sich nur 100 m vor uns abspielt. Ja, es ist tatsächlich so, die Toten geben mir mehr Geborgenheit als die (eiskalten) Lebenden...

Es ist der einzige Moment, in dem ich mich total sicher fühle, ja mächtig! Es ist 10.15 h, Sonnabendnacht, ich sitze hier, da draußen geht eine Frau vorbei, ihr Schritt ist schnell und ihr Blick schaut ängstlich zu uns rüber. Aber sie sieht uns nicht, sie spürt nur die Gefahr. Ihr gruselt wahrscheinlich. Ich höre, wie die Echos ihrer Fußtritte verhallen... Und irgendwie bin ich der Sieger. Ich kannte diese Frau, sie hat neulich bei Tageslicht in der Stadt zu mir gesagt: »Sowas gehört ins Arbeitslager – Assi!«

Solche Sprüche höre ich in letzter Zeit des öfteren. Da kommen auch schon mal wieder die Gaskammern aus den schlimmsten Zeiten der deutschen Geschichte vor. Wir sind ziemlich rechtlos im Staat. Eine Anzeige wegen Körperverletzung wird als Nichtigkeit abgetan. Außerdem sind wir selbst schuld daran. Wie laufen wir auch rum... Diese und ähnliche Erlebnisse lassen einen in Melancholie, Frustration und schließlich in Depressionen verfallen. Dieserart verstoßen, flüchten wir in uns selbst. Ich baue ständig neue Mauern um mich rum, sie sind so hoch, daß Außenstehende nicht rübersehen und ich nicht rüberklettern kann. Ich bin in meiner Zelle »Ego« gefangen.

Die Zeit rennt so dahin, hin und wieder unternimmt man etwas. Trifft sich mit Freunden (zumeist Gleichgesinnte) oder besucht Konzerte. Ich stecke mir ständig Ziele ab, und ich hoffe, daß sich danach etwas ändert

Doch die Zeit rast darüber hinweg. Und nie tritt die erwartete Veränderung ein. Ich werde ständig älter, mein Leben verstreicht - sinnlos. Ja, sinnlos. Ich halte mich und mein Leben für sinnlos. Wozu lebe ich, wozu leben wir alle...? Diese Fragen stelle ich mir - täglich!

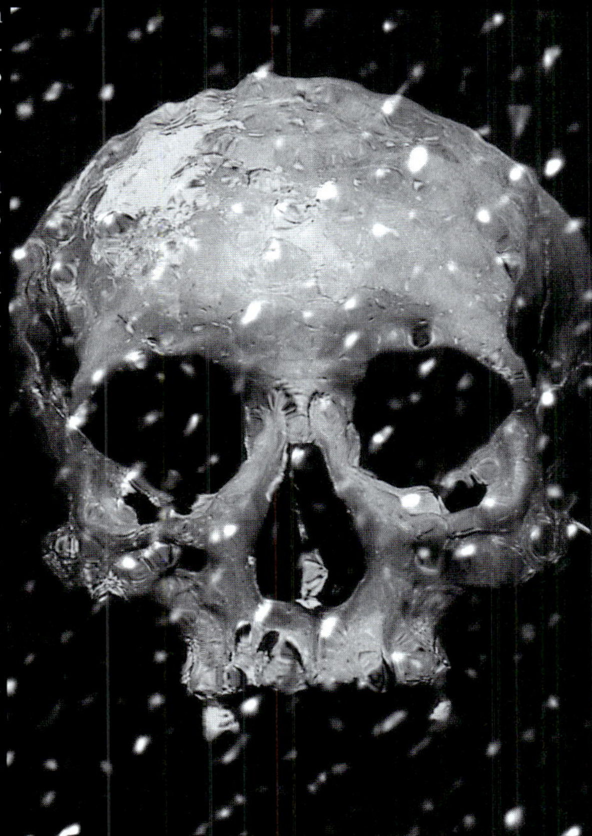

Und weiter, was ist, wenn ich tot bin, tot wäre? Was kommt danach, soll so plötzlich... Nichts? Einfach Gedankenabriß – TOD? NEIN! Ich kann es nicht glauben. Was erwartet uns dort? Ich will nicht mehr – ich will, daß mein Leben langsam ausläuft – ich will nur einfach daliegen und vor mich hinvegetieren, bis mich der Tod eingeholt hat.

Ich setze mir keinen Zeitpunkt, keinen Todestag oder so. Aber ich gebe mir auch keine Mühe, mein Leben zu erhalten. Ich halte mich einfach für überflüssig... Ich kann der Welt nichts geben, ich nehme nur. Und dafür hasse ich mich. Da ich an einer Erbkrankheit leide, entspricht meine Lebenserwartung sowieso nicht der eines gesunden Organismus. Außerdem ist die Fruchtbarkeit eingeschränkt, das heißt, an eine Familienplanung ist nicht zu denken. Ich kann mich nur unter bestimmten Bedingungen gesund fühlen (Medikamente, Therapien, Inhalation, Wetterabhängigkeit), ich halte das für widernatürlich. Es ist vielleicht eine großartige Leistung der Mediziner, einen vom Tod gezeichneten Körper zwanzig Jahre am Leben zu erhalten. Sicherlich ist jetzt die Enttäuschung auf der Seite der Ärzte riesengroß, auch bei meinen Eltern, die sich zwanzig Jahre um mein Leben bemüht haben, und jetzt derart verstoßen werden... Aber ich kann ja nicht für sie leben, wenn ich mich selbst schon lange aufgegeben habe... Ich schwebe ständig zwischen Tod und Leben. Aber ich will weder Mitleid noch Hilfe. Ich will, daß man mich in Ruhe läßt.

Das einzige, was mich noch richtig am Leben läßt, ist meine kultische Veranlagung. Ich bin ein fanatischer Verehrer der englischen Band *The Cure* (die Heilung). *The Cure* sind die Einstiegsdroge in diese Szene. Über die dunkle, melancholische, klagende Musik kam ich zur Szene der *Cure*-Fans, Grufties, der Gothics und Waver. Heute höre ich weitaus düstere, fast schon okkultistische Musik. (*Dead can dance* – der Tod kann tanzen, *Death in June* – gestorben im Juni, *Christian Death* – Christlicher Tod, solche Bandnamen sind nicht selten und lassen Schlüsse über das Repertoire zu.) Es ist wie ein Strudel, er zieht einen immer tiefer runter und man weiß ganz genau, man kann ihm nicht entkommen. Bis einem die Wellen über dem Kopf zusammenschlagen. Und der Atem stockt. Niemals wieder werde ich dem hypnotischen Bann dieser Musik entkommen.

Ich kann mich nicht wehren, ich will mich nicht mehr wehren, ich gebe mich ganz dem Gefühl des Sterbens hin. Ich habe keine Angst vor dem Tod, ich glaube an Reinkarnation(Wiedergeburt). Ich hoffe auf ein besseres Leben...

Es macht nichts, wenn wir alle sterben...

»Als Gothic muß man schon einen gewissen Etat haben«

Eine Gesprächsrunde in Duisburg

Mit:

Frauke Stöber, 23 Jahre, studiert Sozialarbeit, ist Redakteurin beim Dark-Musik-Magazin *Sonic Seducer* und lebt in Duisburg.
Jan Kühr, 26 Jahre, ist Abteilungsleiter im Plattenhandel, freier Journalist, Schwertkämpfer, engagiert in einem Mittelalterverein und lebt in Oberhausen.
Hegi heißt eigentlich Klaus Peter, arbeitet nach acht Jahren bei der Post heute im Praktiker-Baumarkt, ist 26 und seit elf Jahren in der Szene.
Timm, 24 Jahre, arbeitet als Netzwerkadministrator und lebt in Oberhausen.

Du als Szene-Reporterin kannst uns doch sicherlich erklären, woher die Gothics kommen und was sie überhaupt mit der Gotik zu tun haben, oder?
Frauke: Ich denke mal, die Gotik ist ja eine Stilrichtung aus dem Spätmittelalter, Kölner Dom, Notre Dame usw., und die Gothics berufen sich gerne auf's Mittelalter, von wegen »die schwarze Zeit« und so; wo's genau herkommt, weiß wohl niemand so richtig. Ich glaube, jeder hat da so seine eigene Erklärung. Für mich liegt die Wurzel des Gothic im Wave, und der kommt wieder aus dem Punk. Die Punks, die schon immer auch The Cure und Sisters Of Mercy und Ähnliches gehört haben, fingen dann irgendwann auch an, schwarz herumzulaufen und nicht so auf bunt und laut zu machen, also eher die stilleren, weniger »prolligen«, weniger harten Leute.

Also die Mittelschicht-Kids aus der Gymnasialen Oberstufe...
Frauke: Ja, ich würde schon sagen, Gothic ist mehr eine Mittelschicht-Geschichte. Weil: Die Unterschicht-Leute haben meist Szenen, die in irgendeiner Richtung politisch sind, siehe die Skinheads oder eben auch Teile der Punks, und die schwarze Szene ist nicht unbedingt politisch, sondern in erster Linie nur eine Freizeitbeschäftigung. Ich meine, wenn eine Szene hauptsächlich dadurch besteht,

Covergestaltung des Magazins Sonic Seducer

daß man Musik konsumiert, Discos besucht, Konzerte besucht, ausgefallene Kleidung trägt, dann muß man schon einen gewissen Etat haben. Von daher ist das schon eher Mittelschicht. Und für die reicheren Leute ist das wieder zu sehr Provokation und Anderssein, die sind dazu wieder zu konform orientiert. Also ich kenne jedenfalls keine wirklich reichen Grufties, obwohl es inzwischen viele Leute gibt, die mit »Schwarz« Geschäfte machen und gut Geld verdienen. Aber es ist auch eine Szene mit Tiefsinn. Man trifft sehr viele Leute, die über Philosophie und solche Dinge nachdenken, über sich selbst, über Magie, Mythen, Kulte... Und das macht ja auch diese düstere Atmosphäre ein bißchen aus. Gothics sind nicht so extrovertiert politisch, sondern eher introvertiert, besinnlich. Es sind viele Freaks in der schwarzen Szene, die einfach Spaß daran haben, sich nach außen hin außergewöhnlich zu zeigen, auch zu provozieren. Also in dem Sinne, was Provokation und Anderssein angeht, hat es schon viel mit Punk zu tun. Aber wo sich die schwarze Szene von Punk wieder ganz abhebt, ist, daß sie nicht nach außen geht und Politik machen will oder so. Sie ist mehr auf Eleganz, auf Ästhetik, auf schöne Musik und auf innerliche Dinge ausgerichtet. Obwohl: Wenn man als Mann mit langen Haaren herumläuft, vielleicht auch noch geschminkt, und dann in der Straßenbahn als »Schwuler« beschimpft oder sogar zusammengetreten wird, da fängt man schon an, sich Gedanken über die Gesellschaft als solches zu machen. Aber das steht nicht im Vordergrund wie beim Punk.

Vielleicht, weil Gothics sich sowieso mehr für vergangene Zeiten wie das Mittelalter oder irgendwelche anderen Fantasy-Welten interessieren als für die böse, böse Wirklichkeit?

rauke: Nein, ich denke, es ist auf keinen Fall eine Flucht
ı eine heile Welt. Rückbesinnung auf Dinge, die in der modernen Gesellschaft vergessen und verdrängt wurden, schon eher. Und natürlich ist es eine Reaktion auf das Gefühl, in einer Welt zu leben, die immer mehr von Technik und Computern bestimmt wird.

Hegi '92 zu Besuch bei einer Bekannten

an: Es hat schon damit zu tun, daß die Welt damals in gewissem Sinne auch einfacher war. Also die Beziehungen unter den Menschen waren enger und die Kultur als solche nicht so individualistisch geprägt, wie das heutzutage der Fall ist. Nun kann man darüber spekulieren, warum das in der schwarzen Szene vielleicht stärker ist als anderswo, das mag vielleicht daran liegen, daß sich überhaupt nur solche Menschen dieser Szene anschließen, die den Wunsch nach so einer Gemeinschaft haben. Im Allgemeinen ist ja dieser Trend zum Mittelalter erkennbar. Nicht nur in der schwarzen Szene, sondern überall. Das kriegt ja immer mehr Zulauf. Wenn ich mir diese ganzen Rollenspieler angucke, das sind ja nicht unbedingt alles Schwarze, eher im Gegenteil.

Frauke: Viele haben auch so ein Traumbild davon, was Mittelalter war, oder stellen sich ihr eigenes Mittelalter einfach her. Es geht nicht darum, möglichst geschichtsgetreu zu sein. Der große Cut zwischen Mittelalter und schwarzer Szene ist, daß die Leute in der schwarzen Szene Individualisten sind oder sein möchten, und daß man im Mittelalter, sobald man seinen Individualismus ausgelebt hat, eher auf dem Scheiterhaufen gelandet ist.

Jan: Deswegen findet man diese Leute auch nicht engagiert in irgendwelchen Vereinen oder Gruppen, die sich damit wirklich historisch korrekt auseinandersetzen. Das ist eher die Seltenheit.

Eigentlich ein interessanter Widerspruch, daß Leute, die sich selbst in erster Linie als Individualisten sehen, gleichzeitig vor dem Individualismus der Gegenwart in eine Zeit flüchten, in der nonkonformes, gar rebellisches Verhalten hart geahndet wurde?

Jan: Ich hab´ noch nie Jugendgruppierungen als besonders individualistisch empfunden, weil man sich in diesen immer auch irgendwelchen Maßstäben und Zwängen unterwirft, die natürlich andere sind als in der normalen Gesellschaft. Das gilt auch für die Gothics. Man flieht möglicherweise vor bestimmten Normen der Mehrheitsgesellschaft, übernimmt dafür aber andere der Subkultur. Also besonders individualistisch ist das nicht unbedingt. Auch wenn man in dieser Szene mehr Leute trifft, die sich eher mit sich selbst beschäftigen und versuchen, für sich individuell die passende Form von Leben zu finden. Das ist auch der Hauptgrund, warum sich in dieser Szene so viele mit Religion oder okkulten Dingen beschäftigen. Es ist eine Möglichkeit, sich intensiv mit dem eigenen Unbewußten und der eigenen Psyche zu beschäftigen. Das ist das Einzige, um das es bei diesen okkulten Dingen geht.

Es geht immer nur um die eigene Psyche und das eigene Jnbewußte. Jemand, der den Weg geht und so tief wie nöglich dort eintauchen will, wird automatisch irgendwann dahin geraten. Eine Szene, in der diese Beschäftigung mit den Innenwelten des Menschen vielleicht eines der wichtigsten Kennzeichen ist, wird automatisch rgendwann diese Symbole – zum Beispiel das Pentagramm – für sich entdecken.

Frauke: »Okkult« heißt ja eigentlich nichts anderes als »versteckt«. Sprich, die versuchen, versteckte Dinge aufzudecken, vielleicht auch, Gemeinsamkeiten, grundlegende Wahrheiten sozusagen zu entdecken. Das siehst du auch darin, daß sich viele mit ganz verschiedenen Religionen beschäftigen.

Jan: Trotzdem gibt es ganz wenige Leute in der schwarzen Szene, die das wirklich praktisch oder theoretisch als ihr Hobby oder als ihre Lebensaufgabe auffassen, sich mit sowas zu beschäftigen, oder andersherum gesagt: die wenigsten Leute, die sich damit ernsthaft auseinandersetzen, sind schwarz. Für mich persönlich hat das eine mit dem anderen nie was zu tun gehabt. Es hat vielleicht dieselben Ursachen. Ich hab´ eine sehr starke Faszination für alles Morbide, und das mag auf der einen Seite mein Interesse an diesem Okkulten zur Folge gehabt haben, auf der anderen Seite, daß ich mich in der schwarzen Szene so heimisch fühle. Also der Hang dazu, sich mit sowas zu beschäftigen, ist für die schwarze Szene sehr charakteristisch, aber die ernsthafte Beschäftigung eher selten. Außenstehende sehen natürlich nur die Symbole und setzen das gleich und denken, jeder, der ein bestimmtes Symbol nutzt, und sei es auch nur als Schmuck, identifiziert sich absolut mit den extremsten Inhalten, für die dieses Symbol je stand. Aber das wäre genauso, als würde ich sagen, jeder, der seine Hochzeit in einer Kirche feiert, ist überzeugter, praktizierender Christ. Ich kenne sehr wenige überzeugte Christen.

Gibt es Parallelen oder Zusammenhänge zwischen einem ernsthaften Interesse am Okkulten und rechten Einstellungen und Ideologien?

Jan: In der Szene ist zu beobachten, daß einige wenige derer, die sich ernsthaft damit auseinandersetzen, dem rechten Bereich zuzuordnen sind. Nicht in diesem plump faschistoiden Sinne wie bei den Neonazis, Skins oder auch Teilen der Hools zum Beispiel. Es sind Leute, die sich eher auf einer sehr philosophischen Ebene mit be

Timm 1992

den Themen auseinandersetzen, also mit dem Them Faschismus, ariosophische Philosophie oder solch Dinge, und gleichzeitig auch mit allem Okkulten. Das is ja auch bei einigen Bands zu beobachten, die dann imme wieder in so ein plump rechtes Schema gedrängt werden wo sie gar nicht hingehören. *Death In June* lassen sich faschistoide Tendenzen mit Sicherheit zu Recht nachsagen, aber man muß sich überlegen, was das heißen sol

Faschistoide Tendenzen in seinem Denken zu haben, ist ja gerade in der westlichen Welt nun relativ normal, und sich damit auseinanderzusetzen, heißt nun nicht gleich, »Ausländer raus« zu schreien. Ganz im Gegenteil. Manche dieser Leute haben eher Argumente gegen solche plumpen Sprüche als Leute, die sich in der Antifa-Bewegung engagieren. Ich hab´ mich selten mit jemandem aus dem linken Bereich darüber ernsthaft unterhalten können, warum das dumme Sprüche sind. Natürlich geht es beim Okkulten immer darum, Macht auszuüben, und darin liegt immer in gewisser Weise eine faschistoide Tendenz. Aber das hat meiner Meinung nach nichts mit Politik zu tun. Jemand, der eine rechte Philosophie hat, wenn man das denn so bezeichnen will, kann politisch vollkommen unengagiert sein oder sogar im Gegenteil auf politischer Ebene eher links engagiert sein. Das kann ja sehr weit auseinanderklaffen.

Leipzig, 1997

Frauke: Strukturell hast du in vielen magischen Zirkeln oder Orden wirklich eine hierarchische Struktur. Und allein schon dadurch, daß Leute sich damit abfinden oder das okay finden, daß sie jemanden über sich stehen haben, können die sich wahrscheinlich dann auch eher mit entsprechenden Ideologien identifizieren. Ich denke, das hängt schon irgendwo zusammen. Aber innerhalb der schwarzen Szene speziell gibt es nicht unheimlich viele Rechte im politischen Sinne. Du triffst vielleicht auf hundert Schwarze einen, aber der ist dann auch nicht rechts, weil er schwarz ist, sondern weil´s überall irgendwelche Verrückte gibt. Und natürlich Mitläufer.

Also das Posertum scheint ja ein Markenzeichen eurer Szene zu sein: Die Rechten sind nicht wirklich rechts, die Lack & Leder-Trägerinnen stehen in Wirklichkeit auf Blümchen-Sex...

Frauke: Letzteres trifft vielleicht bei siebzig Prozent der Mädchen zu. Wenn du dir beim Leipzig-Festival ´ne Latex-Frau geschnappt hättest, ›komm, wir machen jetzt mal heißen S/M–Sex‹, dann hätte die wahrscheinlich Angst gekriegt und wäre schreiend weggelaufen. Da wird viel kokettiert, viel Pseudo-Image vorgeführt. Es gibt Leute, die wirklich was damit zu tun haben und in der schwarzen Szene sind, aber es gehört nicht explizit zusammen. Es ist schon so, daß die schwarze Szene wirklich eine sehr erotische Szene ist, finde ich. Und die »Mode«-Farbe der S/M-Szene ist nun einmal auch schwarz. So hat sich das eben zum Teil vermischt.

Jan: Ich sehe da auch wieder Parallelen zu dem, was wir

eben zu dem okkulten Thema gesagt haben. Sexualität ist nun ziemlich wichtig für die meisten Menschen, wird aber häufig ins Unterbewußte verdrängt. Sich bewußt damit zu beschäftigen, heißt auch wieder, unter die Oberfläche zu gehen. Und diese Bereitschaft sehe ich nun sehr stark gerade in diesen beiden Szenen.

Frauke: Bei S/M geht es immer darum: Du gibst dich in die Hand eines anderen, den du machen läßt, was er möchte, oder eben anders herum. Das hat aber nichts mit Gewalt und Unterdrückung zu tun, sondern im Gegenteil, mit Kennenlernen des anderen, mit Hingabe, mit Vertrauen. Und genau das suchen viele Leute auch – jetzt abgesehen vom Sex – in der schwarzen Szene: wirklich tiefe Freundschaften, jemanden, dem sie wirklich vertrauen können. Vielleicht ist es auch deswegen eine so friedliche Szene, weil´s halt nicht darum geht, irgendwem auf die Fresse zu hauen oder irgendwelche politischen Sachen zu sagen, sondern es geht darum, sich selbst zu finden, Freunde zu finden usw.

Jan: Mach´ bitte das Licht aus, bevor du mich peitschst.

Frauke: Tatsache ist, daß du auch in der schwarzen Szene genauso viele Pärchen triffst, die zwar sonstwie aussehen, zwei Meter hochgesprühte Haare haben, 35 Piercings im Gesicht, aber das völlig spießige Eheleben zu Hause leben.

Wo wir schon dabei sind: Was stört euch am meisten an der schwarzen Szene?

Timm: Daß man nicht lachen darf.

Hegi: Die Grüppchenbildung in der Szene selber, daß man sehr schwer in andere Grüppchen hineinkommt, daß die Leute teilweise sehr von sich eingenommen sind und sich profilieren wollen, glauben, daß sie halt was Besseres wären als andere, das ist sehr stark vertreten in der Szene.

Timm: Das Schlimmste ist, daß die Leute größtenteils nicht weggehen auf Festivals beispielsweise, um irgendwelche Bands zu sehen, sondern um selbst gesehen zu werden. Das hat ziemlich überhandgenommen in den letzten Jahren.

Frauke: Früher hat mich sehr dieses Arrogante gestört, und daß man nicht so leicht jemand kennenlernt. Mittlerweile habe ich das wirklich auch als Klischee abgestempelt. Also ich mache mein Ding, ganz straight, und wenn dann halt zehn Prozent mich dumm angucken, dann scheiß´ ich wirklich auf die, weil ich weiß, daß unter den anderen neunzig Prozent Bekannte oder Freunde sind, mit denen ich sehr viel Spaß haben kann. Leute, die mich doof angucken, wenn ich das mache, worauf ich Lust habe, die können mir gestohlen bleiben. Und sonst stört mich eigentlich nicht viel. Außer natürlich der Sell Out, aber der ist ja in jeder Szene mittlerweile gegeben.

Gothic-Fans bei einem Konzert

»Idioten gibt es in jeder Szene«

Ein Interview mit Eric Burton *(Catastrophe Ballet)*

Ich kam in diese Szene ca. 1987/88, als ein Klub in meiner damaligen Heimatstadt Trier eröffnete, der die typische Musik spielte. Die Begriffe »Gruftie« und »Schwarze« gab es bei uns noch gar nicht. Damals hieß das Wave und die Leute nannte man demzufolge »Waver«. Ich selbst war nie ein hundertprozentiger Waver, sondern habe immer Einflüße aus anderen Bereichen zugelassen. Ich war auch immer der Meinung, daß man zum Beispiel Metal und Gothic nebeneinander hören und leben kann, da sich dort vieles gleicht. Die Beteiligten dieser Szene sind mir nicht wichtiger und unwichtiger als alle meine anderen Freunde und Bekannten. Die Szene ist für mich ein wichtiges Umfeld, in dem ich mich gerne bewege, aber nicht ausschließlich.

Wie beurteilst du den Stellenwert von Okkultismus in der schwarzen Szene?

Ich glaube, daß die Menschen in dieser Szene interessiert am Okkultismus sind, aber dies nur oberflächlich. Der Prozentsatz der wirklich magisch Aktiven ist wahrscheinlich sehr gering. Gerade bei vielen Bands ist das magische Anliegen nur zu Image-Zwecken vorhanden.

Was stört dich an der schwarzen Szene?

Ich glaube, ich habe mich an alles gewöhnt innerhalb der Szene. An die Engstirnigkeit und an die Coolness. Was nervt, ist die immer größere Aufteilung in einzelne Richtungen wie Gothic, Gothic-Metal, EBM, Industrial usw.

Wie siehst du das Problem »Rechtsradikalismus« innerhalb der schwarzen Szene?

Das wird sehr überbewertet. Ich will nichts beschönigen, aber Idioten gibt´s in jeder Szene. Die Deppen sind bekannt, und ich bin der Meinung, man sollte ihnen kein Forum zur Selbstdarstellung geben. *Death In June, Allerseelen, Blood Axis* sind nur deshalb bekannt, weil sich jeder darüber aufregt und drüber schreibt. Bands, die einfach gute Musik machen, bekommen eine halbe Seite in einem Magazin. Bands mit drittklassigen Songs und zweifelhaften Aussagen dagegen zwei Seiten. Ich persönlich kann nur sagen, daß mir jeder Fascho-Arsch besser aus dem Weg geht...

Eric Burton (Catastrophe Ballet) –live in New York City–

»Alles begann mit der Bravo-Foto-Love-Story...«

Ein Interview mit Claus Müller, Herausgeber von *Orkus*

Was hat dich dazu motiviert, ein Gothic-Magazin zu machen?
Einfach, weil es zwar andere Blätter gab, aber die waren nicht so hundertprozentig dabei, fand ich.

Wie lange bist du schon in der Szene?
Seitdem ich 15 bin. Damals gab es in der Bravo immer diese Foto-Love-Storys, und da kamen in einer auch mal Grufties drin vor. Das hat mich eben fasziniert. In dieser Foto-Love-Story wurden auch ein paar Musikgruppen aufgezählt. Ich bin sofort in den Plattenladen getackelt und hab´ mir die Sachen angehört. Aber eigentlich bin ich bei meiner Wahl dann eher nach den Covern gegangen. Was richtig »gruftig« aussah, hab´ ich mitgenommen. Mit 17 wurde ich dann DJ in einer Disko, mehr oder weniger durch Zufall, ein anderer DJ hatte sich gerade mit dem Geschäftsführer verkracht, ich kannte den ein bißchen, und so habe ich den Job bekommen und hatte dadurch natürlich die Chance, mehr Musik kennenzulernen.

Hast du eine Erklärung dafür, daß die Gothic-Szene derzeit immer größer wird?
Das sehe ich leider nicht so. Ohne die neuen Bundesländer wäre die Szene um einiges kleiner. In Westdeutschland ist es ziemlich abgeflaut, hier in Ostdeutschland herrscht aber offenbar noch ein großer Nachholbedarf. Aber das gilt nicht nur für die Gothics. Man sieht das auch gerade bei Modern Talking. Die Gruppe gibt es auf einmal wieder, die sind in den Charts, die verkaufen Platten wie doof, haben ausverkaufte Konzerte. Aber wenn man genauer guckt, wo die spielen, ist es in Ostdeutschland. Und die meisten Plattenfirmen beschweren sich schon, daß sie nicht mehr soviel verkaufen wie vor ein paar Jahren. Wir verkaufen inzwischen etwas mehr als 30.000 Hefte, das ist nicht schlecht, wir haben im Mai ´96 mit 5.000 Heften gestartet, aber ich glaube, wir haben unser Limit damit auch erreicht.

Covergestaltung des Magazins Orkus

Also nichts als ein Strohfeuer, eine saisonale Mode?
Nicht nur. Mode war es wohl in den Achtzigern, dadurch daß *Depeche Mode* und *The Cure* sehr erfolgreich waren, und eben auch durch diese *Bravo*-Geschichten, aber heute sehe ich das nicht mehr so sehr als Mode. Es ist schon so, daß die Leute irgendetwas fühlen, sich deshalb so anziehen und deshalb diese Musik hören. Vielen Leuten geht es seelisch nicht besonders gut. Das hat auch ein bißchen was mit der Pubertät zu tun, die meisten Leute haben da so ihre Schwierigkeiten in dieser Zeit. Was auch erklärt, warum die Szene relativ jung geworden ist und viele mit 15, 16 dazukommen und mit 20 dann schon nicht mehr dabei sind. Bei mir war das auch so, daß es mir nicht besonders gut ging: der Tod von meinem Vater, Umzug, alles hat sich plötzlich in meiner Umwelt verändert. Aber dann ist es umgekippt: es war nicht mehr Traurigkeit, sondern die Faszination des Düsteren. Nicht für das Böse, das ist ein Unterschied. Auch wenn die Medien zum Beispiel das oft nicht verstehen.

Satanisten zum Beispiel, behaupte ich, findet man in

dieser Szene weniger als beim normalen Publikum. Denn den wirklichen Satanisten sieht man es nicht an, die laufen auch nicht schwarz ´rum. Es gibt im Bereich des Black Metal einige Bands, die satanistisch drauf sind. Aber auch da, würde ich behaupten, ist es zu neunzig Prozent ´ne Mode oder ein Image, um aufzufallen. Auch wenn jemand ein umgekehrtes Kreuz trägt, heißt das nicht unbedingt, daß Jesus ein Idiot war, sondern die Kirche. Viele lehnen nicht unbedingt die Bibel ab, sondern das, was daraus von den Kirchen gemacht wurde. Und andere tragen es nur, weil es cool ist. So ´n bißchen Revoluzzer, auffallen.

Leipzig, Pfingsten 1998, Fans beim Konzert

Wie erklärst du dir die Faszination für das Mittelalter?
Da wird viel romantisch verglorifiziert. Und das war diese Zeit eigentlich absolut nicht. Die gehen heute auf die Mittelalter-Märkte, hören die Musik, haben was Nettes zu essen, man spricht teilweise sogar die Sprache annähernd wie früher, aber eigentlich war das Mittelalter alles andere als nett. Man hatte überhaupt keine Rechte. Und das wird da ein bißchen vergessen. Wenn jemand heute behauptet, er hätte gerne im Mittelalter gelebt, hat er sich nicht Gedanken darüber gemacht, wie das wirklich war.

Was stört dich an der Gothic-Szene?
Es wird immer viel über Toleranz gesprochen, daß man so tolerant sei. Und das ist in Wirklichkeit aber nicht allzu weit vorhanden. Selbst innerhalb dieser Szene nicht. Mir kommt es manchmal so vor, man braucht immer jemanden unter sich, dem es noch schlechter geht. Aber ich glaube, das ist so ein blödes menschliches Phänomen, kein spezielles Problem der Gothic-Szene. Was ich an der Szene wieder sehr gut finde, ist, daß sie superfriedlich ist. Schlägereien, ich weiß nicht, wann es das mal gab.

The Dead Can't dance

Im Mühlholz ist ein Mittagskonzert eines klassischen Streicher-Quartetts angekündigt. Umso näher der Mittag rückt, desto klarer zeichnet sich ein schöner Tag ab. Es wird richtig sommerlich. Im warmen Licht der Mittagssonne schlendere ich mit kleineren Grüppchen von Grufties auf dem Weg zum Konzert eine hübsche, grüne Straße entlang, bis wir auf eine große Einfahrt mit einem steinernen Torbogen stoßen. Direkt dahinter verbirgt sich die Kasse, schade irgendwie, aber der Preis hält sich in Grenzen und die Leute sind wenigstens nett. Es sieht sehr fürstlich aus hier, tatsächlich aber war die Mühlholz-Villa schon zu DDR-Zeiten ein Jugendzentrum. Direkt hinter dem steinernen Torbogen öffnet sich ein halbrunder Platz aus Kopfsteinpflaster. Die Villa vis-a-vis ist etwas heruntergekommen, was sie eher altehrwürdig als dekadent erscheinen

Projekt Pitchfork in der Columbiahalle

läßt und dem Ganzen eine besondere Atmosphäre alter Zeiten verleiht.

Überreste einer kultigen, schiefen Steintreppe hinabsteigend gelange ich zur Terrasse auf der Rückseite. Die Treppe begleitet ein uraltes, gußeisernes, geschwungenes Geländer, dessen abblätternde türkise und rote Farbe einen Zweikampf mit dem Rost darunter führt.

Die Sonne blitzt durch die Blätter der großen Laubbäume hinter der Villa, die den Beginn eines kleinen Parks markieren. Auf der Steinterrasse stehen weiße Gartenstühle und Tische, Sonnenschirme sind aufgestellt, der hintere Teil ist mit einer durchsichtigen Plane überdacht. Die Vögel zwitschern, passend zu der ganzen Szenerie läuft über kleine Lautsprecher die mittelalterlich anmutende Musik von *Dead Can Dance*. Über mir schwebt ein braunrot angerostetes Glockenspiel an dem Gestänge der Überdachung. Auf der Plane Blätter, die verspielte Schatten werfen. Ein schöner Blick auf den Park, in dem Unmengen von Eichhörnchen im Licht und Schatten der Bäume umherspringen.

Ein Fenster an der Rückseite der Villa dient als Theke. Ich hole mir einen Pflaumenkuchen, trinke Kaffee und betrachte den Park und die anderen Grufties, die im Schatten der Sonne sitzen. Außer der Musik und dem Vogelgezwitscher ist es sehr ruhig hier, die Leute unterhalten sich gediegen. Die ganze Situation hat etwas ungemein Bürgerliches. Es hat den Anschein, wir hätten uns diese alte Villa ohne jeden Gestus der Rebellion angeeignet, als gehörten wir zu ihr. Wir bewegen uns, als würden wir seit Generationen in diesem Herrenhaus leben, auf der Terrasse unser Frühstück zu uns nehmen und von Hofmusikern unterhalten lassen - das hat schon wieder etwas Subversives. Wir flattern einfach herein und nisten uns ein.

Am Nachbartisch sitzen angepunkte Grufts aus Bayern. Sie sind deutlich jünger als der Rest hier und ihre fröhliche, ausgelassene Art steht in krassem Widerspruch zur gediegenen Atmosphäre dieser Nachmittagsveranstaltung.

Sie trinken viel Bier und texten Lieder für ihre Band *Webstuhl Tampax*. Jedes Mal, wenn sie eine neue Idee haben, wird sie von jedem Einzelnen nochmal lauthals zum besten gegeben. Zum Beispiel: »Wir hören Goethes Erben / Und wollen´s auch mal werden /Und klischeemäßig wollen wir auch alle sterben...« Hoch die Tassen, das war gelungen! – Bierflaschen klirren, ein schreckliches Geschrei ertönt...

... während fünf Meter weiter die *klassische* Kombo ihr erstes Lied anstimmt. Es dauert keine zehn Minuten, bis die Bedienung ankommt und pikiert bittet, doch etwas leiser zu sein, schließlich würde hier ein *klassisches* Konzert stattfinden.

Die vier Musiker sind zwischen 35 und 40 Jahre alt. Sie tragen schwarze Anzüge, gebügelte weiße Hemden und schwarze Krawatten. Außerdem scheint es einen statistischen Zusammenhang zwischen klassischen Musikern und Brillenträgern zu geben. Sie sind sehr aufmerksam bei der Sache und sitzen auf kleinen Hockern, nicken dem applaudierenden Publikum freundlich zu und widmen sich dann wieder ihrem Köchel-Verzeichnis, ihren Noten und ihrer Musik. Sie blicken sich vor jedem Stück an, ein Nicken signalisiert, daß es losgehen kann, und dann erklingen wieder die drei Geigen und das Cello in der Mittagssonne, auf der Terrasse, unter den Bäumen, in dieser Idylle zwischen zwitschernden Vögeln und aufmerksam zuhörenden Grufties aus allen möglichen Regionen.

Die fünf aus Bayern zelebrieren ihren eigenen Spaß. Ihre Wortführerin ist Rapunzel. Rapunzel hat eine sehr fröhliche und kommunikative Art. Sie ist vielleicht 20, trägt lange schwarze Haare mit blonden Strähnen, einen überlangen schwarzen Pulli, einen schwarzen Rock, blaugrüne Nylons und darüber eine Schicht mit löchrigen Fischnetz-Strumpfhosen, dazu schwarze Hafenarbeiterstiefel. Außerdem hat sie wunderschöne Augen.

Inzwischen kommt die Bedienung schon wieder zum Schimpfen, erntet von Rapunzel und der fröhlichen Gesellschaft aber nur ein unaufmerksames »Jaja«, bevor sie sich wieder dem Texten zuwenden. Ich weiß nicht, wie

ihre Musik ist, aber entweder müssen sie grauenhafte Texte haben oder - sie sind einfach alle rotzbesoffen.

HUUUAAAAAHHHH!!!! Schon wieder ein gelungener Lacherfolg. Außerdem will das gemeinschaftliche satanische Gröhlen geübt sein, sozusagen der Refrain, eine Mischung aus dem klospülungsartigen ‚Gesang' diverser Hardcore- und Trash-Metal-Bands und dem Gejohle, das Kinder ausstoßen, wenn sie ‚Erschrecken' spielen... Also kommt die Bedienung zum letzten Mal und erklärt ihnen, daß es doch jetzt besser sei, wenn sie woanders hingehen würden, wenn sie sich offensichtlich eh nicht für das Konzert interessieren. Sie versuchen ihr ernsthaftes Interesse zu bekunden – *Wir finden die Musik ja auch toll, aber wir können uns ja wohl noch nebenbei unterhalten...* – aber natürlich ist das nicht gerade die innovativste Antwort, und so machen sie sich dann doch bald auf den Weg zurück zu ihrem Campingplatz, selbstredend laut herumalbernd und außerdem verbunden mit dem Vorschlag, ich möge sie doch mal – dort oder in Bayern – besuchen.

In The Cellar – Tanzen im Gewölbekeller

Nachdem das Konzert zu Ende ist, gehe ich die Treppen in den Gewölbekeller der Mühlholz-Villa hinunter. Der Kontrast könnte nicht größer sein: Draußen scheint die Sonne, hier ist es düster, draußen ist es warm, hier ist es - fast schon ein wenig zu - kühl, draußen spielte ein klassisches Streichquartett auf, hier hämmert oberbrutaler Industrial-Sound in nicht zu verachtender Lautstärke.

Der Keller ist nur von Kerzen beleuchtet, und während draußen vielleicht fünfzehn Leute saßen, ist es hier rappelvoll. Ich trinke einen Wein und lasse einen Joint kreisen, wodurch ich auch mit ein paar Leuten ins Gespräch komme. Irgendwann packt mich die Tanzwut und ich drücke irgend'ner Frau den Joint in die Hand, stürze auf die Tanzfläche (der DJ hat jetzt auf *Bauhaus* und andere Klassiker umgestellt, später spielt er Dark Techno und EBM). Es ist ziemlich genial hier zu tanzen, es ist genug Platz, um richtig abzuflippen.

> **Da gibt´s Frauen, die sehen aus wie ´ne Madonna**

Body Electric

»We used a lot of smoke, very few lights, stepped right back and just made a space where you could lose yourself (but more probably find yourself) in a tide of colour and noise. It sounds simple, but no-one that really wanted to be a rock´n´roll star could have done it.« (*Andrew Eldritch, Sisters Of Mercy*)

Die meisten schließen die Augen beim Tanzen, den Kopf gesenkt tanzen wir, es sind nicht so viele Bewegungen, es kommt auf die Ausstrahlung an, es muß Würde haben.

Ich schau´ den Leuten gerne zu beim Tanzen, das ist voll schön. Manche stehen nur an einer Stelle herum und sind völlig in sich selbst versunken, bewegen nur die Arme und den Kopf. Da gibt´s Frauen, die sehen aus wie ´ne Madonna, völlig abgefahren, die haben die Augen zu und kreisen ihre Hände am Körper entlang, erst am Kopf, an den Busen vorbei die Beine herunter und wieder hoch, und wenn die Musik besonders melancholisch wird, dann heben sie kurz die Augenlider und die Augen schauen verloren irgendwohin, und dann gehen die Lider wieder zu. Andere laufen einfach immer einen Schritt vor und einen zurück, den Kopf gesunken, so als seien sie bereit, alles zu ertragen, irgendwie leidend wie die Friedhofsgärtner. Auch das sieht voll gut aus, die langen

Dark Metal aus Amsterdam: Malochia

schwarzen Kleider, die schwarzen Stiefel, die auftoupierten Haare, die blassen Gesichter, ich denke dann immer, die Armen, die Schönen, ich würde es diesen schwarzen

Faith and the Muse

Kindern gönnen, in einer besseren Welt zu leben, und ich fände es schön, wenn wir zusammen dafür kämpfen würden.

Dann gibt es die, die eher vom Punk herkommen. Das war bei mir auch so, ich hab´ Tanzen mit Pogo angefangen, das war das Einzige, was mich interessiert hat, während meine MitschülerInnen alle ´nen Tanzkurs gemacht haben, die Spießer, wie ich damals dachte.

Jedenfalls hab´ ich dann Pogo getanzt auf Punk-Konzerten und anderswo, und das war geil, weil du dazu nicht tanzen können mußtest, weil das jeder konnte, weil du einfach ´rumgehüpft und gesprungen und so richtig herumgespaced bist, und das war scheiße, weil es meistens ziemlich aggressiv war, und deshalb bin ich dann irgendwann lieber zu den Grufties in die Discos gegangen, nachdem ich bei den Punx tanzen gelernt hatte. Die, die eher vom Pogo her kommen, tanzen heftiger, wirbeln mit den Armen herum und haben diese großen Schritte drauf, das ist dann ein bißchen aggressiver, und die tanzen so, daß klar ist, daß sie das nicht so gut finden, daß die Welt so scheiße ist. Aufmüpfiger.

Gimme Shelter

Aber so ein bißchen wehrlos kommen die Gothics schon immer ´rüber, zerbrechlich, das mag ich ja gerade so, das ist ziemlich anziehend, dieses Zerbrechliche.

Bei uns war das damals so, daß irgendwann mal Glatzen in unsere Gruft-Disco gekommen sind, angefangen haben, sich da richtig breit zu machen, und die Grufties haben natürlich wieder nix gemacht, die wurden total blöd angemacht von den Faschos und haben sich nicht getraut, was zu machen, das war nicht so ihr Teil, sich zu prügeln, und irgendwann haben dann die Antifas die Skins ´rausprügeln müssen, und das hat auch geklappt, und die Grufties waren echt froh darüber, aber es mußten die Antifas machen. Das gab es oft, daß Faschos in Gruft-Discos rein sind und Streß gemacht haben, aber es waren fast immer Antifas, die die Faschos ´rausprügeln mußten, weil die Grufties das nicht konnten. Inzwischen sind leider nicht mehr so viele Antifas in Gruft-Discos und so machen sie sich wieder breit, die Faschisten.

Kontakt:
Kersten c/o Grufties gegen Rechts/Music For A New Society/Kulturzentrum Schlachthof
Findorffstraße 51, 28215 Bremen
E-mail: geister.bremen@gmx.de
Web: www.geister-bremen.de

abe ginc in den rat der vne
leu-vnde in deme wege der
sundere nicht en stunt-vnde
in deme stule der suche nicht
e-des hern ist sin wille-vn
sunderen also der melwe den
der wint wirfet vō deme ant
so en sten nicht uf die ubeln
in deme gerichte-noch die
sundere in deme rate der ge
rechtin

Die meisten Kerle in der Szene sind devote Waschlappen

Eine Frauengesprächsrunde in Berlin

Nora: Ich bin 17, noch relativ frisch in der Szene, und finde, daß man seine Persönlichkeit in dieser Szene am besten darstellen kann. Außerdem finde ich gut, daß zwischen den Bands und dem Publikum eine enge Bindung besteht und man sich nicht so abschottet, wie man es aus anderen Szenen kennt, daß man sagt, ‚oh, der große Sänger, die große Sängerin, da kommen wir nie ´ran'.
Angelika: Ich bin 25 und schon fast zehn Jahre in der Berliner Szene, mit einigen Unterbrechungen, ich habe zum Beispiel ein Jahr in London verbracht, war dort auch in einem Szene-Laden tätig, und habe mich jetzt hier selbständig gemacht als Modedesignerin. Und ich denke, es ist ganz toll, wenn man seine Lebenseinstellung mit seinem Beruf verbinden kann auf irgendeine Art und Weise, auch wenn manche Leute einem vielleicht vorwerfen, daß man so die Szene kommerzialisiert.
Greta: Hier darf man echt nicht rauchen? Oh scheiße, jetzt sitz´ ich hier fest und komm nicht weg, ey.
Marianne: Durch mein Leben sind so viele Szenen gewandert, daß auch die Gothic-Szene da nur einen geringen Teil ausmacht. Meine gesamte Bestimmung habe ich eigentlich Ende der 60er Jahre erhalten, durch politische Sachen, und habe in der Zeit aber auch angefangen zu singen, war Agitprop-Sängerin und Maoistin und Anarchistin, habe dann Musik gemacht und Filme und viel geschrieben und dann wieder Musik gemacht und wieder Filme. Mein neues Projekt heißt *Noma*, und was das mit Gothic zu tun hat, weiß ich eigentlich nicht. Ich weiß nur, daß ich immer wieder Beziehungen dazu hatte,

Angelika Weber

ohne daß ich mir das bewußt gewählt hätte. Also für so »Jugendkulturen« bin ich einfach auch zu alt.
Susanne: Ich bin 26 Jahre alt und laufe seit zwei Jahren in der Szene ´rum. Und vor einem Jahr dachte ich mir, was machste jetzt, was fängste an mit deinem Leben, stu-

nicht haste, hat alles nicht so richtig was gebracht, Musik haste sowieso am liebsten, und hab´ mich selbständig gemacht mit ´ner Booking-Agentur und Management im Musikbereich. Es läuft noch nicht so gut, ich muß noch diverse Nebenjobs machen, um das zu finanzieren, aber es ist eigentlich das, was ich machen will.

Was hast du studiert?

Susanne: Literaturwissenschaften. Und meine Magisterarbeit hatte das Thema »Der Vampir in der Literatur«. Ja, Greta, du kriegst ´nen Aschenbecher.

Greta: Ah! Dann darfst du mich jetzt auch was fragen.

Wie alt bist du?

Greta: Beantworte ich nicht. Weil das hat irgendwie für mich nichts mit Kunst zu tun. Als ich zum Beispiel bei der East Side Gallery angefangen hab´ zu malen, da war ich immer viel zu jung für die Kunstszene. Und ich hab´ irgendwie keinen Bock, da festgelegt zu werden. Ich bin hier ja auch nicht beim Model-Contest. Ich sage ja auch nicht, wieviel ich wieg´ oder so. Oder muß ich?

Rikky: Ich bin Rikky, geboren am 21.02.75 in Berlin-Schmargendorf, Martin-Luther-Krankenhaus, Uhrzeit weiß ich nicht mehr, aber ich glaube, ich war ein Nachtkind (grins)... und hüpfe seit ca. ´92 in der Musikszene ´rum. Anfang ´98 habe ich angefangen, journalistentechnisch meinen Senf zum Dark Sign-Fanzine dazuzugeben und bin dann Ende des Jahres zum Maul bzw. Dresscode: Black gegangen, wo ich noch heute unter einigen Pseudonymen tätig bin. Ich bin auch für diverse Untoten-Fotografien ‚verantwortlich' (u.a. »Necropolis«-Cover...), und auch andere Bands fragen schon an, wenn ich sie bei Konzerten fotografiert habe. Ich habe ein gutes Auge für Live-shots, fotografiere auch am liebsten Musiker bei Gigs, um die Atmosphäre einzufangen. Allerdings bin ich auch selbst immer noch auf der Suche nach geeigneten Musikern für meine eigene Rockband. Eigentlich mehr »hart«
als »dark«, oder eher eine gute Mischung aus beidem, da ich sowohl aggressiv als auch negativ (aber immer optimistisch!) bin und das ausdrücken möchte... Ich schreibe übrigens auch seit ´92 Gedichte und Songtexte in Deutsch und in Englisch...

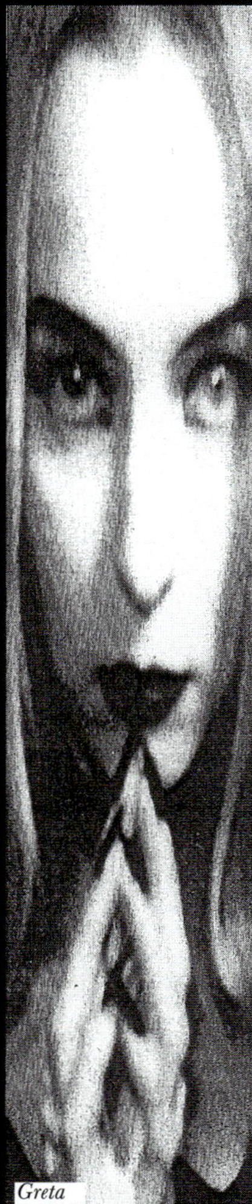

Greta

Beate: Ich bin ´66 geboren, das heißt, ich war auch eher in den 80er Jahren in der Gothic-Szene unterwegs, jetzt eigentlich weniger, bin eher dabei, jetzt nochmal so zu gucken, wie die Gothic-Szene in Berlin heute aussieht. Die Musik, klar, hör´ ich immer noch. Ansonsten spiele ich Schlagzeug und suche gerade eine Band oder ein Projekt im Elektronik-Bereich.

Susanne: Ich wollte nochmal was zur Akzeptanz der Gruftie-Bewegung an sich sagen. Ich hab´ das Gefühl, die wird von einem Großteil der Bevölkerung eher so belächelt. Auch in den Medien. Wenn ich zu einem größeren Radiosender gehe, meine Demos anbiete, dann heißt es, »Minderheiten Musik«, richtig so von 100 Meter oben herab.

Greta: Solche Typen sind natürlich Arschlöcher keine Frage, aber ich bin da auch eigentlich stolz drauf. Ich finde das ganz gut, Minderheiten-Musik zu machen, weil die Minderheiten sind mir ausgesprochen sympathisch, und was nicht mehr Minderheiten-Musik ist, ist Mainstream.

Rikky: Danke, jetzt wo ich mich am Kopf kratze werd´ ich natürlich fotografiert.

Woran liegt das eurer Einschätzung nach, daß in der Gothic-Szene anscheinend mehr Frauen sind als in anderen Subkulturen?

Greta: Es ist eben intelligente Musik, daran liegt´s.

Rikky: Durch die Musik kannst du optimal deine Gefühle ausleben. Und Männer sind selten so »offen, gefühlvoll«, oder stehen zumindest nicht dazu. Die machen lieber einen auf »ich bin hart und cool«. Deswegen gibt´s auch so wenig »richtige« Kerle in der Gruft-Szene, das sind meistens wirklich devote Waschlappen, oder eben Schwule, die sich das trauen...

Rikky

Angelika: Gott sei Dank gibt es auch Frauen, die auf devote Waschlappen stehen.

Rikky: Ja, davon gibt es viele Frauen in der Szene, aber ich kann mich nicht mit sowas identifizieren. Ich stehe sowieso auf südländische Macho-Typen, haha... da bin ich kein »Maßstab«.

Greta: Aber bei den Musikern ist es doch eher so gut durchwachsen, oder? Und die Jungs, die ich jetzt kenne, die sind auch nicht so übel drauf. Dadurch, daß es eben so 50:50 gemischt ist, gibt es auch weniger Streß als in anderen Szenen, ist die Atmosphäre meist sehr entspannt.

Rikky: Teilweise ist es deshalb natürlich auch wieder langweilig, weil eben keiner auf ´nem Festival brüllend über den Zeltplatz rennt oder irgendwie ´rumpöbelt. Ich mein´, das fehlt dann doch manchmal. Aber es ist wenigstens nicht so schlimm, als wenn du da als Mädchen ganz alleine auf der Wiese sitzt und dich ständig irgendso ein Rammstein-Typ anlabert, oder irgendeiner, der dir dumm kommt und gegen den du dich dann behaupten mußt.

Nora: Ich denk´ mal, daß die Typen in der schwarzen Szene wesentlich femininer sind oder einfühlsamer als die Metal-Typen oder eben die Elektro-Typen. Und das hat auch sehr viel mit Poesie zu tun, weil sich die schwarze Szene auch mit Gedichten auseinandersetzt, mit Prosa auseinandersetzt. Die Geschlechterrollen sind insgesamt einfach vielfältiger. Frauen können sehr weiblich-erotisch auftreten, aber auch sehr maskulin, Männer ebenso. Mann muß nicht immer hart sein. Frau nicht immer sexy und wenn du schlecht drauf bist, ist das auch okay.

Susanne: Bevor ich in die Szene kam, da war ich ein Bündel an Depression und Schüchternheit, also mich konnte man wirklich in die Kiste packen, Deckel zu und ‚tot' draufschreiben. Dann kam ich in die Szene und mir ging´s noch nie so gut. Am Anfang, da saß ich mal in ´nem Klub, hab´ geheult, also wenn mir das früher passiert ist, die Leute haben´s ignoriert, die haben weggeguckt. Und da kamen zwei Leute auf mich zu und meinten, »hey, was is´ los, erzähl mal«. Das ist mir noch niemals zuvor passiert. Die Leute kümmern sich mehr umeinander. Denen ist es nicht scheißegal, ob es einem dreckig geht.

Rikky : Man findet auch eher Leute, die einem zuhören oder es eher verstehen, wenn man irgendwelche Probleme hat. Man kann wenigstens darüber reden, daß man auch mal depressiv ist.

Woher kommt diese Faszination für das Düstere, Schwarze?

Rikky : Also ich kann nur von mir selber sagen, ich bin auch damals schon als Hardrock-Frau in schwarz herumgerannt, weil ich mich in dieser Farbe einfach wohl fühle

Ich hab´ halt vieles mitgemacht. Als ich 14, 15 war, da hab´ ich *The Cure* das erste Mal gehört und mich auch für *New Wave* und so interessiert, aber dann hab´ ich gemerkt, daß ich meine Eltern mit *Heavy Metal* mehr ärgern kann.

»Untoten« Greta live in Leipzig 1998

Und da war auch so richtig Power, weil ich eigentlich ein ziemlich aggressiver Mensch bin. Deswegen mag ich die Vermischung von Gothic und Metal auch unheimlich gern, weil es beides enthält, Trauer und Aggression, denn das sind zwei stark miteinander verbundene Emotionen.

Greta: Also der Begriff Gothic kommt ja aus der Literatur, wie wir alle wissen. Woher und wieso weiß ich jetzt nicht mehr, hab´ ich vergessen. Ich wollt´s extra nochmal nachlesen, damit ich jetzt prahlen kann, hat wohl irgendwie nicht geklappt, und da sind jedenfalls die Themen immer gewesen so Burg, Kloster, nachts, Nebel, Geheimnis, also dieses Düstere, was ja wahrscheinlich alle geil finden, also ich zumindest.

Marianne: Und diese Gothic-Novels sind zumeist auch von Frauen geschrieben worden. *Die Sisters Bronté* zum Beispiel, dann diese ganzen Vampir-Geschichten, das gehört auch dazu, *Mary Shelley*, die *»Frankenstein«* geschrieben hat. Also ich glaube gar nicht, daß die Männer zu solchen Gefühlen nicht fähig sind, sondern, daß die wahnsinnig Schwierigkeiten haben, sie zu akzeptieren und erst recht zu äußern. Daß Frauen eine viel größere Klarheit haben; wenn ich sage, ‚ich habe jetzt Depressionen, ich bin schlecht gelaunt', dann kann ich das vor mir selbst zulassen. Männer ignorieren ihre negativen Gefühle oft; wenn´s mit der letzten Freundin vorbei ist oder nicht geklappt hat, saufen und dann wird eben die Nächste angemacht. Und ich glaube, daß diese Themen, dieses Dunkle, Vampirische, dieses Motiv der gespaltenen Seele in der Phantasie von Frauen viel mehr in Gang setzt als bei Männern.

Greta: Das glaube ich aber überhaupt nicht. Wenn wir zum Beispiel bei einer *"Vampire Night"* spielen, und nach dem Konzert kommen die Jungs mit abgefeilten Zähnen backstage, dann habe ich durchaus den Eindruck, daß das *»Vampiristische«* sie inspiriert. Die Männer, mit denen ich mich umgebe, sind sehr sensibel. Und daß Frauen eine größere »Klarheit« haben, kann ich auch nicht unbedingt bestätigen, so verwirrt, wie ich selbst oft bin.

Susanne: Nochmal zur Farbe schwarz, für mich persönlich bedeutet die Abgrenzung, das ist eine Farbe der Stärke, und auch Ruhepunkt.

Marianne: Ich trage schwarz, seitdem ich 17 bin, fast immer schwarz. Und für mich war das auch ein Zeichen der Abgrenzung: Mit eurer Pseudo-Fröhlichkeit, die ich als falsch und verlogen empfunden habe, will ich nichts zu tun haben. Da gab´s so Existentialisten und *Juliette*

Greco, die sang, ›Ich hasse die Sonntage‹, das war deren Parole. Sonntage waren tot, da passierte nichts, da kamen die Verwandten zum Kaffee-Besuch, und das war gräßlich. Das leuchtete mir ein, und die Frau, die das sang, die sah so merkwürdig aus und trug schwarz.

Angelika: Das war merkwürdig, als ich anfing, mit 14, 15 ausschließlich schwarz zu tragen, hat mir das ein Gefühl von Sicherheit gegeben. Das ist natürlich diese Zeit in der Pubertät, Selbstfindungsphase, Probleme mit der Umwelt, man will sich abgrenzen, anders sein, und mir hat das geholfen, ich hab´ mich stärker gefühlt, wenn ich schwarz getragen habe. Natürlich war es auch Rebellion gegen Mamas pinkfarbene Benetton-Pullis...

Marianne: Also mich würde das trotzdem nochmal interessieren mit den Männern, warum du die meisten Männer in der Gothic-Szene unerotisch findest?

Rikky: Das ist nicht nur bei den Gothics so. Ich meine, die meisten Männer haben doch wirklich Angst vor Frauen, die Stärke zeigen oder die auch mit der Faust auf den Tisch hauen und sagen, was sie denken. Vor allem, wenn sie sagen, was sie denken! Da ziehen die meisten Männer doch sofort den Schwanz ein. Ich meine, ich steh´ nicht auf so Muskeltypen, ich mag auch feminine Männer, langhaarig sollten sie schon sein. Aber dieses absolut typische, bilderbuchmäßige Gruftie-Outfit entspricht nicht so meiner Vorstellung von einem erotischen Mann. Es gibt Typen, die ich total niedlich finde, und wo ich sage, ›okay, würde ich sofort mitnehmen‹, aber grundsätzlich... ich muß den Kerl, den ich mir aussuche, schließlich respektieren, und das fällt mir bei den meisten Männern doch schon eher schwer.

Vielleicht solltest du dich dann mal in der Mittelalter-Szene umsehen. Da gibt´s noch richtige Männer, langhaarig, zum Kampf bereit...

Rikky: So richtige Mittelalter-Leute sind mir oft wieder zu prollig. Beim letzten Leipzig-Festival hab´ ich mir mal in der Broschüre durchgelesen, was da so angeboten wurde, »Markttreiben mit Jungfernversteigerung« oder irgendso ein Schrott, da ist mir echt erstmal alles hoch gekommen. Machotum schön und gut, aber Mann sollte Temperament nicht mit Dummheit gleichsetzen.

Nora: Aber interessant ist doch eigentlich auch, daß die

Beate

Szene ziemlich in die Vergangenheit geht und gleichzeitig aber auf die Zukunft ausgerichtet ist. Das ist bei anderen Szenen nicht der Fall. Zum Beispiel in der Techno-Szene beschränkt sich das rein auf die Gegenwart. In der Gothic-Szene sind alte Kulturen vermischt mit neuen, alte Bräuche, Rituale teilweise, die relativ viele Grufties bei sich zu Hause praktizieren, weil´s ihnen etwas gibt, und dann absolut neuer Sound. Mir ist auch aufgefallen, daß die Leute, die sich in der schwarzen Szene bewegen, grundsätzlich sehr viel interessierter an Kultur sind und auch sehr viel »intelligenter« ´rüberkommen als Leute in der HipHop-Szene oder so.

Greta, Sängerin der Untoten, und Bookerin Susanne

Greta: Ich hab´ auch kein Abitur, abgebrochen, bin aber auch der Meinung, daß die Allgemeinbildung in der Gothic-Szene recht hoch ist.
Nora: In anderen Szenen redet man nur, ›ey, geil hier‹, und ›was machste denn nächste Woche‹ und so, und Gespräche zwischen Grufties sind einfach anders als in anderen Szenen zwischen anderen Leuten. Intensiver.

Grenzen

Susanne: Eigentlich hat man mittlerweile als Gruftie genau drei Chancen, eine auf´s Maul zu kriegen. Entweder, weil man von anderen als Satanist und Leichenbuddler angesehen wird, oder von irgendwelchen Antifa-Leuten, weil man ja Nazi ist, oder von irgendwelchen Nazis oder auch von Arabern, die ein Pentagramm nicht von einem Davidstern unterscheiden können. Hab´ ich auch schon erlebt, ›ey, biste Jüdin‹.

Woher kommt denn diese Unterstellung, daß die Gothic-Szene rechts unterwandert ist?
Rikky: Ich habe keine Ahnung. Es gibt Bands, die auf-

grund von provokanten Statements derhalben angegrif-fen werden, oder weil sie Texte haben über den Sonnenkult, der schon seit Tausenden von Jahren existiert, bevor überhaupt jemand namens Hitler das dann mißbraucht hat für seine Zwecke, dann werden die gleich mit in diese Fascho-Ecke gesteckt. Angelika: Es gibt schon gewisse Bands, die mit diesem faschistischen Interesse kokettieren. Oder Europakreuz, dieses rechte Zine. Das wurde mal eine Zeitlang im Duncker verteilt. Zehn Leute haben es gelesen und fünfzig haben sich hinterher beschwert.

Marianne: Aber sind das dann nur Unterstellungen oder gibt es wirklich rechte Gothics, wirkliche Faschisten?

Angelika: Ja. Aber die gehen damit intellektueller um als irgendwelche Skinheads. Nora: In Deutschland wird dieses political correctness so hoch geschrieben, daß es eigentlich schon an das Fanatische grenzt. Da muß jemand nur irgendwas aus der Zeit von ´33 bis ´45 irgendwie zur Sprache bringen, zitieren, musikalisch oder klamottenmäßig, und schon rasten alle aus. Skinhead ist für mich persönlich eine Modeerscheinung, ein Lebensstil, und wenn das irgendwelche Marzahn-Prolls für ihre rechten Parolen mißbrauchen, finde ich das echt arm. Auch unter den Gothics mag´s Leute geben, die »nationalsozialistisch« denken, das läßt sich aber auch sehr breit fächern, dieses Thema, man sollte das wirklich nicht alles unter einen Teppich kehren. Das finde ich auch absolut unwichtig. Rechts, links, diese Eingruppierungen finde ich völlig schrecklich.

Rikky: Die richtig gefährlichen, faschistoiden Leute sind sowieso keine Skinheads, sondern diese Otto Normalverbraucher mit Schlips und Kragen.

Marianne: Ich hab´ bis vor drei Jahren auch gedacht, das sind die gefährlicheren, weil sie sind versteckter und intelligenter. Aber ich hab´ seit ´94 ein Haus auf dem Land, und ich muß sagen, ich bin ziemlich schockiert seit dem letzten Jahr, weil man das hier in der Stadt gar nicht so merkt. Es gibt in dem kleinen Dorf, wo ich da lebe, wirklich unheimlich viele Glatzen-Jugendliche, die andauernd gegen Ausländer vorgehen oder gegen »Fremde« Andersaussehende überhaupt. Wenn das Dorf ein Fest macht, gibt es jedes Mal Ärger, werden Leute bedroht zum Beispiel gibt´s in dem Dorf so einen kleinen Typen der hat eine Brille, und nur weil er eine Brille trägt, wird sofort gesagt, ›du schwules Schwein, die Schwulen gehören alle weg‹, ›wir schlitzen dich auf‹, eine wahnsinnige Brutalität und Aggression. Also ich glaube, hier in Berlin kriegt man dieses Alltägliche gar nicht so mit.

Greta: Das kriegste schon mit. Aber es ist ein total

Angelika und Nora

schwieriges Thema. Ich hab´ irgendwann gemerkt, daß die Türken bei uns in Kreuzberg irgendwie aggressiver werden. Da waren dann wirklich immer öfter Auseinandersetzungen zwischen Deutschen und Türken, oder wenn ich mir meinen Salat kauf´, haben die mich fast ´rausgeschmissen oder so angeguckt, daß ich ganz sicher nicht nochmal ´reingehe oder so, ich mein´, ich seh´ nun wirklich nicht rechts aus. Also die Türken merken auch, was hier abgeht, und können damit natürlich selbst auch nicht umgehen, und deshalb geben sie die Aggression zurück. Und damit eskaliert das Problem. So Jungs und Mädchen, die noch in der Schule sind, sagen, ›Scheiß Türken, die haben mich verprügelt‹, und die Mädchen beklagen sich, weil sie angemacht werden, meistens ist es dann auch tatsächlich so. Und was soll ich dann dazu sagen? Ich als Künstlerin hab´ eine ganz eindeutige Meinung, ich weiß ganz genau, wenn die Ultrarechten ans Ruder kommen würden, dann hätte ich hier keinen Spaß mehr. Außerdem bin ich erwachsen und kann das natür-

Rikky

lich für mich selber ausloten. Aber was soll ich meinetwegen einem 14jährigen sagen, der wirklich Schiß hat an der Bushaltestelle oder wo auch immer, weil er immer von Türken verprügelt wird? Also es ist irgendwie schwierig. Und ich merke schon, daß es extremer geworden ist.

Susanne: Sagen wir mal so, der Umgang von allen wird sehr viel rauher. Ich verteile zum Beispiel als Job im Kaufhaus Probeabos von Zeitungen, also was ich da Tag für Tag an Aggressivität erlebe, oder wo ich blöd angemacht werde, das ist einfach nicht mehr schön. Am liebsten würde man jedem dritten Kunden die Zeitung um die Ohren pfeffern.

Greta: Den zwischenmenschlichen Umgang an sich finde ich eigentlich okay. Berlin ist nun mal kein Dorf. Nee, ich meinte ganz konkret das Verhältnis zwischen Deutschen und Türken.

Marianne: Ich glaube, es liegt daran, daß die meisten Leute einfach nicht in der Lage sind, das irgendwie weitergreifend zu sehen, auch als Teil der gesamten Politik zu begreifen. So hauen die sich gegenseitig die Köppe ein, die eh nichts haben. Aber es ist wichtig, das irgendwie zu kapieren, daß man eigentlich selber gar nicht gemeint ist. Ich habe zum Beispiel jüdische Freunde und arabische Freunde oder meine beste Freundin ist Zigeunerin, und was die mir so erzählen, was denen passiert ist, das kriegen wir alle überhaupt nicht mehr mit. Und ich überlege mir schon die ganze Zeit, ob das nicht auch mit diesen Szenen zu tun hat, ob die Szenen nicht auch dazu beitragen, den Rest der Gesellschaft auszublenden?

Beate: Sicher. Denn die Szene ist schon irgendwie ein Zuhause. Und da will man nicht immer mit dem »Bösen« von draußen konfrontiert werden.

Rikky: Ich hab´ mich noch nie so wohlgefühlt wie in der Szene, weil die Leute wirklich wie eine Familie sind, teilweise. Auch wenn man sich untereinander nicht leiden kann oder mal zofft, da sind immer Leute, die um dich herum sind und dich gern haben und zu dir halten. Und das ist genau das, was mir fehlte, weil ich nicht viel von meiner Familie hatte. Ich denke, vielen geht´s ähnlich. Die meisten Leute, mit denen ich mich unterhalte, die sind entweder von zu Hause ´rausgeflogen, oder haben eine Zeitlang auf der Straße gelebt oder passen einfach nicht in diese Gesellschaft.

Angelika: Aber ich glaube, Jugendkulturen entstehen gerade in sozial schwachen oder vernachlässigten Gruppen, die Teds, die Mods, das waren doch alles Arbeiterkinder, oder? Oder wie kommt das, daß

von Greta

Jugendliche sich gruppieren?

Nora: Ich denke, das kommt zum großen Teil auch durch die Medien, es kommt durch die Veränderungen des 20. Jahrhunderts allgemein, seit den 50er Jahren. Es gibt allgemein keinen großen Künstler in dem Sinne mehr, wie es sie früher gab. Da gab's eben Goethe, es gab Beethoven, es gab Schiller, es gab verschiedene, wo sich die Leute allgemein alle drauf gefreut haben, die gehört haben, deren Sachen gelesen haben, Schriftsteller, Komponisten, egal was es waren, das war früher alles allgemeiner, es war einfach harmonischer. Und heute gruppiert sich das viel mehr. Idole werden von den Medien künstlich geschaffen, für jede Zielgruppe andere. Und die Leute nehmen das an und bekriegen sich untereinander. Wenn in der U-Bahn eine Gruppe von HipHopern einsteigt und es sind vielleicht zwei, drei Grufties drin, ist Streit vorprogrammiert. Obwohl die sich gar nicht kennen, sich nichts getan haben, einfach aus Vorurteilen heraus, aus Klischees heraus. Ich finde das eigentlich sehr traurig, weil dadurch sehr viel Information oder Kommunikation allgemein unter den Leuten verloren geht, wenn ausgerechnet wir, die Generation, die sozusagen die Weltgeschichte ins nächste Jahrtausend leiten soll, untereinander so verfeindet sind. Aber es gibt auch keinen Weg da ´raus. Wie man dagegen ankämpfen kann. Durch die Musik vielleicht, kann ich mir vorstellen, durch bestimmte Messages, die ´rüberkommen, die auch andere Leute annehmen.

Greta: Also daß es früher ‚harmonischer' abging, halte ich ja für eine Legende. Die Leute hatten sicher ihren ganz eigenen Streß. Und gerade in der Goten-Szene - um die geht es hier ja wohl - ist es überhaupt nicht der Fall, daß ‚die' Medien Idole machen. Bands wie *Christian Death*, *Gitane Demone* und auch die *Untoten* wären sonst überhaupt nicht möglich.

Marianne: Eine Umwälzung kann man, glaube ich, gar nicht so forcieren, weil die passieren durch Aufeinanderwirken von verschiedensten politischen Sachen, und dann kulminiert das plötzlich an einem Punkt. Ich habe das ja miterlebt Ende der 60er Jahre mit der Jugendkultur, aber da war es eben eine Bewegung, nicht Szenen. Ob es das jemals wieder geben wird, wage ich zu bezweifeln. Aber die Entscheidung, sich einer Szene anzuschließen, die

nicht Mainstream ist, seinen Sinn nicht nur in der Arbeit oder so zu suchen, ist natürlich auch eine politische Sache. Deshalb ist es auch ziemlich blöd, wenn sich HipHopper und Gothics bekriegen und die anderen lachen.
Rikky: Mir tun ehrlich gesagt die Leute leid, die wirklich nur von morgens bis abends ihren Job machen und dann schlafen gehen.
Angelika: Die gibt´s ja immer weniger. Heute hat Freizeit ´ne viel größere Bedeutung, siehe Techno-Szene, Vergnügungssucht...
Greta: Ja gut, aber den Pöbel gab´s immer.
Rikky: Eigentlich wollte ich ja mein Praktikum bei Virgin Records zu Ende durchziehen, aber nach dem halben Jahr hätt´ste mich einweisen können. Eine der Promoterinnen meinte, es gäbe Leute, die sich für ihren Job die Hand abhacken würden, da hätte ich fast schallend losgelacht! Nee, nicht mit mir... Das Ganze hat auch irgendwie so ein »Staubsaugervertreter-Flair«. Ob die jetzt CD´s, Kondome oder Waschmaschinen verkaufen, das Prinzip ist das gleiche. Da kann ich gleich bei Teppichland anfangen, was in meinen Augen ehrlicher ist. Dafür liebe ich Musik einfach zu sehr. Diese ganze Bürokratenscheiße ist eh nichts für mich, und die Sache hat mich ziemlich abgetörnt, weil es mich zu sehr eingeschränkt hat, und meine Kreativität war ich auch los, weil ich die ganze Zeit Antidepressiva schlucken mußte, um die Leute zu ertragen, die immer »so nett« sind... und so hab´ ich´s dann geschmissen, was die beste Entscheidung war, die ich in letzter Zeit für mich getroffen habe. Das ‚Positive' an solchen Erfahrungen ist, daß ich immer mehr sehe, was ich für mein späteres Leben nicht will, und weiß, daß ich da echt nichts Cooles verpasse. Sowas kann durchaus auch eine Perspektive für die Zukunft geben, jedoch sollte man aufpassen, wenn mensch nicht genug Mut hat, das Leben selbst in die Hand zu nehmen.
Marianne: Das ist eigentlich eine kulturelle Frage insgesamt. Bei uns geht doch von Kindesbeinen an alles darauf hin, daß du arbeitest. Arbeit steht über allem. Wenn Leute jetzt mit zwanzig arbeitslos sind, verstehe ich, daß das für die eine Tragödie ist. Aber ich war lange in Amerika und da gibt´s wirklich entspanntere Situationen, obwohl die nicht diese soziale Stütze haben wie bei uns. Hier ist es so

Marianne Enzensberger

hysterisch mit der Arbeit, die Leute sind kein bißchen flexibel, denken nicht über Alternativen nach. Ich hab´ nie einen festen Job gehabt, nie. Und ich bin ja auch nicht verhungert. Und hier verhungert auch niemand. Warum sind die Leute so hysterisch, woanders verhungern die zu Tausenden.

Greta: Es gibt sicher mehr arme Menschen in Germoney
ıls man denkt. Essensausgabe bei Aldi geht ja nun wirk-
ich nur indirekt als Nahrung durch. Und es gibt auch
Menschen, die verhungern im geistigen und seelischen
Sinne. Es gibt Leute, die können das, diese Form von
Selbstbestimmung, ‚ich steh morgens auf und teile mir
neinen Tag ein und weiß trotzdem, was ich zu tun habe', und es gibt tatsächlich, ich konnte das auch lange nicht glauben, Leute, die können das nicht.

Susanne: Mit meiner Agentur erlebe ich das auch jetzt: Obwohl ich bis zu zwölf Stunden täglich dafür arbeite, wird es erstmal nicht als Arbeit angesehen, sondern es wird als Hobby angesehen, weil ich davon nicht leben kann.

Marianne: Wir bewegen uns alle in so Nischen, aber der Underground als poetische Kraft, politische Kraft, kreative Kraft, spielt eigentlich keine große Rolle mehr in dieser Gesellschaft. In Ausnahmefällen, wenn´s dann mal jemand geschafft hat, sagt man, ‚ach übrigens, die kamen von da und da her'. Aber daß der Underground grundsätzlich als gut und wichtig für diese Gesellschaft anerkannt wird, das sehe ich nicht.

Greta: Ich weiß nicht, mich stört das gar nicht so wahnsinnig. Vielleicht ab und zu mal, aber eigentlich geht´s mir am Arsch vorbei. Es kann auf alle Fälle nicht angehen, daß du dir so Sprüche anhören mußt von irgendwelchen Typen, die mit Musik überhaupt nichts zu tun haben, ›der Musiker muß dem Publikum gefallen, sonst hat er keine Daseinsberechtigung‹. Das müssen sich Künstler und Musiker ständig anhören, und dadurch haben sie wahrscheinlich auch oft so wenig Selbstbewußtsein. Also diese Anerkennung der Gesellschaft finde ich gar nicht so wichtig, ich finde es schade, daß viele Künstler nicht dieses Underground-Selbstbewußtsein haben. Man kann nicht gegen das Establishment kämpfen, neue Wege suchen, wild und »evil« sein, und sich dann wundern, daß man selbst auch bekämpft wird. Nach Anerkennung zu ringen ist ein gefährliches Spiel. Man kann sich leicht darin verlieren.

Rikky: Ich mach mir jedenfalls mehr Streß den Tag über mit meinen Sachen, als das wahrscheinlich meine Mutter in ihrer Bank macht. Sie wird von anderen gestreßt, ich bin für meinen Streß selbst verantwortlich. Und dann wundern sich meine Eltern, ›ach, du machst doch gar nichts, Kind, warum bist du denn so gestreßt‹.

Susanne: Das ist bei mir ja ähnlich paradox: ich habe einen Nebenjob, um meinen Beruf, den ich mir gewählt habe, zu finanzieren. Meine Eltern sagen auch immer, ›dann mach doch nur diesen Job‹.

Greta: Aber das ist auch die Kraft, die die Gothic-Szene hat, das Gefährliche, was der eine oder andere Spießer wahrscheinlich auch schon wittert. Wir werden auf Tour von Journalisten zum Beispiel immer häufiger gefragt, ob wir uns mit dem Namen *Untoten* eigentlich abgrenzen wollen. Ja! Wir wollen uns abgrenzen. Die ganze Goten Szene will sich abgrenzen, das war nie als Massenbewegung, verständlich für jeden Vollidioten, geplant. Klar gibt es Leute, die die Szene glätten wollen und Bands 'reinbringen, die ich mit einem Augenaufschlag verschrecken konnte. Und die ziehen dann natürlich ent-sprechendes Publikum an. Aber letztendlich kannst du ein Lebensgefühl nicht nachäffen, nicht wirklich.

Marianne: Mich sprechen Leute immer an und sagen, »Marianne, du bist eigentlich so eine freundliche Person, du bist so nett, aber wenn du auftrittst, ist das immer so pessimistisch und so böse«. Und deshalb muß ich jetzt einmal ein Wort bringen, das glaube ich für uns alle hier ganz wichtig ist: Ironie. Es ist nämlich auch ein Spiel mit dem Bösen oder mit dem Traurigen, auch natürlich mit bestimmten Seiten in einem selber. In der Gothic-Szene hast du halt die Möglichkeit, bestimmte Sachen so zu leben und ´rauszulassen, die ganz viele andere Leute auch fühlen.

Im Osten

Habt ihr den Eindruck, daß das Interesse stärker wird an der Gothic-Szene, daß mehr Leute dazukommen?

Greta: Wenn du den »Biss« bekommen hast, bleibt er dir erhalten auf ewig. Ich mag einfach dieses Crossover der Szene, ob Gothic, Goten-Punk, Romantik, whatever... Jeder kann sich heraussuchen, was ihm persönlich was bringt. Ich selbst steh´ vor allem auf Cyber-Goten und Goten-Punks, einfach weil da Aggression mit im Spiel ist, und ohne geht´s nicht. Manche Dinge muß man sich schon nehmen, sonst wartet man ewig, und ewig Zeit hast du höchstens als Untote...

Angelika: Ganz einschneidend fand ich den Zeitpunkt der Wende eigentlich, so ab 1990/91. Da ist alles wieder neu aufgelebt.

Greta: Ich glaub´ auch, das kam schon extrem aus´m Osten. Ich hab gemerkt, als wir da getourt sind, da waren auf einmal viel mehr Gothics in den Konzerten als im Westen.

Marianne: Wahrscheinlich gab es im Osten ein ganz starkes Bedürfnis nach solchen Sachen, weil das ja sonst immer so strahlegesichtig alles war, vollkommen optimistisch, und mit der FDJ ist das Leben prima.

Angelika: Die Szene war auch sehr kreativ. Also ich hab Storys gehört, da wurden die Pikes mit Pappe nachgebaut, weil so spitze Schuhe gab´s da ja nicht, oder der einzige schwarze preiswerte Stoff war nun mal der Fahnenstoff, dann wurden eben daraus Gewänder genäht...

Marianne: Ja, das war schon ganz stark. Ich habe da mal heimlich gespielt, als die Mauer noch stand, ´87, das war unglaublich. Allein schon diese wahnsinnige Ernsthaftigkeit, sich mit den Texten auseinanderzusetzen, das gab´s im Osten viel stärker. Heute noch. Wenn ich ein Interview gebe in einem westlichen Sender, dann geht es um die Musik und die nächsten Pläne und blabla, und im Osten fragen die immer nach meinen Texten, die kennen die dann auch und nehmen direkt Bezug darauf, was ich damit meine und ob jetzt der Satz eine Anspielung auf S/M ist oder so. Und ich glaube, das kommt daher, daß diese dunkle Seite früher in diesem »Arbeiterparadies« nicht ausgelebt werden durfte. Ich weiß das ja auch noch aus eigener Erfahrung. Ich bin ja in der DDR aufgewachsen. Ich war selbst junger Pionier, bin aber aus einer Rebellion heraus immer zu den Christen gegangen, weil das war ja so in irgendwelchen Garagen und heimlich und offiziell nicht erwünscht. Und das fand ich wahnsinnig aufregend. Aber dann fand ich die Bibel ungerecht und gemein und bin wieder weg. Und es war ja in der Praxis auch nicht wirklich spannend. Du saßt da in irgendeiner Garage und da hat eine wahnsinnig langweilige blöde Kuh aus der Bibel vorgelesen. Aber am Anfang war das eben was anderes, der krasse Gegensatz zum morgendlichen »Seid bereit, immer bereit«-Gebrülle beim Fahnenappell. Und ich glaube, dieser Touch des Oppositionellen spielt heute noch eine große Rolle, im Osten mehr als im Westen.

Schwarzes Herz

Ich sitze hier im Dunkeln, nur einige Kerzen beleuchten sanft den Raum.
Düstere Musik hallt durch die Atmosphäre.
Menschen in schwarz mit blasser Haut und keltischem Schmuck leisten mir Gesellschaft.
Ich wiege mich zur langsamen Melodie und mein Geist wird eingenebelt vom Rauch der Pflanze, die die Runde macht.
Ich fühle Trauer, Melancholie und Sehnsucht, doch es ist kein Schmerz.
Die Dunkelheit gibt Schutz, die Musik vermittelt das Gefühl von Zusammengehörigkeit und Sicherheit.
Ich wünschte, Du wärst hier und könntest miterleben und fühlen,was mich bewegt.
Es ist so ruhig und friedlich in der Dämmerung des Kerzenscheins, die düsteren Klänge erfüllen mich mit Glückseligkeit, die mit dem Mond verschwindet, wenn die ersten Sonnenstrahlen den neuen Tag verkünden.
Sobald die ersten Lichtstrahlen durch mein verdunkeltes Fenster dringen, lege ich mich ins Bett und hülle mich tief in schwarze Decken, die mich beschützen, bis der Abend dämmert und die Welt sich zur Stätte des Friedens verwandelt und die Nacht mich in ihren
dunklen Mantel hüllt.

Rikky, Mai 1995

Grufties im Osten

»Waiting for tomorrow never comes«

Pfeffi, 29 Jahre, Kartograph

Ich war *Cure*-Fan. Diesen Robert-Haarschnitt gehabt, toupierte Strähnen ins Gesicht ´rein, damit man die Augen nicht sieht, einfach weg, ich wollte weg von der Welt, von der Realität. Die Realität hat mir einfach nicht gefallen. Ich wollte in meiner eigenen kleinen Welt leben, und diese Welt hat in keinem Verhältnis gestanden zur Realität. War verträumter. Ich war einfach nur jemand mit strubbeligen Haaren und ein paar schwarzen Sachen, auf der Suche nach dem Leben, und bin da komischerweise gegen das System gestoßen, obwohl ich das eigentlich gar nicht wollte. Aber in dem Augenblick, wo ich mich so gekleidet und so gegeben habe, kam der Ärger. Da ich Kartograph gelernt habe, war ich Angehöriger des Ministerium des Inneren, und unsere Schule war durchsetzt von staatlichen Organen. Wir waren eine Vorzeigeschule, Kartographie hat in der DDR nicht jeder lernen dürfen. Da waren sie natürlich drauf erpicht, daß sich an unserer Vorzeigeschule die Schüler vorbildlich benehmen, auch nach außen hin. Ich habe viel Ärger gehabt zu der Zeit. Ich habe das nie verstanden, wenn die auf mich zugekommen sind und Druck gemacht haben wegen meines Aussehens. Daß ich damit politisch irgendwo anstoße, war mir überhaupt nicht bewußt, das war auch nicht mein Zweck. Das hat sich dann erst entwickelt, irgendwann aus Trotz heraus, als ich merkte, daß das System, an das ich geglaubt habe, Treue von der Haarfrisur abhängig macht. Da bin ich dem System untreu geworden und habe angefangen, mich mit Perestroika-Sachen, Gorbatschow und so, auseinanderzusetzen und mich zu solidarisieren. Wir haben uns untereinander, mit den Gruftie-Freunden, mit denen ich so zusammenhing, häufig drüber unterhalten, was sich ändern müßte im Staate. Aber was wir verändern wollten, war nicht der Staat als Staat, wir wollten nur ein bißchen Freundlichkeit da ´reinbringen, ein bißchen mehr Spaß, daß die Leute nicht so engstirnig sind. Aber

Pfeffi (29)

je mehr wir gegen das System gesprochen haben, umso mehr haben wir von unseren Lehrern und Erziehern und Aufsichtspersonen die Repressalien zu spüren gekriegt. Also daß man schlechtere Zensuren bekommen hat, daß man im Unterricht gar nicht mehr gefragt wurde, weil man die Meinung nicht hören wollte. Dabei war ich meinem Staat gegenüber offen, in gewisser Weise sogar dankbar, wollte aber auch was verändern. Deshalb habe ich mit 17, als unsere FDJ-Sekretärin ´rumging, um unter uns Lehrlingen SED-Mitglieder zu werben, gesagt, okay, ich trete ein. Da hatte ich so ein großes Satanskreuz im Ohr und eine Seite blonde Haare, eine Seite rote, mit Castelany (ein Fußdesinfektionsmittel!) gefärbt. Sie hat mich bloß angeguckt, ist abgehauen, und einen Tag später kam mein Schuldirektor, setzte sich neben mich und meinte, Kommunisten sind doch Vorbilder und müssen auch vorbildlich aussehen, ob ich mir nicht, wenn ich das wirklich ernst meine, für ihn sichtbar ein anderes Outfit anlegen würde. Da war ich sogar soweit, weil ich das ernst gemeint habe, meine Haare wieder auszufärben und anders zu machen. Eine Woche später ist er an mir vorbeigegangen, klopfte mir auf die Schulter und meinte, nett siehst du aus, und ist weitergegangen. Er hat mich abblitzen lassen, ganz eiskalt. Und das war der Fehler meines Systems sozusagen, weil ich mit dem Herzen dabei war, ich wollte was erreichen. Aber ihm ging es nur darum, daß ich wieder vernünftig aussehe und daß er in seiner Schule wieder alles in Ordnung hat. Da ist es zerbrochen an der Stelle. Da habe ich angefangen, gegen das System zu opponieren, meine Meinung zu sagen und das System auch nicht mehr zu mögen. Als ich von der Lehre wieder zurückgekommen bin in meinen Heimatbetrieb, der mich delegiert hat, hatte ich in der Beurteilung einen offiziellen Eintrag, ich fühle mich ›einer wenig progressiven Jugendbewegung zugehörig‹ und bin ›ein als dekadent eingestufter Jugendlicher‹. Und damit war mein Arbeitsplatz im Arsch, ich durfte nicht mehr studieren. Ich habe dann auch den Wehrdienst verweigert, bin drei Jahre hintereinander nicht zur Musterung gegangen und sollte dann abgeholt werden. Das hat mein Vater ein bißchen gedreht gekriegt, aber ich mußte doch hin. Da habe ich mich dann völlig von meinem Staat distanziert und mich hinter meiner Fassade, hinter meiner Gruftie-Welt versteckt. Mich nach innen verzogen. Ich bin auch kaum ´rausgegangen, saß in meinem Zimmerchen, meine Kerzen an, meine Musik an und habe einfach gewartet, daß was passiert. Aber es passierte nichts. »Waiting for tomorrow never comes« - *The Cure.* Wir warten auf das Morgen, das niemals kommt. Bis ich dann durch die politischen Veränderungen in den Wende-Jahren meinen Job wirklich verloren habe. Mein Betrieb ist einfach kaputt gemacht worden. Dann stand ich mit gar nichts mehr da. Ich hatte keinen Job, die Stadt hat mich angekotzt, ich hatte keine Wohnung, mußte immer noch bei meinen Eltern wohnen. Dann habe ich meine Bündel geschnürt und bin zu Freunden, die ich kannte, am Wochenende viel hin- und hergefahren, in irgendwelche Klubs, Magdeburg, Thüringen, Berlin. Überall, wo ich Grufties kannte, bin ich hingefahren. Und bin dann irgendwann nach Salzwedel gezogen, weil Freunde von mir, Grufties auch, dort ein Haus besetzt haben. Aber als ich da angekommen bin mit meinem Sack und Pack, da ist in Salzwedel die Gruftie-Szene gerade wieder am Abebben gewesen. Die Hochzeit war so ´89/´90. Die haben zum Beispiel die Gruftband Rosengarten hervorgebracht, die in der Ostszene Kultstatus hat. Wir haben also schon auch eigene Musik gehabt, nicht nur importierte Sachen aus dem Westen, wir hatten eigene Kräfte auch.

Naja, und seitdem bin ich joblos. Dazu muß man sagen, ich bin Invalidenrentner. Ich habe eine Lungenkrankheit, schon als Baby. Das hat wahrscheinlich auch mit meinen ganzen Zusammenhängen, mit dem Tod und so, zu tun. Das hört sich ein bißchen albern an, aber ich muß mich eher als der Normalbürger mit Sterbe-Dingen auseinandersetzen. Das hat wahrscheinlich in mir ausgelöst, mich schon vorzeitig irgendwie damit zu identifizieren. Damit ich keine Angst mehr davor habe oder so. Jedenfalls, um wieder an die politische Entwicklung anzuknüpfen: als ich in die SED eintreten wollte, war ich auf jeden Fall ein überzeugter Linker im Sinne des sozialistischen Staates, vielleicht einer neueren Strömung. Aber diese humanistische Grundidee des Kommunismus war da, gefördert durch das Elternhaus und durch die

Pfeffi und Andree

Schule. An dieser Grundströmung bin ich hängengeblieben. Ich habe mich nicht durch die Ablehnung des Staates auf die andere Seite gestellt, daß ich mich zu faschistoiden oder nationalen Tendenzen bekannt habe. Ich bin immer auf der linken Seite geblieben. Mein Vater war großer SED-Mann, der hat immer gesagt, ihr wollt alle nur den Kommunismus stürzen. Ich habe geantwortet, ihr verkennt eure besten Freunde.

Grufties gegen Rechts

Dabei ist es bei mir auch geblieben. Als es in den Wende-Jahren überall in Ostdeutschland begann, die ganzen Metaller haben sich die Haare abgeschnitten, sind auf einmal alle Skinheads gewesen, viele Grufties und Punks wollten noch mehr anti sein als vorher schon, und alles kippte um, bin ich dabei geblieben, bei meinen humanistischen Standpunkten. Außerdem waren wir automatisch für alle Skinheads das Opfer, die Jagdbeute. Da kann man nicht in das nationale Feld abdriften, weil man wird immer wieder von denen nach links außen gedrückt, ob man will oder nicht. Ich habe mich wohl gefühlt als Undeutscher. Für mich ist es so gewesen, daß ich meine Heimat verloren hatte, dieses Land als meine Heimat nicht anerkennen kann. Ich fühle mich in einem okkupierten Land. Also kann ich irgendwie nur versuchen, politisch Dinge einzudämmen. Diese nationalen

Strömungen, die sich erst über das deutsche Volk ausgebreitet haben und dann hineingingen in die Subkulturen. So lange ich nur in meiner Szene verkehre, fühle ich mich sicher, bin ich kein Opfer, absolut nicht. Aber wenn ich merke, daß meine eigene Szene sich nach rechts hin öffnet, könnte ich irgendwann Opfer in meinem eigenen Revier werden. Das muß ich verhindern. Das ist für mich wichtig. Und genau aus diesen Gründen habe ich also meinen Standpunkt links außen behalten und hier in Berlin mit mehreren Freunden zusammen auch Aktivitäten gestartet. Zum Beispiel einen Gruftie-Block auf der Revolutionären 1. Mai-Demo. Wir versuchen hier in Berlin eine Gruppe zu bilden, die innerhalb der Gruftie-Szene links agitiert. Diese Gruppen gibt es in mehreren Städten mittlerweile, in Bremen ganz groß, in Leipzig, Krefeld, Rostock und so. Wir wollen ein Fanzine herausgeben, wir machen so kleine Einzelaktionen, Solidaritätskonzerte. Wir haben eine kleine Broschüre herausgebracht. Wir versuchen eigentlich weiter nichts, als gegen die einströmenden rechten Tendenzen in der Gruftie-Szene ein Gegenpotential zu erschaffen. Wir sind nicht der Meinung, militant gegen irgendwas vorgehen zu müssen, das machen wir nicht, werden wir auch nicht tun. Zwei sich prügelnde Grufties wirst du wohl nicht finden. Im Gegenteil ist es sogar so, daß sich rechte und linke Grufties zusammensetzen und miteinander reden können, weil der eine vom anderen weiß, daß die sich nicht prügeln würden. Da bist du dir eigentlich sicher. Du kannst zu dem einen sagen, was du willst, der schlägt nicht zu. Also wenn das mal dazu kommt, ich habe es in zwölf Jahren nur einmal gesehen, dann bist du raus aus der Szene. Dann wirst du von allen ignoriert. Wir sind einfach nicht die Schläger. Die meisten Leute haben schon mal Angst um ihr Outfit, dann sind viele auch zu introvertiert. Grufties strafen sich gegenseitig mit Ignoranz und hetzen so hintenrum. Grufties streiten sich nicht offensiv.

Das kokette Spiel mit dem Feuer

Also richtig faschistoide Tendenzen, die man ernst nehmen müßte, halte ich für sehr gering. Man kokettiert viel

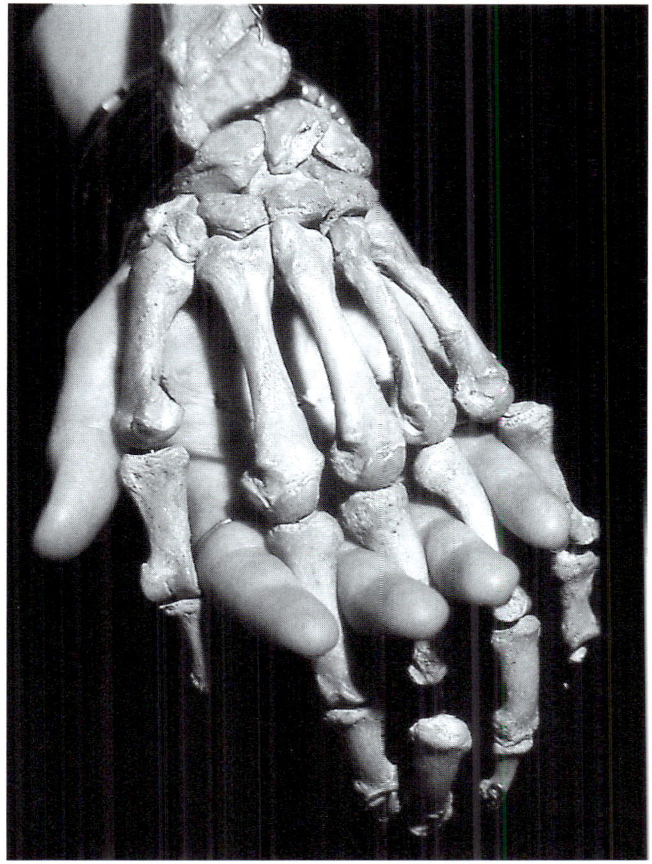

'rum, um zu provozieren, um sich interessant zu machen. Darin sehe ich die eigentliche Gefahr, es ist einfach Dummheit. Aber: in einer Szene zu sein, die mit Dummheit spielt, das widerstrebt mir irgendwo. Ich hab' mich da ja nicht wohlgefühlt, weil das Leute waren, die dumm sind, sondern Leute, die nachgedacht haben. Es gibt in der Gruftie-Szene ganz wenige, die wirklich richtig faschistisch sind. Aber die Leute, die damit spielen, die sagen, ist alles nicht so schlimm, das ist mittlerweile ein Drittel, würde ich sagen. Der größte Teil ist immerhin noch unpolitisch. Diese Leute kokettieren damit, die sind

Kreuz aus Pfeffis Wohnung

nicht militant, die sind auch nicht wirklich ausländerfeindlich und nicht wirklich rassistisch, aber die spielen halt mit dem Feuer, indem sie belastete Symbole benutzen oder oft argumentieren: Wir sind Non-Konformisten, wir lassen uns nicht in gesellschaftliche Zwänge pressen, und setzen Nonkonformismus gleich mit kultureller Freiheit, Sozial-Darwinismus/Nietzsche. Hier in Berlin gibt es ein Fanzine von jemandem, den ich kenne, der früher auch Antifaschist war und mittlerweile Sachen schreibt in seinem Fanzine, nur um Leute zu provozieren. Das meint der gar nicht wirklich ernst.

Es begann eigentlich damit, daß wir früher alle Rosenkränze mit christlichen Symbolen getragen haben. Das ging so zwei Jahre, dann haben alle gesagt, Christen-Kreuze sind ja eigentlich voll scheiße, wir drehen die Kreuze um. Das ging auch wieder zwei Jahre. Dann haben alle Pentagramme getragen, und über diese Okkult-Symbolik kamen dann irgendwann auch Runen. Wir haben uns diese Symbolik angeeignet, ohne sie als rechte Symbolik zu verstehen. Aber die Faschos, die wirklich nationalgesinnten Organisationen, haben in dem Augenblick gesehen, wenn wir die Leute, die sich sowieso schon für Runen interessieren, agitieren, können wir Zustrom gewinnen. Und sie haben natürlich auch Ansatzpunkte in der Gruftie-Szene selbst gefunden. Zum Beispiel diese elitäre Grundhaltung. Elitär schließt andere aus und könnte auch rassistische Einstellungen ausbilden. Dann ist unsere Ästhetik, wenn man rassistisch denken würde, eindeutig weiß. Diese multikulturellen Einflüsse, die akzeptieren wir, aber die brauchen wir nicht für unser ästhetisches Empfinden. Ich denke mal, da setzen die Rechten an. ›Ihr seid doch deutsch oder nordisch, keltisch. Diese nordischen Sagen, mit Feen und Zauberern und was weiß ich, das mögt ihr, das mögen wir auch.‹ Über diese Schwelle der nordischen Phantasiewelten oder Sagengeschichten finden sie einen Zugang zu uns. Daß da ein politischer Inhalt hinter steckt, das interessiert die Grufties nicht, weil die gar nicht militant sind und auch nicht national. Aber durch diese Sagen, Symbole usw. schleicht sich nordisches, keltisches und germanisches bis völkisches Gedankengut ein, und zwar ganz subversiv, das passiert ganz langsam. Die agitieren uns auch nicht mit: ›Laßt uns auf die Straße gehen und Ausländer klatschen.‹ So kommen sie uns nicht. Dafür sind wir einfach nicht aggressiv genug, das wissen die auch. Die wissen genau, was sie machen können mit welchen Leuten.

Irgendwann gilt es dann als normal, daß faschistische Organisationen ganz offen in unserer Szene auftreten. Die Junge Freiheit veröffentlicht seit langem Plattenkritiken von unseren Bands, featured unsere Bands, und schon gibt es auch die ersten Bands, die der Jungen Freiheit Interviews geben.

Es gibt auch linke Propaganda gegen uns. Ich habe zum Beispiel die Junge Welt abbestellt aus genau dem Grund. Regelmäßig in Drei-Monatsabständen hat die Junge Welt, die ich 14 Jahre abonniert hatte, über die Grufties abgezeckt. Ganz harsch uns angegriffen und als Okkult-Faschisten dargestellt. Bands wie Das Ich und Goethes Erben wurden als faschistisch oder als nationalistisch dargestellt, obwohl diese Bands sich nachweislich und eindeutig gegen Rechts richten. Also da wird von links außen genauso viel kaputt gemacht. Die versuchen sich da gegenseitig Potential, Menschen wegzunehmen. Ich komme mir schon vor wie irgendeine Ware. Auf meine Menschlichkeit legt keiner Wert. Wir sind ja mittlerweile auch interessant genug für das Konsumsystem. Wir sind zahlungskräftig. Alleine beim letzten Pfingsttreffen in Leipzig wurden von den Grufties ungefähr 10 Millionen DM umgesetzt. Und das von einer subkulturellen Szene, da wird mir schwindelig, wenn ich darüber nachdenke. Deshalb haben wir zum Beispiel auch, als subkulturelle Gegenmaßnahme sozusagen, im Sommer am Teufelssee ein antikommerzielles Treffen organisiert. Das war geil, so wie früher im Osten, Kassettenrekorder dabei, ´ne Decke unter´m Arm und was zu trinken, haben wir uns da die ganze Nacht hingesetzt, mit 50 Leuten, und einfach völlig friedlich, ohne irgendeine Randale oder so an diesem See gesessen und die Nacht genossen. Also innerhalb dieser großen Szene gibt es noch einen subkulturellen Hintergrund, zu dem zähle ich mich schon eher. Schön, daß es das noch gibt, daß man das ab und zu noch spürt. Daß man keine Kommerz-Szene nur noch ist. Wir machen alle drei, vier Wochen in einem Abrißhaus, unten in einem Keller, unsere eigene Party. Da kannst du nicht einfach ´reingehen, da mußt du durch so ein Kellerfenster durchklettern, und das ist scheißkalt da und nur 1,75 m hoch, da kannst du nicht mal toupierte Haare haben. Du hast da keinen richtigen Sound drin und keine richtigen

Getränkegläser oder so, das ist eigentlich richtig asselig. Aber so war es früher, illegal, in irgendwelchen Häusern haben wir uns getroffen, bis die Bullen kamen und uns ´rausgeholt haben, und wir haben es doch immer wieder gemacht. Daß es das noch gibt, ist geil. Ich habe keine Lust, ins Linientreu zu gehen, zehn DM Eintritt hinzublättern, acht DM für irgendein Getränk auszugeben, und der DJ spielt irgendeine Scheißmucke, die gerade in den

Charts ist oder so und die Schicki-Micki-Prolls tanzen mit nach unserer Musik. Von wegen die Szene wächst ständig, was wächst, ist ihr Konsum, der Umsatz. Aber echte Grufties findest du kaum.

Black Metal

Also ganz früher haben wir uns abgegrenzt von den Metalern, weil, wer im Osten nicht Stino war, der war Heavy. Das war normal. Alle anderen waren Punker oder Blueser oder Grufties oder Skinheads oder auch Rapper. Seit Mitte der 90er hat sich das geändert. Type-o-Negative ist wohl der Auslöser gewesen. Hat irgendwie bei den Grufties was ausgelöst, so daß wir uns denen gegenüber geöffnet haben, daß ein bißchen Metal in unseren Läden gespielt wurde und darüber auch die Metaler selbst gekommen sind. Also die Black Metaler. Die richtigen Heavys nicht. Aber die Black Metaler, eigentlich sind das ja die härtesten Metaler, die passen sich uns an, auch mit den Schlägereien, die prügeln sich nicht mit uns ´rum, während die ganz normalen Metaler uns nur auf die Fresse hauen würden, weil mit unseren geschminkten Augen sind wir für die ja sowieso alles Schwule, Tunten, während die Black Metaler das ja selber kennen, daß man geschminkt ist und auf das Äußere auch achtet. Die fühlen sich bei uns wohl. Finden unsere Frauen wahrscheinlich auch ganz schick und stehen dadurch auch mit in den Diskotheken, gucken, tanzen. Es hat sich echt etabliert, daß man mit den Leuten zusammenhängen kann. Untereinander sind die rüde in ihrem Benehmen. Die brüllen sich an, die schreien sich an, da fliegt auch mal eine Bierflasche. Aber die Grufties haben die eigentlich nie richtig angefaßt, zwar ein bißchen provoziert, ein bißchen geärgert, wenn sie besoffen sind, an der Kette gezuppelt, mal in die Haare gefaßt, aber es gab nie wirklichen Ärger, daß mal einer einen zusammengeschlagen hat oder so. Ich begrüße das eigentlich, daß sich so Szenen auch mal treffen können und mit gegenseitigem Respekt sagen, ihr macht euer Ding, wir machen unser Ding, aber wir machen es gemeinsam. Das ist korrekt, da habe ich kein Problem mit. Das ist ähnlich, wie das eigentlich früher mehr war, daß die Grufties und die Punks gemeinsam auf der Straße, in Parks zusammenhingen. Es ist auch ein frischer Wind einfach mal. Jetzt könnte man auch wieder sagen, Black Metaler sind viele Rechte bei und so, aber das ist albern. Das Gegrunze von denen nimmt doch keiner als faschistische Musik ernst. Es gibt auch mehr Black-Metal-Kneipen als Gruftie-Kneipen. Da hat man mal ´ne Kneipe, wo man hingehen kann und akzeptiert wird, wo man keine auf die Fresse kriegt. Ein bißchen was vermischt hat sich auf jeden Fall.

Symbole

Das aufrechte Pentagramm bedeutet für mich die Symbolik des Menschen. Das habe ich als Kette um, das ist für mich eigentlich ein heiliges Symbol, es stellt den Menschen dar. Das paßt wieder zu dieser linken, humanistischen Grundidee, daß der Mensch im Mittelpunkt meines Interesses, des Seins, steht. Das Pentagramm auf den Kopf gestellt ist eine schöne Provokation. Das stellt den Teufel dar. Das ist nicht ernst gemeint von mir. Aber es ist schon lustig, wenn du mal nachts auf den Friedhof gehst und in die Erde ein Pentagramm zeichnest, dann hast du das am nächsten Tag in der Zeitung, und der Sektenbeauftragte der katholischen Kirche kommt und beguckt sich das, die Polizei kommt und fotografiert das, da scheren sich echt Leute darum. Haben wir in Kleinstädten ein paar Mal gemacht, so für uns selber zum Spaß, ein paar hebräische Symbole mit dran gemalt, ein bißchen lateinische Sprüche, und schon hast du eine Seite in der Zeitung gekriegt. Die Presse hat das voll ernst genommen, und du sitzt da und lachst eigentlich über so Sachen. Und damit schändet man nichts. Das muß ich mal dazu sagen. Ich gehe niemals auf den Friedhof und zerstöre etwas. Das ist absolut nicht mein Ding. Wenn ich etwas in die Erde kratze, dann ist das beim nächsten Regen weg. Ich würde nie eine Sprayflasche nehmen und was an die Kirche sprühen. Wenn ich sehe, daß jemand alte Gemäuer angesprüht hat, egal ob Rechte oder Linke, bin ich entsetzt. Oder Bäume zu besprühen, das halte ich für ein Verbrechen. Ich gehe auf Friedhöfe, um die Ästhetik zu bewundern. Um Ruhe zu finden. Früher schon, gerade in den Kleinstädten, warst du den ganzen Tag auf der Flucht und du hattest die Nacht zum Ausruhen. Und wenn du in der Nacht auf den Friedhof gingst, da kam keiner ´rauf. Da hatten die zuviel Schiß, und du hattest den Mut, und es war dein Reich. Auch heute noch, man geht mit ein, zwei Freunden auf den Friedhof, nicht mit ´ner großen Gruppe, das ist albern, und du setzt dich einfach nur hin und genießt diese Ruhe, die Natur, da sind auch Tiere, die da leben, mit denen du verbunden bist in dem Augenblick. Es ist einfach schön. Da bist du beim Grunde des Menschen, beim Anfang und beim Ende, das ist friedlich, dein Zuhause. Und man zerstört ja auch sein Wohnzimmer nicht.

Ich verbringe häufig meine Zeit mit ´rumsitzen, Death-Industrial hören, oder Neofolk oder Klaus Kinski, wenn er Gedichte vorlas... Dabei laß ich die Welt untergeh´n, gebe mich vollends meinen apokalyptischen Gedanken hin, dann befinde ich mich in den tiefsten schwarzen Gewölben meiner Seele... Dann empfinde ich Genugtuung für das, was mir die Menschen täglich (und sich selbst auch) antun. Menschheit kann ich das hier nicht nennen, das ist pure Dummheit... Sie glauben, es hätte Methode, aber es ist immer nur traurig und dumm, wie sich der Mensch selbst belügt und dabei die Grundlage seiner Existenz, die Natur, zerstört...

Mit einem Lächeln auf den Lippen und einer Träne im Auge laß ich täglich die Welt ins Chaos stürzen... Waiting for tomorrow never comes?!

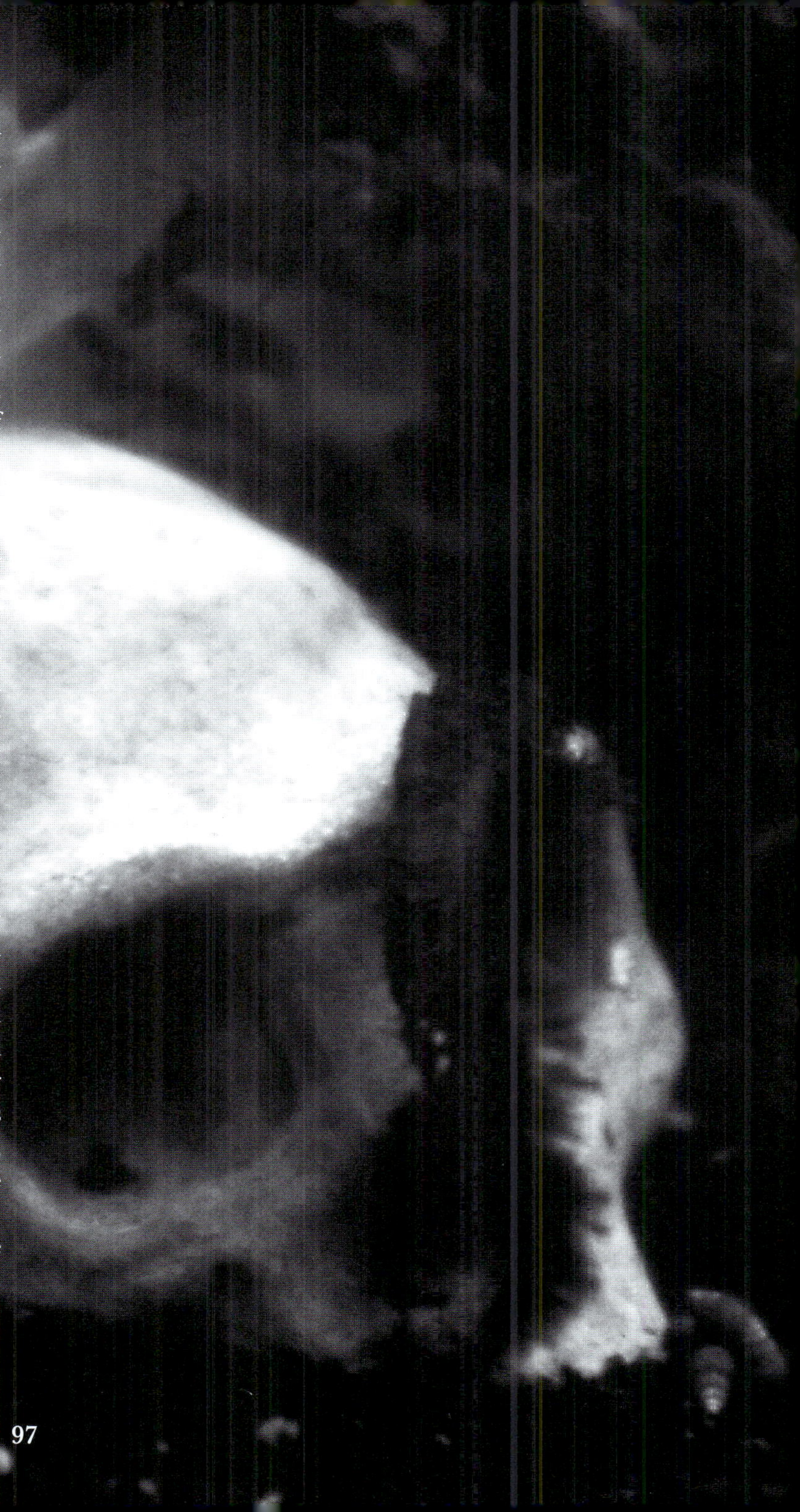

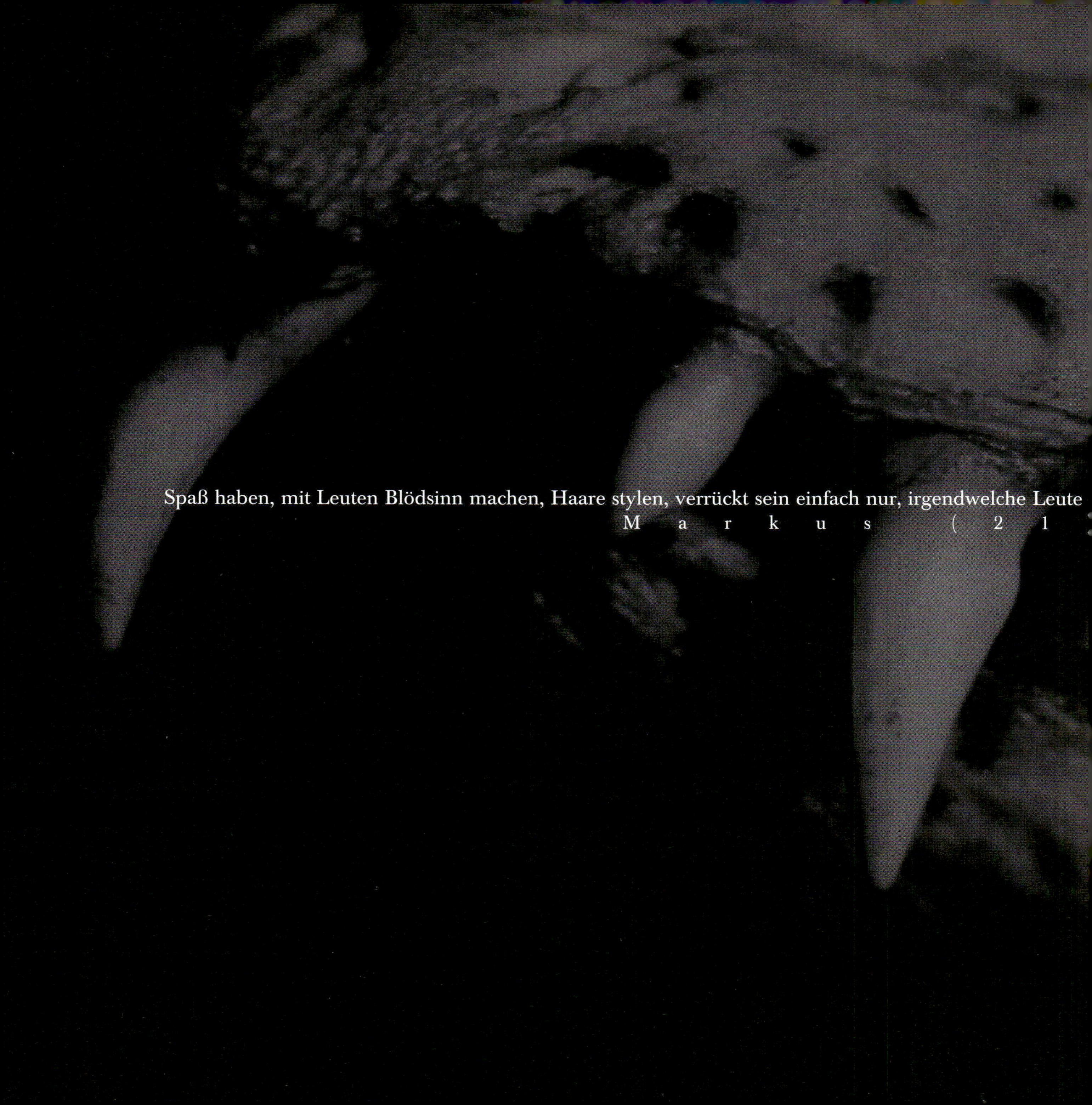

Spaß haben, mit Leuten Blödsinn machen, Haare stylen, verrückt sein einfach nur, irgendwelche Leute

Markus (21

en . und auffallen um jeden Preis. Ja, auffallen muß man. Wenn man nicht auffällt, ist man selber schuld.

a u s C o t t b u s

»Auffallen um jeden Preis«

Markus (21) aus Cottbus

Markus beim Aufbrezeln

Gothic bedeutet für mich Partys, Spaß haben, mit Leuten Blödsinn machen, Haare stylen, verrückt sein einfach nur,

Markus aufgestylt

irgendwelche Leute verarschen... und auffallen um jeden Preis. Ja, auffallen muß man. Wenn man nicht auffällt, ist man selber schuld. Am Anfang fand ich es ein bißchen langweilig, sehr monoton und ein bißchen lustig, die sind alle im Einheitslook durch die Gegend gerannt, in schwarz halt. Ich habe mich köstlich amüsiert. Ich selbst hatte da noch ´ne Jeans und ´ne Bomberjacke, ein paar Stiefel, Kurzhaarfrisur. Irgendwann wurden die Haare immer länger, die Klamotten immer dunkler, es gab dann keine blauen Jeans mehr. Das hat sich durch ein ganzes Jahr hingezogen gehabt, bis ich dann den richtigen Entschluß gefaßt habe, doch zur schwarzen Szene überzusiedeln. Ich habe dann auch festgestellt, daß man sehr depressiv sein kann und auch Fun haben kann. Vorher hatte ich nur Fun. Also ich habe das irgendwie nicht auf die Reihe gekriegt, daß man das alles vereinen kann. Früher war ich eigentlich nie traurig oder hab´ geheult, außer vielleicht als ich ganz klein war und mal von der Mutter eine geklatscht gekriegt hab´. Und seit ich in der Szene bin, ist auch das möglich, unterdrücke ich das vielleicht nicht mehr. Manchmal geht das schon ganz schön tief, wenn ich zum Beispiel Reibereien gehabt hab´ oder von den Leuten ziemlich ´runtergeputzt wurde. Da passierte es schon mal, daß ich einen ganzen Monat nur

Zuhause gehockt habe, mich gar nicht mehr ´rausgetraut habe. Auf keine Partys mehr gegangen, nur die Platten gehört und mich in meine große Couch eingekuschelt und an die Decke gestarrt und reichlich Tempos verschlissen.

Markus (21) aus Cottbus und Sascha (21) aus Köln

Markus: Wir haben uns kennengelernt, weil ich ihm auf den Schuh gelatscht bin, so aus Versehen. Ich hab´ mich entschuldigt, er hat mich auf ´ne Zigarette eingeladen, und dann haben wir den ganzen Abend miteinander verbracht. Haben uns gegenseitig um den Billardtisch gejagt

Markus mit Sascha

und solche Spielereien, und so haben wir uns kennengelernt. Dann hatten wir Briefkontakt ´ne Weile. Und Telefon. Ich hatte ´ne krasse Telefonrechnung danach, über 200 Mark. Wir kannten uns so drei, vier Stunden, aber...

Sascha: Das hat irgendwie direkt geknallt.

Markus: Ja, wie Liebe auf den ersten Blick. Dieselben Charaktere.

Sascha (21) aus Köln

Es hat bei mir vor sechs Jahren angefangen. Ich komme eigentlich vom Land und hab´ die ganze Zeit gemerkt, daß ich nicht so in diese Clique, mit der ich aufgewachsen bin, ´reinpaßte. Es waren irgendwie zwei verschiedene Welten. Die kannten immer nur Saufen, Schlägereien, Streß machen. Dann bin ich aus Zufall an die Musik ´rangekommen, habe mich mit den Texten beschäftigt und bin dann auf ´nem Festival gelandet, und war von Anfang an super begeistert, vor allem das Friedliche auch. Und dann natürlich, daß die Leute einfach ihr Ding durchziehen.

Ich finde es einfach schick und ich fühle mich wohl, wenn ich in schwarz gehe.
Nicole aus Cottbus

Nicole

Die Leute aus unserer Szene machen sich viel mehr Gedanken um den Tod. Also ich glaube kaum, daß irgendwelche Techno-Leute sich da so mit auseinandersetzen. Ich hab´ eigentlich ab dem Zeitpunkt so angefangen drüber nachzudenken, was der Tod bedeutet. Also ich glaube an ein Leben nach dem Tod.
Nicole aus Cottbus

»Jeden Monat einmal zum Verhör«

Chaos aus Cottbus

Irgendwann 1984, wo man geguckt hat, was man so machen tut, was man so für Musik hört, wo man dann den eigenen Geschmack gekriegt hat, das fing mit *Sex Pistols* und allem möglichen Zeug an, eben was man zu DDR-Zeiten gekriegt hat, da habe ich mir mit ´nem Kumpel zuerst ´n Iro geschnitten, das war vor der Jugendweihe noch. Aber es gab dann trotzdem die Geschenke. Zu der Zeit war es eigentlich so, daß alle möglichen Leute irgendwelche Outfits angenommen haben, *Sigue-Sigue-Sputnik-Freaks* und Cure-Fans und was es so alles dann gab. Es hing aber alles auf einem Haufen, letztendlich war alles eins. Ein paar Skinheads waren auch mit dabei. Das war eigentlich die ganze DDR-Zeit ziemlich gemischt. Anfang ´90 war die schwarze Szene in Dresden tot, also ich habe fast niemanden mehr gesehen. Und seit ´96 etwa wächst die Szene wieder und ist heute ziemlich groß geworden. Heute ist es ja auch wesentlich einfacher als früher. Zu DDR-Zeiten war das alles versteckter, es gab ja Platzverweise, Innenstadtverbote, letzten Endes gab es Schikanen ohne Ende. Man kam mit Schnürstiefeln nicht in die Disco ´rein, weil man damit das Parkett kaputt trampeln würde. Da wurde einem das Leben schon nicht einfach gemacht zu der Zeit. Mich haben sie jeden Monat einmal abgeholt und zum Verhör geschleppt. Mein Lehrmeister durfte jedes Vierteljahr über mich eine Beurteilung abgeben. ´89 haben sie es geschafft, mich wegen Rowdytum zu verurteilen.

Aber auch in puncto Klamotten, da gab´s die BAG-Arbeitsboots oder wenn du Schwein hattest, hast du einen Offiziersschüler aus Kamenz kennengelernt, der dort Fliegerstiefel organisiert hat. Da hattest du dann wenigstens ein paar ordentliche Schnüris. Ich hatte Glück, weil ich mal von Dresden mit demselben Zug gefahren bin wie die, und da hat mich einer angelabert, ob ich nicht so ein Paar Boots haben will. Da habe ich 150 Ostmark dafür bezahlt und hatte dann ein paar ordentliche Boots, zum Schnüren und mit Reißverschluß. Aber die Nietengürtel waren alle Marke Eigenproduktion. Das waren teilweise Kälberketten, da waren richtig Kilos dran, das hat richtig gescheppert. Das war nicht bloß Blech, sondern richtig Schwermetall. Du hast genommen, was du kriegen konntest, bis hin, daß dann bei den Discos die Klo-Ketten gefehlt haben, weil die Mädels die brauchten, oder die Spitznieten, da ist man eben in den Sportwarenladen gegangen und hat sich Spikes geholt und sich die Dinger ´reingemacht. Die waren zwar um Einiges gefährlicher als die Mode-Nieten heutzutage, aber so hat sich halt jeder seinen Kopf gemacht. Echt kreativ.

Mit Musik war ich wieder besser bestückt. Ich habe Freunde in Frankreich gehabt, die haben ab und zu was geschickt, das ging schon. Und dann gab es eben Typen, die haben Platten gehabt, die auf Kassetten überspielt und dann mit zu den Partys gebracht, und so hat sich das dann auch verbreitet. Dann gab es noch „Parocktikum“, das war so die Sendung für alle Schwarzen, Punks usw., die sie dann irgendwann mit einer längeren Sendezeit auf den ‚günstigen‘ Sonnabend gelegt haben, wo eigentlich alle zur Party sind, wenn da nicht eine böse Absicht dahintersteckte... Da haben dann manche ihren Walkman mitgenommen, mit Radioempfang, und während der Disco die Sendung mitgeschnitten, und die Kassetten wurden dann eben auch weitergegeben, daß es jeder nochmal hören konnte.

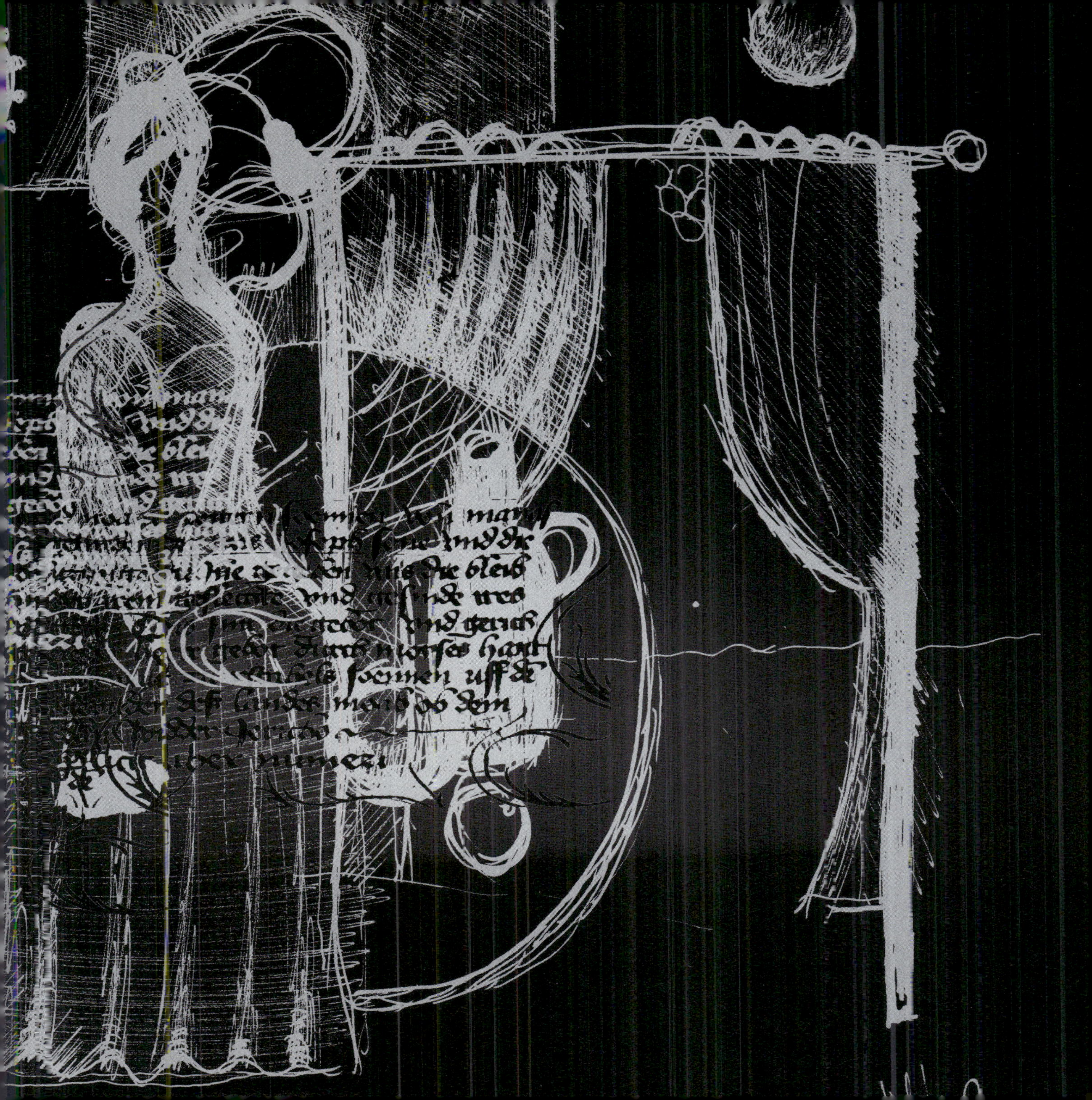

TROMMELN HINTER DER SZENE

»Laßt mich in Ruhe mit eurer lauten Welt«

Andrea, 24 Jahre, Physiotherapeutin

Also mit zwölf fing das schon an, daß so merkwürdige Stimmungen und Sehnsüchte nach schwarz auftraten. Ich fand das total schön, mir mit Filzstift die Fingernägel schwarz zu malen, hab´ mir überall so kleine Zeichnungen auf die Haut gemalt mit schwarz und wußte überhaupt nicht, daß es sowas wie Grufties gibt. Dann habe ich halt Klamotten schwarz gefärbt und die Beerdigungsklamotten von Mutter aus den Rippen geleiert. Ich hatte so ein tiefes Bedürfnis, mich nur noch schwarz zu kleiden, irgendwo auch mich schon abzugrenzen von anderen, und ich denke, mein Schwarzsein hat vor allen Dingen bedeutet: Laßt mich in Ruhe. So ein sich schützen wollen durch schwarz. Und so bin ich dann irgendwann auf die Straße, ein schwarzes T-Shirt angehabt und mit merkwürdiger Schminke schwarz bemalt. Ich mußte das machen aus irgendeinem Trieb heraus, den ich bisher auch noch nicht ganz verstanden habe. Irgendwann bin ich auf der Straße beschimpft worden: ey, Gruftiesau! Ich dachte, was wollen die von mir, Gruftie, das Wort hatte ich noch nie gehört. Das ist mir mehrmals passiert, und ich konnte es nicht einordnen. Irgendwann habe ich dann mal in Berlin auf dem Alexanderplatz auf einer Treppe

Andrea in ihrer Neubauwohnung

Grufties herumsitzen gesehen, mit toupierten Haaren und in schwarze Gewänder und Talare gekleidet, da wußte

ich, alles klar, da gehörst du hin. Bin natürlich nicht zu denen hingegangen, nur so von weitem gestaunt wie ein kleines Kind mit ganz großen Augen, voller Respekt.

Dann kam im Fernsehen ein Video von *The Cure*, das ich so aus Zufall gesehen habe, und ich war sofort derart fasziniert, zum Erschrecken meiner Mutter, daß ich gesagt habe, so will ich sein. Dann hat man schon so versucht, diesen Stil mit ´reinzubekommen, Pullover selbst gestrickt, mit V-Ausschnitt und so. Da war ich 13.

In der Pubertät fängt man ja auch an so nachzudenken, über den Sinn des Lebens, wo führt das alles hin, was macht ihr hier überhaupt, und so wie ihr will ich nicht sein. Ich habe mich auch ungeheuer angreifbar gefühlt. Und dieses Schwarz hat vor allen Dingen bedeutet: Sprecht mich nicht an, laßt mich in Ruhe mit eurer Dummheit, mit eurem lauten Geprolle. Und das hat funktioniert, und es funktioniert auch heute noch. Ich war nie so ein Cliquen-Mensch. Ich hatte eine beste Freundin, aber als Klassenbeste, da war man eh nicht so beliebt, also ich habe mich immer schon abgesondert mit meiner Freundin.

Wie war die Reaktion deiner Eltern darauf?

Zu Anfang war meine Mutter sehr erschrocken. Ich erinnere mich an eine Episode, da saß ich gerade in der Badewanne und sie kam ´rein und meinte, wann kommt der Sarg? Ich konnte überhaupt nichts damit anfangen, ich hatte das noch nie gehört, daß es Grufties gibt, die richtige Särge in ihrer Wohnung haben. Sie hatte Ängste, daß ich mit Leuten zusammen bin, die mich irgendwie negativ beeinflußen können, von denen eine Gefahr ausgehen könnte für meine Seele. Sie hat mich auch immer gefragt, bist du in einer Sekte drin... Ich verstehe mich aber sehr gut mit meiner Mutter und wir haben viel geredet auch darüber, daß es einfach so eine Sehnsucht ist von mir und daß ich mich wohlfühle. Und sie hat auch gemerkt, ich bin in der Schule nicht abgesackt, ich habe mich nicht nächtelang ´rumgetrieben, es kamen nie Beschwerden, ich war immer sozusagen vernünftig. Ich habe sehr viel nachgedacht in der Zeit, war sehr ruhig, habe mich eher verkrochen in mein Zimmer mit meiner Musik. Und das war ihr lieber, als daß ich um die Häuser ziehe und Steine werfe. Hin und wieder wurde sie auf der Straße angesprochen, du hast dein Kind nicht unter Kontrolle, die läuft ja ´rum wie eine Vogelscheuche, die erschreckt ja alle. Einfach so Vorwürfe von den Arbeitskollegen oder so, daß ich ihr aus der Hand gleite und daß

sie meine Erziehung nicht unter Kontrolle hätte. Dann kam sie schon nach Hause und hat versucht, irgendwas an mir zu manipulieren, aber dann haben wir uns eben ausgesprochen und gesagt, wir verstehen uns so gut, das lassen wir uns von so dummen Leuten nicht kaputt machen.

Schönheit und Mangel

Mit 14 habe ich dann auch meine Freundin mit angesteckt, die die Mode und die Musik schön fand. Wir haben uns selbst so Gothic-Klamotten geschneidert, Blusen eingefärbt mit Auszieh-Tusche, also wirklich die wildesten Experimente gemacht, aus Draht Kreuze gebastelt, einfach mangels echtem Schmuck, den man sich kaufen konnte, wir waren also sehr kreativ in der Zeit. Wir sind sehr viel spazierengegangen, wir sind beide sehr naturverbunden gewesen und sind dann ewig draußen ´rumgelaufen, haben geredet, Fotos gemacht, einfach so die Schönheit eingefangen: uns Schwarze, stilvoll, gotisch bekleidet unter schönen Kirchen, auf Friedhöfen, mit Grabsteinen etc. Also so sah unser Leben aus, ganz normales Schulleben, nur wir beide immer in Schwarz, von allen beschimpft, und nachmittags ging man dann ruhig in Gesprächen durch die Gegend. Also immer sehr besonnen. Bis zur 10. Klasse gab es wirklich keine anderen. Dann bin ich mit meinem Freund zusammengekommen damals, auch schon ziemlich früh, mit 15, mit dem war ich acht Jahre zusammen. Der hat mich mit nach Erkner genommen, und da habe ich einen Gruftie auf der Straße gesehen. Damals war das noch eine absolute Rarität, und da sprach man sich auch noch an, zu Ostzeiten. Also ich jetzt als kleines Kind hätte niemals diese Grufties auf dem Alex angesprochen, die da wirklich in voller Montur saßen, aber so, wir untereinander, im Dorf, da hatte man schon vorher gemunkelt, in Erkner soll es auch so einen geben, der ist so wie du. Der lief mir dann irgendwann mal auf der Straße über den Weg und da haben wir uns schon mal angegrinst, kurz mal Kontakt aufgenommen, und das hat sich dann so ergeben, daß mein Freund den kannte, und sowas kann man sich nicht einfach durch die Lappen gehen lassen, wenn man so einen Seelenpartner findet. Der zeigte mir dann die Szene, er kannte sich so ein bißchen aus, ging schon seit ein oder zwei Jahren in den Live-Club. Die Insel der Jugend wurde dann auch bald aktuell. So bin ich nach Berlin gekommen und da hat man dann so schrittweise Leute kennengelernt. Dann fing es an mit den Festivals, das erste Leipzig-Festival ´92, war ich mit dabei.

Das waren so meine ersten Jahre, und so ist es bis heute geblieben. Also Schule, Ausbildung, Beruf und das Schwarzsein immer abgekapselt davon. Ich habe es nicht geschafft, diese Sachen zu verbinden. Das wäre schon noch so ein Traum. Ich wollte im Osten Maskenbildnerin werden, das hätte sich noch ganz gut für mich vereinbaren lassen, in dieser Kreativität was machen zu können. Dazu hätte ich halt im Osten Kosmetikerin werden müssen, und zu Westzeiten hieß es dann, ich muß Friseuse lernen, damit ich Kosmetikerin werden kann, und dann Maskenbildnerin. Und damit ist dieser Berufswunsch ins Wasser gefallen und ich war ziemlich orientierungslos. Heute arbeite ich als Physiotherapeutin. Und so bleibt man dann halt dezent geschminkt, man will ja auch nicht Omis erschrecken, also ich arbeite ausschließlich mit uralten Leuten zusammen. Und das läßt sich mit meinem Glauben einigermaßen vereinbaren, also ich könnte nicht mehr in einer normalen Praxis arbeiten. Ich habe das fast ein Jahr gemacht und da ungeheuer gelitten. Mit so vielen Menschen, die ihre Meinungen aus irgendwelchen Zeitungen erlesen haben, jeden Tag konfrontiert zu werden, das alles schlucken zu müssen und nicht ausrasten zu dürfen und zu sagen, Menschen, überlegt mal. Die alten Menschen jetzt sind einfach nur noch Menschen, wo es nur darum geht, Liebe zu geben und auch zu erhalten, Mut zu geben. Oder auch ins Sterben zu begleiten. Damit läßt sich das auch einigermaßen verbinden. Also ursprünglich hatte das Schwarzsein ja diese Bedeutung, daß ich mich von anderen Menschen abgrenzen wollte, weil ich viele Menschen in ihrem Herumpalavern nicht ertragen konnte und als zu laut empfunden habe, und mich daher davor schützen wollte. Die Entscheidung, Physiotherapeutin zu werden, war mehr so, ich weiß nicht, was ich sonst machen soll. Als ich dann in der Praxis gearbeitet habe, da ist mir das wirklich aufgestoßen, daß ich mit Menschen, die irgendwas behaupten wollen im Leben, nicht klar komme. Die alten Menschen sind halt nicht mehr so in ihrer Rolle, die müssen sich nicht mehr so darstellen, nicht mehr so bestätigen im Leben, irgendwas zu sein, sondern die dürfen einfach nur noch sein. Die müssen sich nicht präsentieren in der Gesellschaft und irgendwelche Meinungen hoch halten, sondern die dürfen einfach nur noch Mensch sein. So kann man es vielleicht sagen, und das ist es, was es für mich angenehm macht.

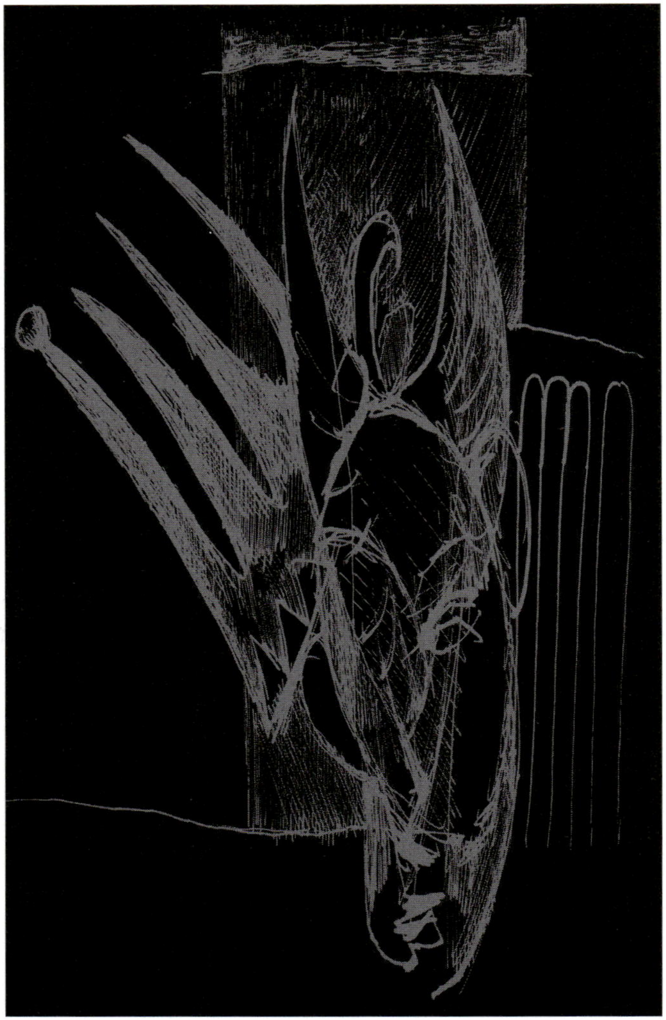

Glaube

Du hast eben vom »Glauben« gesprochen. Was bedeutet das für dich?
Ich weiß nicht, ob mein Schwarzsein für mich Glaube ist, ein bißchen was anderes. Aber ich bin auch im Moment selber in so einer Findungssituation. Ich habe mich ein bißchen mit dem christlichen Glauben beschäftigt, ich arbeite viel mit Christen zusammen, ich sehe, wo die gut sind, auch gut für mich sind. Ich habe mit 15 zum ersten

Andrea mit Hausratte

aber mein Schwarzsein ist auf jeden Fall die Quelle, aus der ich Kraft schöpfe, meinen Lebensmut, meine Energie schöpfe. Meine Mutter hat immer gesagt, das muß dich ja traurig machen, mit was du dich beschäftigst, wie du dich anziehst und so. Aber so ist es nicht. Das ist mein Nest, das ist mein Ursprung, dieses Schwarzsein, und aus dieser Geborgenheit heraus kann man dann eben aktiv sein, kreativ sein und Mut finden. Glaube ist da für mich noch Mal versucht, die Bibel zu lesen, bin aber schon bei den ersten Seiten des Alten Testaments total ausgerastet, fand die völlig rassistisch und fern ab von meinem Gotterahnen. Aber ich habe mir gesagt, komm wieder 'runter, du hast hier als kleines Menschlein dir nicht anzumaßen, darüber zu urteilen. Dann war ich eine Zeitlang mit einem richtigen Christen zusammen, aber da hat es sehr viel Rebellion in mir gegeben. Viele Dinge in meinem Le-

ben lassen sich nicht vereinbaren mit dem christlichen Glauben. Also ich habe schon das Gefühl, irgendwo geleitet zu werden, habe auch so ein Gefühl von behütet sein. Ich habe mich immer als Mensch gesehen, dem sein Weg behütet, bedacht und beobachtet ist und habe mich immer recht gut und sicher gefühlt. Durch dieses Zusammensein mit dem Christen ist das ganz schön ins Wanken gekommen, meine ganze Welt. Ich bin angegriffen worden, daß dieses Schwarzsein nicht gut sein könne für mich. Dann fängt man natürlich an zu überlegen und zu beobachten. Ich habe mich sehr unwohl gefühlt in dieser Zeit, aber auch sehr viel nachgedacht. Mir sind viele Sachen bewußt geworden im Leben, ich bin wacher geworden im Umgang mit Menschen. Ich habe gemerkt, daß ich nicht einfach so Ja sagen könnte. Es ist immer Rebellion in mir. Bei den Sonntagspredigten, bei denen wir gemeinsam waren, da ist mir immer übel geworden, und ich konnte es seelisch, ja fast körperlich nicht ertragen, was die Menschen dort geredet haben. Also ich weiß, daß es so ein Wesen in mir gibt, so ein schwarzes Wesen, das sich nicht mit christlichem Leben vereinbaren ließe.

Satan

Aber mit dem Gegenstück auch nicht. Als ich 17, 18 war, da war das eine ganz große Modeerscheinung bei uns in der Szene, Satanist zu sein. Wer da Satanist war, der war total in. Das war auch meine Zeit mit Christian Death, und das hat mich schon alles sehr beeindruckt und fasziniert, dieses ´rumlaufen mit Schädeln, Knochen, Kreuze umdrehen. Es hatte immer diesen Beigeschmack des Bösen, so ein gewisser Reiz, der auf jeden Fall vom Bösen ausgeht, aber da war auch so ein inneres Wissen, sich nicht darauf einlassen zu dürfen, daß es nicht gut für mich wäre, wenn ich mich näher darauf einließe. Also ich habe mich damit beschäftigt, Bücher gelesen, war aber seelisch in der Zeit sehr zerrüttet. Ich habe gemerkt, daß es mir nicht gut tut, mich mit diesen Dingen zu beschäftigen, und ich bin auch kein schlechter Mensch. Ich denke, daß ich immer sehr gerecht war und bin und versuche, menschlich zu sein. Von daher hat dieser Satanismus nicht lange in mir Wurzeln schlagen können. Ich verabscheue auch, was unter dem Vorwand des Satanismus Leute aus unserer Szene auf Friedhöfen getrieben haben. Also ich kenne Leute, die so eine Scheiße gemacht haben. Das ist nicht mein Ding. Satanismus und Faschismus sind Sachen, mit denen ich mich nicht anfreunden könnte. Also ich kann vieles verstehen und nachvollziehen. Den Gedanken eben, es gibt heute keine Evolution mehr, es wäre besser, wenn es welche geben würde, für den Geist des Menschen und für die Weiterentwicklung. Und an diesem Punkt trifft man eben auf faschistoide Gedanken, daß Behinderte sich nicht fortpflanzen dürften, alte Menschen weg, das würde den Staat reicher machen. Stimmt sicherlich, aber das ist nicht das, was ich für menschlich halte.

Schwarzsein ist mein Leben. Aber ich denke, ein Teil meiner Sehnsucht richtet sich auf das Danach. Und diese Sehnsucht bekomme ich in meinem Schwarzsein nicht erfüllt. Aber ich will mich wach halten in meinem Leben, so viele Dinge geistig sehen, wie ich nur sehen kann. Mein Streben im Leben ist eben nicht, so eine arbeitende Frau mit den alltäglichen Sorgen zu werden und mich selbst und die Welt um mich herum in den Mittelpunkt zu stellen. Ich weiß, was ich nicht will und weiß immer weniger, was ich will. Aber ich habe immer noch dieses innere Wissen, daß es okay ist, wie ich lebe. Das ist auch mein Glaube an Gott oder wie immer man das nennen mag. Ich fühle schon so, daß es jemanden gibt, der mich durch mein Leben begleitet und schaut, daß es alles so wird, wie es vorgesehen ist. Es ist einfach so eine innere Ruhe und Gewißheit. Das ist mein Glaube an Gott. Und dann gibt es eben Leute, die das Wort Gott in diesem Falle auf keinen Fall ertragen können, Christen, die dann total erbost werden, daß ich das als Gott bezeichne. Das Christentum, dem ich begegnet bin, hat versucht, an diesem Glauben, meinem inneren Wissen und Vertrauen, zu rütteln, daß es so nicht sein kann. Und das hat mich fertig gemacht und mich wieder flüchten lassen vom Christentum weg. Aber die Alternative ist auf jeden Fall nicht Satan für mich. Früher hab´ ich mich immer als innerlich weiß und äußerlich schwarz empfunden. Also ich habe immer gesagt, ich bin ästhetisch schwarz. Einfach diese Leidenschaft im Schwarz, dieses Sehen der Schönheit im Schwarz, von diesen alten Sachen, so Mittelalter, Friedhöfe, diese Schönheit der Bauten, Naturverbundenheit. Schon so wie die Romantiker, das waren wohl die Grufties überhaupt. Also eher so dieses Romantische... einfach durch den Wald zu gehen und die Augen dafür zu haben, wie wunderbar das ist, nicht lauthals dadurch zu trampeln und alles zu zertreten, sondern leise sich dort einzufinden und der Dinge bewußt werden. Mein Herz fängt richtig an zu schlagen, wenn ich so schöne Konstellationen sehe, zwei Grufties auf dem Friedhof, das ist einfach wunderschön. Oder so alte Gemälde, diese Farben, diese Wärme, die die ausstrahlen.

Zur Black-Metal-Fraktion innerhalb der Grufties gehörst du offenbar nicht...

Nein. Also wenn du mich irgendwo einordnen willst, dann eher in diese traurige, schwermütige, melancholische Richtung. Sehnsucht nach Beständigkeit und Ruhe. Ich verbringe oft stundenlang damit, einfach nur zu sitzen und aus dem Fenster zu gucken, Musik zu hören und so einen angenehmen Wehmut in mir zu tragen. Also ich bin froh, daß ich lebe, und die Welt hat sehr viele schöne Dinge, wie zum Beispiel mein Schwarzsein. Ich lache sehr gerne, ich bin gerne auch mit Freunden unterwegs. Ich bin jedoch nicht jemand, der einfach losgehen und Fun haben kann, so jemand bin ich nicht. Aber mich jetzt so fertig zu machen und zu wissen, daß ich heute abend noch Freunde treffen werde, Musik hören werde, die ich liebe, danach tanzen zu können, das macht mir Spaß. Auch wenn wir jetzt so auf Arbeit zusammensitzen, danbin ich nicht nur das Mäuschen, was in der Ecke sitzt und gar nichts sagt. Da bin ich schon am Leben mit dabei.

Genießt du die Rolle, wenn nicht Einzelgängerin zu sein, dann doch anders zu sein als die anderen?

Ja, auf jeden Fall. Das ist auch so, was vielen Grufts eigen ist, sich irgendwo abgrenzen zu wollen, eine gewisse Arroganz zu haben, sich nicht höher zu stellen, aber schon zu sagen, wir sind nicht der Mob. Deshalb hat mich das auch total gekränkt, als ich so die ersten Mode-Kataloge mit Gothic-Kleidung und -Accessoires gesehen habe. Also das konnte ich überhaupt nicht ertragen, daß sich auf einmal normale Leute aus Mode-Gründen schwarz gekleidet haben. Das hat mich enorm verletzt. Das ist meine Welt, da dürft ihr nicht ´rein. Nicht die, die nicht wirklich von Herzen so sind. Und so ist es auch heute noch. Es gibt viele Strömungen in meiner Szene, die ich nicht so schön finde. Die ich tolerieren muß, aber die versauen trotzdem oft das Bild von unserer Szene, das Bild, das ich von meiner Szene habe. Diese reinen Mode-strömungen. Diese S/M-Strömungen, so kleine Mädchen, die cool sein wollen und dann tierisch auf Lack und Leder und S/M machen und in Wirklichkeit auch bloß arme, kleine Mädchen sind, die eigentlich auch nicht weh getan werden wollen. Diese elektronischen Bands, die eben auf der Bühne diese S/M-Sachen zelebrieren. Ich will die nicht ablehnen, das ist auch wieder eine Szene für sich, aber es hat sich eben leider vermischt, weil man sich in unserer Szene auch so zeigen konnte, eben akzeptiert wurde, wenn man da in Lack und Leder ankam und seinen Partner an der Leine hinter sich hergezerrt hat. Aber trotzdem liebe ich es, nach Leipzig zu kommen und dann ist da die halbe Stadt schwarz. Es ist wunderbar. Da hüpft mein Herz höher, wenn überall auf den Wiesen Menschen sitzen, die meinem Schönheitsideal entsprechen. Also ich muß wirklich gestehen, ich liebe es oft mehr, sie mir anzugucken, als mich mit ihnen zu unterhalten.

Und daß jetzt so viele so herum laufen, ist auch nicht nur unangenehm. Man wird nicht mehr so unangenehm beachtet. Früher, zu Wendezeiten, wurden wir noch von Skinheads oder anderen Leuten, die alles haßten, was links sein könnte oder andersartig sein könnte, gejagt. Das habe ich miterlebt, noch ´93 jedes Wochenende rennen zu müssen, weil man von irgendwelchen Prolls was auf die Fresse kriegen sollte, nur weil man so aussah. Das ist schön, daß es jetzt nicht mehr so ist. Wenn ich jetzt hier durch Erkner laufe, und mir so richtige Glatzen auf der Straße entgegen kommen, da gibt es eher so ein Ab-checken, so ein Wissen, da ist auch jemand, der ist auf jeden Fall echt und wirklich anders, aber man wird nicht mehr vollgepöbelt. Das sind eher so Kiddies, die dann halt lachen und huch, gibt es sowas wirklich noch.

Eigentlich gibt es doch heute mehr Grufties als in den Achtzigern, oder?

Aber nicht richtig echte, traurige Grufties. Da gibt es weniger als früher, würde ich behaupten. Kein Nachwuchs mehr. Die Leute, die heute neu dazukommen, finden Gefallen an der Musik und an der Mode, weil es eben nicht mehr so diskriminiert ist, weil es nicht mehr so schlimm ist, so zu sein. Früher war das wirklich ein richtiges Bekenntnis, zu sagen: Ich bin schwarz. Man hat sich deutlicher abgegrenzt als heute, heute verschwimmt das alles so. Es ist ja auch auf Arbeit nicht mehr schlimm so ´rumzulaufen, mit Nasenring und allem, wird akzeptiert. Früher wäre da sonst was gewesen.

Beteiligst du dich am gesellschaftlichen Leben, gehst du wählen, liest du Zeitung, interessierst du dich für das politische Geschehen?

Ganz heikle Frage. Meine Mutter hat immer gesagt, ich bin eine Prinzessin vom anderen Stern. Mich interessiert diese Welt einen Scheiß. Ich weiß auch, daß das ein Kritikpunkt bei mir ist, aber so bin ich. Das ist mein Wesen. Ich habe meine letzten Nachrichten vor einem Jahr oder so geguckt. Dieser Fernseher hier läuft nie außer wenn ich mit ´nem Freund ein Video angucke. Voll geoutet, scheiße. Ich gucke kein Fernsehen, lese keine Zeitung. Was ich mitbekomme, kriege ich über meine

Arbeitskollegen mit, im Fahrstuhl auf der Arbeit, wenn sich die Leute darüber unterhalten. Das ist ungenügend, gebe ich zu, so sollte man eigentlich nicht mit dieser Welt umgehen. Aber ich bin halt doch irgendwo eine Traumprinzessin. Ich lese gern, komme aber im Alltag zu wenig dazu. Ich kaufe mir mehr Bücher als ich lesen kann. Jetzt habe ich mir Shakespeares Werke gekauft, das fasziniert mich schon irgendwie. Die Hamlet-Verfilmung, die finde ich auch supergruftig. Das ist so genial, was dieser Mann in drei Nebensätzen noch so mit einfügt.

Ich habe jetzt den Eindruck, daß du schon eine starke Geborgenheit empfindest in der Szene...

In dem Schwarzsein, in der Szene nicht. Dazu gibt es zu viele Intrigen und Getratsche, wer sieht wie aus, wer macht mit wem, das ist schon manchmal Denver-Clanmäßig.

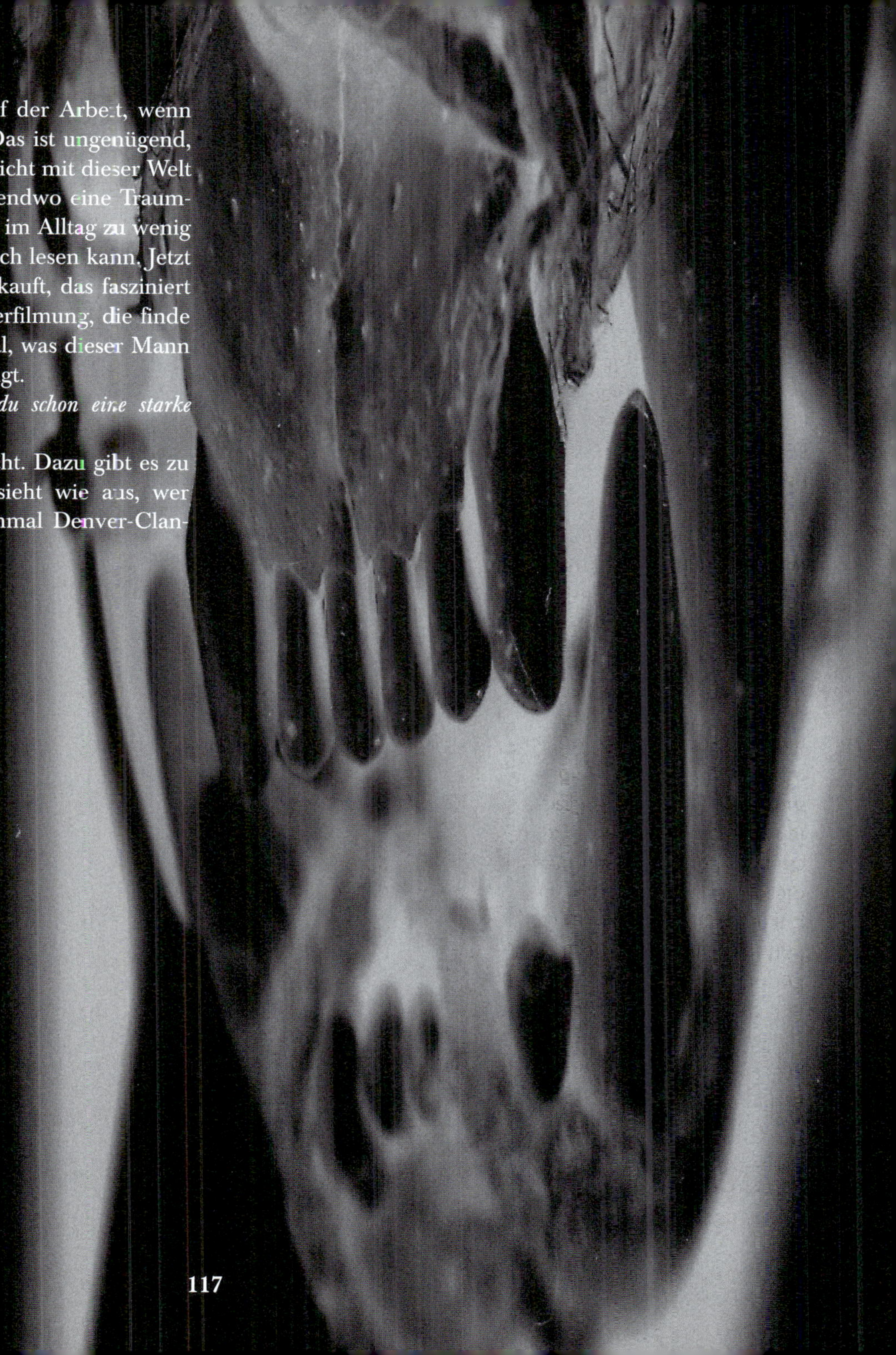

Vielen Dank!

– an alle, die dieses Buch möglich gemacht und daran mitgewirkt haben: Doris Hofer, Anja Kohtz, Anna Müller-Busch, Gabriele Rohmann, Frauke Stöber und Jan Christoph Wiechmann für Interviews und Texterfassung, Boris Geilert für 90 Prozent aller Fotografien in diesem Band, Kerstin und Roland Koletzki für die Gestaltung; natürlich an alle, die sich interviewen und abbilden ließen. Außerdem an alle, die mich weiterhin mit Fanzines, Flyers, Musik, Kritik und Anregungen versorgen –

Vielen Dank!

WEISS WIE SCHNEE, ROT WIE BLUT UND SCHWARZ WIE EBENHOLZ

Die Gothics, 2. Teil

Kirsten Wallraff

Inhalt:

Foto: Privat

Kirsten Wallraff

bewegt sich seit über 15 Jahren in der schwarzen Szene. Der Grundstein wurde schon in früher Jugend durch eine Affinität für morbide Ästhetik und das Interesse an Vampirgeschichten gelegt. Zu ihren Hobbies gehört neben Musik und Tanz vor allem das Sammeln von Literatur. Im Laufe der Jahre konnte sie eine umfangreiche Sammlung an Vampirliteratur und einschlägigen Comic-Heften zusammentragen. Heute lebt sie mit ihrem Mann Axel Bischoff und den Katern Farinelli und Vinzenz in Bonn. Die Grundlage für „Weiß wie Schnee, rot wie Blut und schwarz wie Ebenholz" bildete eine 1994 innerhalb ihres Sozialpädagogikstudiums erarbeitete Diplomarbeit. Ihre Aussagen über die Szene gründet sie auf persönliche Erfahrungen, Gespräche mit Szene-Angehörigen und einer von ihr durchgeführten Fragebogenaktion im Köln-Bonner Raum. Nach ihrem Studium arbeitete sie unter anderem in einem Jugendzentrum, beim Deutschen Brauer-Bund und als freie Redakteurin für eine große Bonner Tageszeitung, bei der sie mittlerweile in der Werbung tätig ist.

Ich danke meinen Freunden aus der schwarzen Szene, ohne die diese Arbeit nicht möglich gewesen wäre.

Vorwort

„Niemand anderer zu sein als man selbst
in einer Welt, die es Tag und Nacht darauf anlegt
dich so zu formen, daß du wie alle anderen wirst,
bedeutet,
den schwersten Kampf auszufechten
den ein Mensch kämpfen kann.
Und nie mit dem Kämpfen aufzuhören."
(ee.cummings)

Was? Ein Buch, das die schwarze Szene erklären will?

Ist das denn überhaupt möglich? Kann man etwas so Komplexes überhaupt analysieren und erklären? Ist es legitim, aufgrund von Beobachtungen Schlüsse zu ziehen und Thesen aufzustellen? Darf man die Aussagen einzelner Szene-Mitglieder stellvertretend für die ganze Szene stehen lassen? Gibt es eigentlich die oder den Schwarzen par excellence?

Ich meine: Nein! Die Vielfältigkeit der Szene selbst, welche sich aus Menschen mit den unterschiedlichsten Biographien, Meinungen, Vorlieben und Geisteshaltungen zusammensetzt, macht jeden Erklärungsansatz zunichte. Von Verallgemeinerungen ganz zu schweigen.

Was zum Teufel will dieses Buch also eigentlich? Welchen Anspruch erhebt es?

Die Antwort ist ebenso simpel, wie sie vielleicht auf den ersten Blick enttäuschen mag: Dieses Buch erhebt weder Anspruch auf Vollständigkeit noch auf Allgemeingültigkeit. Es stellt nicht der Weisheit letzten Schluß dar und macht sich nicht frei von Fehlern. Es will weder Sprachrohr noch ein Plädoyer für eine im Bürgertum belächelte Minderheit sein. Es buhlt auch nicht um Toleranz oder Verständnis. Es will (und kann) auch nicht alle Facetten des schwarzen Lebens beleuchten. Es wird ebensowenig einen allgemeinen ideologischen Überbau der Szene aus dem Hut zaubern, wie es in der Lage ist, sämtliche Gründe für den Anschluß an die Szene aufzuzeigen.

Auch kann dieses Buch die Szene ebenso wenig vor dem Aussterben bewahren, wie es festverwurzelte Vorurteile seitens der „Normalos" beseitigen wird.

Eigentlich bräuchte man dieses Buch also gar nicht zu lesen. Oder doch?

Kirsten Wallraff
Bonn, den 31. Oktober 2000

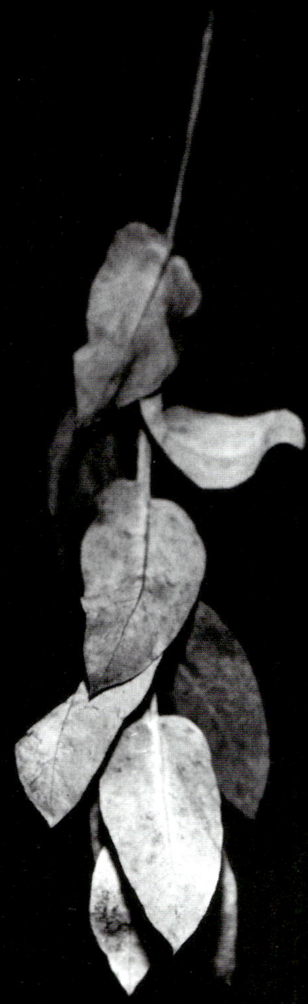

Kapitel 1: Die Entwicklung der schwarzen Szene

Als um 1978/79 die militante Kraft der *Sex Pistols* und die provokante Andersartigkeit der Punk-Bewegung von ´76 abebbte, waren Trendscouts und clevere Geschäftsleute bereits auf der Suche nach einem neuen Trend. Wieder war es Malcom McLaren, welcher zusammen mit der Designerin Vivienne Westwood den Punk als Mode entdeckt und vermarktet hatte, der die Stimmung der Zeit genau abzuschätzen und für sich zu nutzen verstand. Seine Verbindung mit Musikgruppen wie *Adam and the Ants* und *Visage* bildete die Basis für die Entwicklung eines neuen Trends: die „New Romantics".

Trotz anfänglicher Skepsis auf Seiten der Kritiker bewiesen McLaren und Westwood erneut, daß sie einen Trend zu schaffen wußten. Die Szene-Metropole London wurde zum Anlaufpunkt für die Käufer der kommerziellen New-Romantic-Mode, welche unter dem Label „World´s End" reißenden Absatz fand. Als auch die Moderedakteure der *Vogue* auf den New-Romantic-Look aufmerksam wurden, ebneten sie dem neuen Trend mit einem begeisterten Artikel den Weg in die Konsumgesellschaft. Dieser war die Erleichterung anzumerken: Nach der aggressiv-hässlichen Mode der Punks erinnerten all die lieblichen Rüschen, Bänder und bestickten Stoffe zu sehr an die noch nicht in Vergessenheit geratenen Hippies, um ernsthaft auf Ablehnung zu stoßen.

Ein Übriges trugen die Stars der gerade erst vergangenen Glam-Rock-Ära dazu bei, daß die Freude an pompös-verspielten Outfits auch in das Bürgertum überschwappte. Anerkannte Showgrößen wie *David Bowie* oder *T-Rex* schufen mit ihrem androgynen Look eine Plattform für das Spiel mit den Geschlechtern, welches über die bloße Mode hinaus auch Einzug in zwischenmenschliche Beziehungen nahm. Die Szene, welche sich damals um den Künstler *Andy Warhol* und seine Muse *Nico* im „Studio 54" scharte, bewunderte die selbst ernannten „Beautiful people" und versuchte es ihnen in Aussehen und Verhalten gleichzutun.

New Romantic war die Antwort für all jene, welche die bunte Disco-Glitzerwelt als zu kalt und unromantisch empfunden hatten. Über die bloße Selbstdarstellung hinaus waren nun wieder Gefühle gefragt. Die New-Romantic-Mode gründet ihre Wurzeln in der Zeit des 17. und 18. Jahrhunderts, die von einer hohen Gefühlsbetontheit geprägt war. Männern wie Frauen wurde das öffentliche Ausleben intimer Gedanken und Gefühle gestattet und die Romantik zum Ideal erhoben.

Zwar zeigt die Kleidung der schwarzen Szene heute nur noch vereinzelt Parallelen zu der oft sehr bunten und übertrieben lieblichen Mode der New Romantics, doch sind deren Einflüsse durchaus spürbar. Aus dem ursprünglich kurzlebigen, kommerziellen Modetrend hat sich die schwarze Szene mit ihrer morbideren und vielfältigeren Mode entwickelt. Dabei sind im Laufe der Zeit auch immer wieder Inspirationen von anderen Szenen mit eingeflossen, welche die Szene stets optisch zu einem harmonischen Ganzen zu vereinigen wußte. Zitate aus der Punk-Szene, dem Sadomaso-Bereich und dem Glam-Rock schufen in Verbindung mit den Einflüssen des New Romantic den Look, wie er heute zu sehen ist. Parallel zu den Entwicklungen in ihrem sozio-kulturellen Umfeld gelangte das äußere Erscheinungsbild der Szene Schritt für Schritt von seinem anfänglich eher einheitlichen und schlichteren Charakter zu dem heutigen Variantenreichtum.

Dabei war schon in den Anfängen eine Splittung in zwei verschiedene Stilrichtungen zu beobachten. Während die vom New Romantic beeinflussten Szene-Mitglieder den elitär-verspielten Look bevorzugten und ihre Lebensein-

stellung durch barocke Styling-Spielereien zum Ausdruck brachten, stellten sich besonders die Anhänger der Londoner „Batcave-Szene“ in einem punkigeren Look dar. Entsprechend war die Unterscheidung im musikalischen Bereich. Die „Väter“ des Gothic, zu denen unter anderem Gruppen wie *Bauhaus*, *Joy Division* und *Siouxsie and the Banshees* zählen, gaben in der Diskothek Batcave einen stark vom Punk beeinflussten Musikstil zum besten, während die Romantiker der Szene zu den düster-traurigen Klängen der Vorläufer des heutigen Dark-Waves träumten. Auch heute noch ist die Einteilung der Szene in die elitären Barockleute, Mittelalter-Anhänger und Endzeitromantiker auf der einen Seite und in den härteren Look der Gothics und Lack- & Leder-Leute auf der anderen Seite offensichtlich.

Wenig grundsätzliche Veränderung erfuhren auch die Hintergründe der Szene. Heute wie vor zwanzig Jahren finden sich die Szene-Mitglieder aufgrund ähnlich lautender Motive zusammen. Die düster-morbide Ästhetik steht dabei nicht alleine im Vordergrund. Vielmehr ist es das Wissen, in der Szene Gleichgesinnte für den Ausdruck der eigenen Gedanken und Gefühle in Bezug auf das Leben an sich und das Dasein in dieser Gesellschaft zu finden, welches einen entscheidenden Anreiz zum Anschluß an die Szene bildet. Vom Bürgertum geächtete, persönliche Einstellungen und Vorlieben geistiger oder auch sexueller Art stoßen in der Szene in der Regel nicht auf Ablehnung. Man trifft vielmehr gleich denkende und fühlende Leute, mit denen ein Austausch möglich ist und die einem darüber hinaus das Gefühl geben, nicht „anormal“ oder „pervers“ zu sein. In diesem geschützten Umfeld ist es den Szene-Mitgliedern möglich, ihre Phantasien auszuleben und kreativ in Form von Kunst, Literatur, Mode oder Musik umzusetzen.

Anders als andere Szenen, welche sich oft nur auf einen gemeinsamen Nenner wie etwa Mode, Musik, politische Aktivitäten oder den Haß gegen Minderheiten reduzieren lassen, wird die schwarze Szene mit ihren Hintergründen nie „out“ sein oder Gefahr laufen, sich zu überleben. In jeder Generation gibt es Menschen, deren Lebenseinstellung und Selbstdarstellung in der Szene ihr Ziel finden. So lassen sich z. B. geistige Brücken zu der Minne-Bewegung des Mittelalters, dem Mystizismusboom im 18. Jahrhundert, zu der düsteren Romantik des 19. Jahrhunderts (welche besonders in den „Gothic Novels“ ihren Ausdruck fand), den freien und als dekadent geltenden 20er Jahren, der existenzphilosophischen Bewegung und den Hippies der 60er Jahre, bis zu unserer heutigen, durch allgegenwärtige Medienpräsenz zur Faszination an Tod und Grauen geschulten Zeit schlagen.

Neil Gaiman: Sandman Special, „Death I“, Stuttgart 1993

Kapitel 2: Die Mode der Szene

1. Kleidung

Wie bei den meisten Szenen üblich, definiert sich die schwarze Szene nach außen hin in auffälliger Weise über ihr spezifisches Styling. Kleidung und ergänzende Komponenten wie Frisur, Make-up und Schmuck erfahren in der Szene höchste Priorität. Sie dienen nicht nur zur Abgrenzung von Nicht-Szenezugehörigen, sondern setzen darüber hinaus ein Signal in Bezug auf Lebenseinstellung und Ästhetik. Differenzierter als in anderen Szenen dient hier die Kleidung quasi als „Eintrittskarte“ in den Kreis der Szene-Mitglieder. Ein ungestyltes Auftreten wird ebenso ungern verziehen wie offensichtliche „Stylingsünden“. Bestenfalls trifft den Träger eines nicht zum Geschmack der Szene passenden Outfits Nichtbeachtung – schlimmstenfalls führt es zu offener Ablehnung und Spott. Dabei ist es stets eine neue Herausforderung, den Balanceakt zwischen allgemeiner Bewunderung und der Preisgabe der Lächerlichkeit zu meistern. Was denn nun ein wirklich gutes Styling ausmacht und was die schwarze Kleidung eines Szene-Mitglieds im Gegensatz zur schwarzen Kleidung eines Normalbürgers zu etwas Besonderem macht, entscheidet sich von Fall zu Fall stets neu. Eine klare und allgemeingültige Beantwortung dieser Frage ist daher auch hier ein Ding der Unmöglichkeit. Um sich der Lösung anzunähern, ist es jedoch hilfreich, sich zunächst einen ungefähren Überblick über die verschiedenen Stylinggruppen in der Szene zu verschaffen:

Mittelalterpaar mit Schnabelschuhen; „Kostümkunde“ von Ursula Fehlig

Die Szene-Mitglieder lassen sich outfitmässig grob in fünf Gruppen einteilen, wobei jede ihren eigenen Stil verfolgt. Ein Wechsel und fließender Übergang zwischen den Gruppen ist in dem Maße üblich, soweit er den Szene-Mitgliedern die Möglichkeit gibt, die unterschiedlichen Facetten ihrer Persönlichkeit zu entwickeln und auszuleben. In einigen Fällen deckt sich das bevorzugte Outfit mit der Lebenseinstellung oder bestimmten Vorlieben. Man sollte sich aber nicht unbedingt darauf verlassen...

Mittelalterliche Kleidung

Neben der Faszination an der Epoche selbst, mit seiner durch die Minne-Bewegung bekannt gewordenen Lyrik und Musik, der typischen Architektur und Inneneinrichtung sowie vereinzelt auch der Art der Lebensführung, übt das Mittelalter auch modisch gesehen einen entscheidenden Einfluß auf die schwarze Szene aus. Eine besonders auffällige Parallele ist dabei die im Mittelalter als „Schnabelschuh“ bekannt gewordene Schuhform, welche auf zeitgenössischen Zeichnungen aus der Zeit der Gotik zu finden ist und bis heute bevorzugt von Angehörigen der Szene getragen wird.

Diese Schuhe erfreuen sich seit den frühesten Anfängen der Szene größter Beliebtheit und werden gleichermaßen von Männern wie von Frauen getragen. Die Vielzahl der Modelle bieten mittlerweile eine Auswahl, aus der für jedes unterschiedliche Styling der passende Schuh gefunden werden kann. Männer tragen die sog. „Pointers“ oder „Pikes“ meist als Stiefellette oder Halbschuh, wobei die Schuhform vom schlichten Schnürschuh bis zum mit Schnallen, Nieten, Reißverschlüssen u. a. verzierten Stiefel variiert. Das Schuhmaterial ist in der Regel schwarzes Leder, wobei neben den Wild- und Glattlederschuhen der Anfangsjahre zunehmend Lackleder als Material bevorzugt wird.

Das Schuhwerk der Szene unterscheidet sich von seinen historischen Vorgängern durch die Verzierung mit meist silber- farbigen Accessoires wie Nieten, Ketten oder Schnallen, welche als Schmuckschnallen auch in Form von Fledermäusen, Totenköpfen, mit barocker Schnörkelung o. ä. auftreten. Die Palette der Schuhmodelle wird bei den Frauen durch Ballerinaslipper, Pumps, Stiletto- und Plateaustiefel in den verschiedensten Schaft- und Absatzhöhen erweitert.

Schuhe aus den Katalogen von „Art of Dark", Köln und „Extra", Burlafingen

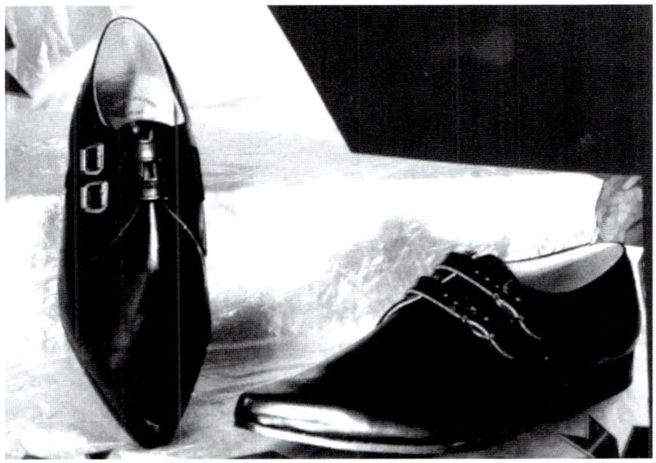

Schuhe aus den Katalogen von „Art of Dark", Köln und „Extra", Burlafingen

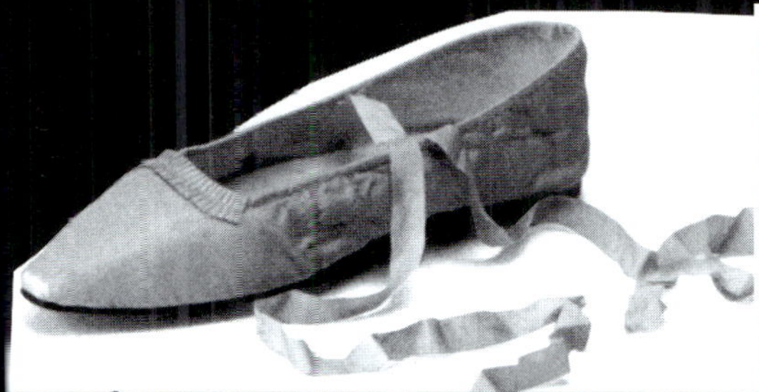

Schuhe aus aem 18., 19. rnd 20. Jahrhundert; ennommen aus: „Schuhe“ von Linda O,Keeffe.

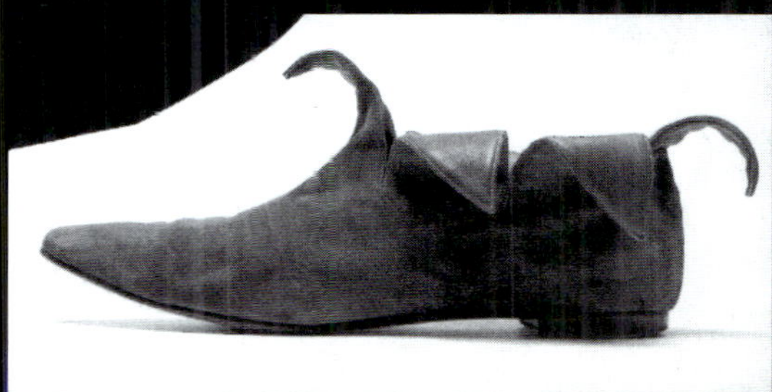

Besonders bei den Frauenschuhen finden sich über die Zeit des Mittelalters hinaus Parallelen zur Schuhmode mehrerer vergangener Epochen. Das Mittelalter beeinflußt die Mode der Schwarzen über die Schuhform hinaus auch in der Form der Gewänder, Kleider und Mäntel bzw. Umhänge. Dabei wird Wert darauf gelegt, dem Ideal der mittelalterlichen Mode auch in Qualität und Farbe des Kleiderstoffs zu entsprechen. Die gewählten Stoffe sind daher meist grobes Leinen, Baumwolle oder Baumwollsamt. Vereinzelt sind die Kleidungsstücke auch mit Lederapplikationen besetzt. Typische Accessoires wie breite Ledergürtel mit grob geschmiedeten Schnallen, Dolche und Trinkhörner vervollständigen das Bild. Mittelalterlich anmutende Kleidungsstücke aus Pannesamt und anderen synthetischen Stoffen, wie sie oft in Szeneboutiquen zu finden sind, stoßen bei ernsthaften Verehrern des Mittelalters eher auf Ablehnung. Auch bei der Auswahl der Kleiderfarbe wird Wert auf Authentizität gelegt. Grelle, leuchtende Farben, welche im Mittelalter nicht gängig waren und eher an Hollywood-Kostümfilme erinnern, werden in der Regel nicht verwendet. Die Leinen- und Baumwollstoffe für die schlichteren Gewänder sind meist in Naturtönen wie Braun, dunklem Grün und dunklem Rot oder auch Schwarz gehalten, während die meist prächtigeren Samtgewänder z. T. auch mit leuchtenderen Farben bestickt oder mit bestickten Borten besetzt sind.

Foto: Privat

Frauen steht auch hier, wie in den meisten Bereichen der Kleiderwahl, eine breitere Auswahl zur Verfügung. Neben den mantelartigen Capes, welche von Frauen wie von Männern getragen werden, gibt es einen umfangreichen Fundus an mittelalterlich geschnittenen Kleidern. Auch hier gilt jedoch, daß diejenigen, die Wert auf größtmögliche Originaltreue legen, ihre Kleider oft selber anfertigen. Bis auf wenige Ausnahmen (z. B. das Label "Erlkönig") ist die Mittelaltermode, welche in Boutiquen oder über Versand zu erwerben ist, nur in einigen Details (Ärmelform, Kleiderschnitt) an das Mittelalter angelehnt.

Fotos: Privat

Foto: Privat

In den Bereich der Mittelaltermode fallen auch sakrale Gewänder wie Kutten, Kaseln o.ä., welche entweder im Original oder als Nachbildung getragen werden. Oft werden sie zusätzlich mit christlichen, heidnischen oder satanischen Symbolen kombiniert und stellen somit wohl eine der größten Provokationen in den Augen der Normalbevölkerung dar.

Kleidung der Barockzeit

Die Mode des 17. und 18. Jahrhunderts spielt als Inspirationsquelle für die Kleidung der Szene eine vergleichbar große Rolle wie die Kleidung des Mittelalters. Da Kopien dieser prunkvollen Mode jedoch schwieriger anzufertigen und wesentlich kostspieliger sind, beschränken sich hier die Anleihen eher auf die Liebe zum Detail. Diese zeigt sich durch üppige Spitzen- und Chiffonrüschen, Halsbänder, verschnörkelten Schmuck sowie Accessoires wie Fächer, Handschuhe, zarte Schleier und Stolen, Beutel und Handtaschen aus edlen Stoffen sowie Schirme aus Spitze und Gehstöcke. Diese Accessoires tragen als unverzichtbares Zubehör für eine verführerisch-dramatische Aufmachung (im Bezug auf den Fächer erinnere man sich z. B. an „Carmen“) erheblich zu der Wirkung des „großen Auftritts“ bei, der in der Szene von Männern wie Frauen gleichermaßen geschätzt wird.

Die Herrenmode zur Zeit des Barock in der Verkörperung des Dandys hat Barbey d'Aurevilly folgendermaßen beschrieben: „Indem die Unnachahmlichkeit des echten Dandy betont wird, wird dieser über die bloßen Zufälligkeiten der Mode erhoben. Es ist das Charisma einer inneren Überlegenheit, das in der vollkommenen Stimmigkeit der Kleidung seine treue Spiegelung erfährt, und das bedeutet nichts geringeres als die absolute Übereinstimmung von „schöner Seele“ und ihrer Erscheinung, von Inhalt und Form.“ („Anziehungskräfte“, München 1986).

Um diesem Ideal der „Übereinstimmung von Inhalt und Form“ nahe zu kommen, sind komplette Outfits im Barockstil sehr begehrt. Vereinzelt finden sich auch Männer in originalgetreu gefertigten Gehröcken, Westen, Hemden und Mänteln, welche durch für die Barockzeit typische Kniebundhosen und Schnallenschuhe ergänzt werden.

Frauen in authentischen Barockausstattungen sind eher selten zu sehen. Für diejenigen, die nicht gerade Beziehungen zu einem Theater- oder Opernfundus haben, stellt allein die Beschaffung eines solchen Kleides eine Herausforderung dar. Eine Lösung wäre natürlich auch hier, die Kleidung selber anzufertigen, doch bedarf es schon der

Fotos: Privat

Kunst einer geschickten Schneiderin, ein solches Kleidungsstück passend und präsentierbar herzustellen. Der hierfür zu leistende finanzielle Aufwand ist dabei wohl für Viele ein Hauptabschreckungsgrund. Ähnlich wie bei den mittelalterlichen Kleidungsstücken, welche in Boutiquen zu erwerben sind, nähern sich die barockähnlichen Kleider nur in einigen Details ihren originalen Vorbildern an. Durch Kombination verschiedener barockähnlicher Kleidungsstücke wie engen Miedern, weiten bauschigen Röcken sowie spitzenbesetzten Oberteilen und Jäckchen verstehen es einige Frauen daher, in Verbindung mit den passenden Accessoires, zumindest einen Look zu schaffen, der an den der Barockmode erinnert.

Eindeutige Parallelen zur Barockzeit finden sich beim Make-up der Szene. Wie auch damals üblich, schminken sich Männer und Frauen in der Szene auf annähernd übereinstimmende Weise. Unverzichtbares Grundelement ist die sehr helle, fast weiße Grundierung der Haut mit Make-up und reichlich Puder. Auf dieser „Leinwand" entstehen danach mittels Kajal- und Lippenstift wahre Kunstwerke, die eine melancholisch-romantische, eine düstere oder sogar eine bizarre Wirkung haben. Im Unterschied zum Make-up der Barockzeit fehlt jedoch das damals üblicherweise üppig aufgetragene Wangenrouge.

Als roten Faden durch die Geschichte zieht sich die „vornehme Blässe" als Zeichen für Distinguiertheit und Erhabenheit, aber auch Zerbrechlichkeit und Unschuld sowie für eine gewisse Morbidität. Die Betonung der Augen in der Kontrastfarbe Schwarz erzielt einen Effekt, der einen unbestreitbaren Reiz ausübt. „Auf der mit Reismehl überpuderten Haut macht

Pola Negri und Harry Liedtke in „Carmen"; entnommen aus: „Ernst Lubitsch und seine Filme" von Herbert Spaich

die schwarze Umrahmung den Blick tiefer und eindrucksvoller; sie gibt dem Auge den Anschein, ein offenes Fenster ins Unendliche zu sein". Dieser Ausspruch Baudelaires erklärt, warum der Stummfilm, bei dem die Schauspieler als Ausdrucksform einzig Gestik und Mimik zur Verfügung hatten, ebenfalls diese Art der Schminktechnik für beide Geschlechter einsetzte. Baudelaire äußert sich weiterhin: „Die weiße Unschuld des Gesichtes steht im Kontrast zum unergründlichen Geheimnis der schwarzen Augenseen. Im Stummfilm konzentrieren sich alle weiblichen Reize im Zauber des Blicks und somit des Medusa-Effekts". Diese vernichtende Wirkung des „zu Stein erstarren lassenden Blicks" machen sich heutzutage Männer wie Frauen in der Szene zunutze, um die dramatisch-verführerischen Komponenten ihres Erscheinungsbildes zu unterstreichen.

Ein weiterer Effekt eines solch extremen schwarz-weiß Make-ups besteht darin, daß dessen Träger die Möglichkeit erhält, sein Wesen und seine Gefühle hinter dieser „Maske" zu verbergen. Durch das starke Pudern der Haut wird das Gesicht von jedem Makel, aber auch von jeder Natur befreit. Es erhält statuarischen, unantastbaren Charakter und wird zu einer abstrakten Größe. Ohne die schwarze Augenschminke würde ein solches Gesicht leer und leblos wirken. Dieser Gegensatz von geheimnisvoll-erotischem Ausdruck und kühler Unnahbarkeit schafft eine Verbindung zu den japanischen Geishas. Diese Frauen, welche aufgrund einer langwierigen Erziehung und Bildung dazu ausersehen sind, (wohlhabende) Männer zu unterhalten, wirken durch die maskenhaft weiße Haut mit den fein gezeichneten roten und schwarzen Linien wie ein kostbares Bild. Somit ziehen sie einerseits die Männer, welche sie zu zerstreuen haben, erotisch an, bleiben durch ihre puppenhaft-leblose Schönheit jedoch unerreichbar. Zur Verstärkung des Effekts von Anziehung und Distanz werden in der Szene die Lippen entsprechend erotisch-aggressiv in feuerrot oder abweisend-kühl in schwarz geschminkt.

Endzeitromantiker

Die Kleidung des Endzeitromantikers ist sorgfältig und mit viel Liebe zum Detail gewählt. Sie ist Spiegel seiner düsteren, todeskonzentrierten Weltsicht. Durch die Art, sich dar-

Foto: Privat

zustellen, vermittelt der Endzeitromantiker die Lehre von der Vergänglichkeit alles Irdischen. Die Verbindung von edlen Stoffen wie Samt, Seide, Brokat und Spitze mit dem bleichen totenähnlichen Make-up und dem symbolträchtigen Schmuck weist den Betrachter auf die Nichtigkeit luxuriöser Statussymbole im Angesicht des Todes hin. Die Weisheit, keines der uns so wichtig erscheinenden weltlichen Güter über den Tod hinaus besitzen zu können, spiegelt sich im Auftreten des Endzeitromantikers.

Die Kleidung dieser Gruppe umfasst ein großes Feld von Stücken aus verschiedenen Epochen und Kulturen. So findet man bei Männern vor allem Samt- und Baumwollhosen im typisch türkischen Pluderhosenschnitt, welche mit barockähnlichen Rüschenhemden, Samt- und Brokatwesten sowie (Kutscher-) -mänteln oder Umhängen kombiniert werden. Mittelalterliche Elemente fließen in Form von Gewändern und Mänteln ein. Das Schuhwerk beschränkt sich auf Schnallenschuhe im Barockstil oder Pointers.Das weibliche Gegenstück ist dementsprechend. Auch von ihr wird vorwiegend Samt, Seide, Chiffon und Spitze, meist in Form von langen, phantasievoll verzierten Kleidern, kombiniert. Sie trägt ebenfalls vorwiegend Pointers, deren Formen sich bei ihr um Ballerinas, Pumps und Stilettostiefel erweitern.

Foto: Privat

Bei Männern wie Frauen ist die schwarze Farbe der Kleidung zwar üblich, aber nicht zwingend. Einzelne Kleidungsstücke werden auch in Rot-, Lila- und Grüntönen sowie z. T. auch in Weiß getragen. Bei der Kombination mehrerer Farben bleibt die Grundfarbe jedoch in der Regel Schwarz.

Schmuck wird von beiderlei Geschlecht in großer Menge getragen. Bevorzugt wird dabei orientalischer Schmuck mit reicher, verspielter Verzierung sowie antik anmutender Silberschmuck. Dieser kann auch in Form von religiösen Symbolen (Kreuz, Pentagramm, keltische/heidnische Zeichen), Totenschädeln, Skeletten, Särgen oder Tieren (meist diejenigen, welche im Bürgertum als „Ekeltiere" gelten, wie Spinne, Schlange, Ratte und Fledermaus) gearbeitet sein.

Unverzichtbares Zubehör sind darüber hinaus Fächer, Handschuhe Beutel und Handtaschen in zum Teil extravaganten Formen, wie kleinen Särgen o. ä.

Die Haare sind in der Regel aufwendig frisiert. Sie werden toupiert und sorgfältig in Form gebracht oder hochgesteckt und mit Schmuckspangen sowie bei den Frauen mit kleinen Schleiern, Federn und Spitzenbändern geschmückt. Eine der typischen Frisuren der Szene, die abrasierten Seiten- und Hinterkopfhaare, ist auch bei dieser Gruppe zu finden, doch sind die Frisuren hier immer auf das Höchste gepflegt und gestylt. Zerzaust toupierte oder schlicht herabhängende Haare passen nicht recht zu dem elitären Erscheinungsbild dieser Gruppe.

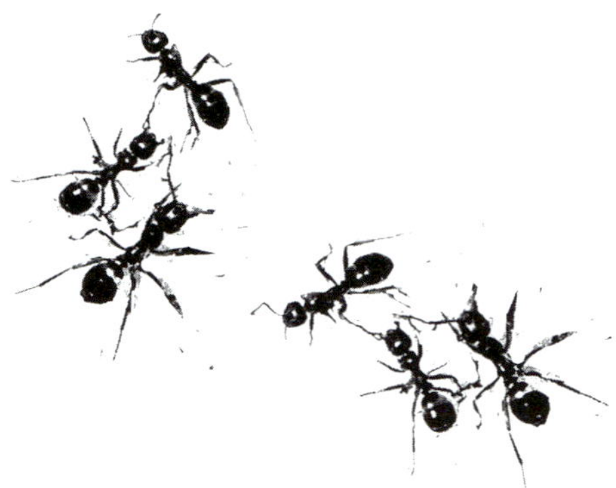

Foto: Frivat

Gothic

Die Kleidung des Gothic ist stilmäßig zwischen der des Endzeitromantikers und der Lack- und Ledermode einzuordnen. Das Auftreten ist nicht so elitär und fein wie das des Endzeitromantikers und besticht im Gegensatz zu reinen Lack- und Lederoutfits durch einen größeren Variantenreichtum. Der besondere Reiz bei den Outfits der Gothics liegt in der Kombination von Samt- und Rüschenteilen mit Lack- und Lederstoffen.

Als Entwicklung von der Endzeitromantikermode weg kommt hier die Reizwäsche in Form von Strapsen, Bustiers und Korsagen in den verschiedensten Materialien als fester Bestandteil der Oberbekleidung hinzu. Strümpfe und Strumpfhosen sind oft aus Spitze oder Netzstoff, vielfach auch kunstvoll zerfetzt und werden z. T. in mehreren Lagen übereinander getragen oder als Oberteil zweckentfremdet. Dabei dienen sie nicht als exklusives Kleidungsstück der Frauen, auch Männer verwenden zerrissene Strumpfhosen, um sie über Leggins oder Hose zu ziehen oder als Oberteilersatz. Röcke und Blusen sind oft aus durchsichtigen Materialien, hochgeschlitzt oder zerfetzt und gewähren tiefe Einblicke.

Foto: Privat

Lack- und Lederteile haben ihren festen Platz in der Mode der Gothics. Eine Auswahl von der schlichten Lack- oder Lederhose bis zum extravaganten, mit Schnallen, Ringen, Nieten, Reißverschlüssen oder Schnürungen verzierten Bustier oder Rock umfaßt das Spektrum dieser Kleidungsstücke.

Auch Ledermäntel und -jacken werden im Gegensatz zum Endzeitromantiker getragen. Diese Kleidungsstücke sind zum Teil mit Schriftzügen, Zeichnungen oder Bandlogos sowie Ketten und Nieten verziert und erinnern an die Lederjacken der Punks, was bei der Lack- und Leder-Fetischmode seltener zu sehen ist.

Foto: Privat

Der „härtere“ Stil der Kleidung wird auch durch das Schuhwerk betont. Bei den Gothics gesellen sich zu den in der Szene üblichen Pointers derbe Stiefel, die sog. „Rangers“ oder „Doc-Martens-Stiefel“, welche von Männern wie Frauen getragen werden. Klassisch ist die schlichte geschnürte Form, wobei die Schafthöhe nach der Anzahl der Schnürsenkellöcher berechnet wird. Üblich sind die sog. 8-Loch oder 12-Loch Docs, wobei die Grenze nach oben in den letzten Jahren sehr flexibel geworden ist. Neuere Modelle sind ähnlich wie die Pointers mit Schnallen und Nieten verziert und aus eher ungewöhnlichen Materialien wie Lack oder Samt.

Foto: Privat

Schuhe aus den Katalogen von „Art of Dark", Köln und „Extra", Burlafingen

Die Gothics haben in Bezug auf Kleidung und Styling den größten Variantenreichtum, daher bilden sie in der Szene die größte Gruppe. Meist sind es Gothics, welche durch besonders extravagantes und aufsehenerregendes Aussehen bestechen.

Wie auch bei der Kleidung ist hier die Palette der Frisuren und des Make-ups breiter gefaßt. Ziel ist es nicht nur, betörend-romantisch zu wirken. Durch gekonntes Zusammenspiel von Frisur und Make-up wird oft ein faszinierend-unheimlicher, selten abschreckender Look erreicht. Ein gut gestylter Gothic – sei er nun männlichen oder weiblichen Geschlechts – gehört zu den faszinierendsten und ästhetischsten Verkörperungen der Szene.

Lack und Leder / Fetischmode

Schon bevor die Techno-Szene durch ihr Outfit einen regelrechten „Lackboom“ auslöste, wurde dieser Stoff in der schwarzen Szene getragen. Die Reaktionen auf derartige Kleidungsstücke sind unterschiedlich. Vordergründig hat Lackleder eine provozierende, im wahrsten Sinne „reizvolle“ Wirkung. Darüber hinaus werden dem Träger Charaktereigenschaften zugesprochen, die von unnahbar, „böse“ bis zu ungezügeltem sexuellen Verhalten reichen. Schwarzes Leder erfährt ähnliche Zuschreibungen: Galt es seit jeher als Uniform des Bösen (Hells Angels, Gestapo), so ist es in verschiedenen Kreisen auch ein Zeichen für körperliche Stärke und Gewaltbereitschaft oder stellt ein Signal für Homosexualität dar.

Mick Farren, der sich in seinem Buch „Black Power“ eingehend mit der Bedeutung schwarzer Lederkleidung beschäftigt, stellt eine Beziehung her zwischen der Lederjacke und einer mittelalterlichen Ritterrüstung: „Damals wie heute war ein Mann, der in seiner Rüstung steckte, ein Individuum, das ernst zu nehmen war und mit dem man sich nicht anlegte.“ Weiter heißt es: „... daß der Ritter genauso wie der Lederträger so großen Nachdruck darauf legt, die Vorstellung von Macht und potentieller Aggressivität zu vermitteln, daß diese Kleidungsstücke schnell zu einem sehr persönlichen Fetisch werden“.

Um zum Fetisch zu werden, muß einem Gegenstand ein so hoher Wert beigemessen werden, daß er über seine eigentliche Bestimmung erhoben wird. Er wird idealisiert und erfährt somit fast etwas von einem Heiligtum. Meist ranken sich um einen Fetisch bestimmte, Ritualen gleichende, wiederkehrende Handlungsweisen. Der Kult um den Fetisch und somit der Fetisch selbst treten in Ersatz zum eigentlich Ersehnten, doch Unerreichbaren. Bei der Fetischkleidung treten die Kleider an Stelle des Körpers, den sie bedecken. Sie erhöhen seinen Reiz und rücken ihn gleichzeitig in die Ferne.

Für die Träger von schwarzem Lack oder Leder bedeuten diese Stoffe einerseits Anreiz, gleichzeitig aber auch Schutz. Lackleder in seiner glänzenden Künstlichkeit entmenscht den Körper gewissermaßen. Gigers biomechanische Phantasien finden in den Trägern von Lackleder mit den typischen metallischen Accessoires ihren lebendigen Ausdruck. Eine andere Art Schutz bietet Leder. Quasi als „zweite Haut“ schützend über die eigene gezogen, macht es diese ähnlich unverwundbar wie Siegfried das Bad im Drachenblut.

Ein Grund für die Beliebtheit von Lackleder in der Szene ist sicherlich auch in der in den letzten Jahren erfolgten Annäherung an die SM-Szene zu sehen. Zeitweise galt es in der Szene fast als „Muß“, sich mit entsprechender Kleidung und Accessoires wie Handschellen, Halsfesseln in Form breiter Lederhalsbänder, Cockringen u.ä. zu schmücken. Parallel zu diesem Trend erreichte das Piercing einen wahren Boom. Es ist hierbei durchaus legitim, von einem Trend oder einer Mode zu sprechen, da nur die wenigsten, die sich in dieser Art stylen, wirklich Interesse an SM-typischen Praktiken haben.

Foto: Privat

Fotos: Privat

2. Entwicklung der Mode in der Szene

Wie eingangs erwähnt, wurde die Szene zu Anfang stark von Einflüssen des Punk und der New-Romantic-Mode inspiriert, welche sich in den 80er Jahren in den „New-Wave-Look“ wandelte. Den „Wavern“ war eigen, daß sie sich betont „cool“ stylten. Vorwiegend schwarze und weiße Kleidung, oft auch mit Art-Deco-Mustern wie Schachbrett-, Pepita- oder Hahnentrittmuster, ergänzte das schwarz-weiße Make-up. Ein typischer Vertreter dieses Stylings war Steve Strange, Sänger der New-Wave-Gruppe *Visage*. In der kommerziellen Version des New-Wave-Looks, welcher in den 80ern zum allgemeinen Trend wurde, entstand auch das passende coole Ambiente, das besonders in neonbeleuchteten, Chrom- und Plexiglasgestylten Cafés und Bars zu finden war. Männer trugen meist locker geschnittene Anzughosen zu hoch geschlossenen Hemden, oft mit Stehkragen. Jacketts und Mäntel waren an den Schulterpartien stark ausgepolstert und betonten den Oberkörper in einer V-Form. Diese eher männliche Kleidung kontrastierte stark mit dem androgynen Make-up, den hochtoupierten Haaren und den eher weiblichen Accessoires wie Perlenketten, (einzelnen) langen Ohrringen, weichen Schals und Fächern. Viele Männer trugen als Frisur eine gepflegte und „entschärfte“ Art des heute noch in der Szene beliebten „Turms“, bei dem die Hinterkopf- und Seitenhaare abrasiert werden und die verbliebene Haarpracht bis auf einige lang ins Gesicht fallende Strähnen senkrecht nach oben steht. Im Gegensatz zu den heutigen Frisuren waren die Haare der Waver stets übersorgfältig mit Gel gestylt, was zum Teil einen „geleckten“ Eindruck machte.

Auch die Frauen der Waver-Szene gaben sich gerne androgyn. Viele trugen ebenfalls Jackett und Anzughose mit Herrenhemden. Bei ihnen wurde die Kleidung erweitert durch schmale Kleider und Röcke, welche im Schnitt an die Mode der 20er Jahre erinnerten. Der knabenhafte Look, den viele Frauen damals bevorzugten, wurde durch kurze, eng an den Kopf frisierte Haare unterstrichen. Zusammen mit den weiblich geschminkten und auffällig frisierten Männern machten sie so das Umkehrspiel der Geschlechter perfekt.

Schon damals gelang es den Leuten, welche später die schwarze Szene bilden sollten, sich von diesen Mode-Waves zu distanzieren und weiter zu entwickeln. Einflüsse der musikalischen „Eltern“ der Szene, wie z. B. *The Cure, Sisters of Mercy, Christian Death, Joy Division, Bauhaus* und *Siouxsie and the Banshees* (um nur einige der Bekanntesten zu nennen) trugen wesentlich dazu bei, daß sich die Szene rasch von der poppigeren Seite des Wave abwandte und ihre eigene düstere Ästhetik entfaltete. Dabei fielen die Schwarzen in den frühen 80er Jahren noch nicht durch solch ein extremes, facettenreiches Styling auf wie heute. Fotos von Gruppen wie *Specimen, Bauhaus* und *Alien Sex Fiend* lieferten zwar Inspiration, doch sollte es noch etwas dauern, bis das Gros der Szene sich outfitmäßig an seine „Stars“ heranwagte.

Die Szene-Kleidung war vor zwanzig Jahren eher schlichter Natur. Für die Männer bildeten enge Hosen oder solche im Reiterhosenschnitt in Kombination mit Pulli, Hemd oder T-Shirt (teilweise mit Band-Logo) und langem Mantel die übliche Kleidung. Dabei waren die Kleidungsstücke meist „von der Stange“. Auffallende Verzierungen sowie üppiger Schmuck war nicht die Norm. Auch die Kleidung, die man damals in den Szeneboutiquen fand, würde einem Vergleich mit der heutigen Auswahl nicht Stand halten. Pointers hingegen waren auch damals schon ein unverzichtbares Accessoire. Jedoch waren die Formen nicht von der heutigen Vielfalt, und darüber hinaus war für ein etwas ausgefalleneres Paar der Weg in die Szene-Metropole London meist unumgänglich. Das eher spartanische Angebot an fertig zu kaufender Szene-Kleidung zwang die Szene-Mitglieder damals zu Kreativität und Einfallsreichtum. „Normale“ schwarze Kleidungsstücke wurden so kombiniert oder verändert, daß sie ein neues Aussehen erhielten. Second-hand-Läden und Flohmärkte dienten als Fundgrube für Stoffe und Kleidungsstücke, mit denen jeder seinen ganz persönlichen Stil schuf. Der Vorteil dieser mühsamen, aber meist lohnenden Arbeit lag darin, daß die Individualität des

Einzelnen stärker zum Vorschein kam. Obwohl die Mode der Szene weniger extravagant und vielfältig war, brachten diese selbst zusammengestellten Outfits das Innenleben des Trägers stärker zum Vorschein, als es die heute fertig zu kaufende, in Serie produzierte Mode vermag. Ein Styling, welches man sich mühsam zusammengesucht oder angefertigt hat, wird für den Träger immer eine andere Bedeutung haben, als ein Outfit, welches man fertig „übergestülpt" bekommt, und dem man schlechterdings vielleicht gar nicht entspricht.

Eine Veränderung brachten Mitte der 80er Jahre Boutiquen wie „Boys" oder „Bogeys", von denen man auch über Versand extravagantere Stücke erwerben konnte. Im Gegensatz zu heute waren die Grenzen zwischen den Szenen dabei noch nicht so scharf umrissen, so daß sich neben Pointers, geschnürten Reiterhosen und mit Kreuzen oder Totenköpfen bedruckten Kleidungsstücken auch z. B. Petticoats, Creepers, Bondagehosen, Union-Jack-T-Shirts und andere Kleidungsstücke der Ted- und Punk-Szene fanden.

Obwohl bei den Frauen auch damals die Kleidung schon vielfältiger war als die der Männer (hier kamen immerhin noch enge lange oder kurze Röcke und Kleider, Flatterröcke und Spitzenkleider hinzu), ist auch ihre Aufmachung mit dem des großen Teils der heutigen Szene-Frauen nicht mehr vergleichbar. Die Kleidung war insgesamt „braver", mehr am Stil der Bürgerlichen orientiert. Eine Frau in Strapsen z. B. war damals selbst in der Szene noch eine Sensation und eher in der Punk-Szene zu finden. Darüber hinaus pflegten im Gegensatz zu heute viele Frauen einen eher männlich orientierten Look. Vorbilder wie Robert Smith, der Sänger von *The Cure*, beeinflussten das Erscheinungsbild der Frauen in ähnlichem Maße wie das der Männer.

Foto: Privat

Als mit den Jahren das Angebot an fertig zu kaufender Szene-Kleidung zunahm und auch hier die neuen Entwicklungen immer weiter zum Extremen gingen, entwickelte sich die Szene Schritt für Schritt bis zu ihrem heutigen Facettenreichtum. Obwohl es immer schwerer wurde, sich von auflebenden Modetrends zu distanzieren und den eigenen Stil für sich „zu retten", war die Szene stets darauf bedacht, den „Normalen" einen Schritt voraus zu sein.

Mittlerweile ist die Aussage erlaubt, daß die Szene in Bezug auf das äußere Erscheinungsbild ihren Höhepunkt erreicht hat. Alles ist möglich, alles ist erlaubt. Schaut man sich heute in einer Schwarzen-Disco um, darf einen von der kompletten Fetischausrüstung über authentisch anmutende Mittelalter- oder Barockausstattungen und Priestergewändern bis zum weißen Hochzeits- oder Engelskleid nichts überraschen.

Hierbei noch aufzufallen, wird zum Balanceakt zwischen Exhibitionismus, gutem Geschmack und Preisgabe der Lächerlichkeit. Es geht nicht nur um die modische Demonstration einer szene-spezifischen Zugehörigkeit, es geht vielmehr um die perfekte Inszenierung des Selbst. Ziel ist die narzißtisch verabsolutierte Präsentation des Äußeren. Mit Hilfe von Zitaten aller bemühbaren historischen und aktuellen Stile ergibt sich eine Fülle neuer Kombinationsmöglichkeiten und somit entsteht ein Potential für die Selbstdarstellung in jeder vor-

stellbaren Variation.

Ein unbestreitbarer Vorteil dieser Variationsfülle besteht in der Möglichkeit, durch wechselndes Outfit sämtliche Facetten der eigenen Persönlichkeit optisch ausleben zu können. So tut es zum Beispiel der jeweiligen Identität keinen Abbruch, an einem Tag ganz in Lack- und Leder gestylt und am nächsten Tag im romantischen Spitzenkleid aufzutreten. Weniger als in anderen Szenen besteht der Zwang, sich auf einen bestimmten Stil festzulegen.

Auf der anderen Seite kann die Kleidung aber auch ganz bewußt als Verständigungsmittel zwischen Gleichgesinnten eingesetzt werden. Ein sehr plakatives Beispiel aus einer anderen Szene bilden hier z. B. die farbigen Bandana-Halstücher, wie sie von Homosexuellen zur Verdeutlichung ihrer Vorlieben im Bereich sexueller Spielarten am Gürtel getragen werden. Bestimmte Accessoires, wie religiöse Symbole, Fetischgegenstände oder Kleidungsstücke mit Bandlogos geben Gleichgesinnten in der Szene ein Zeichen der Einigkeit und erfüllen idealerweise ihren Sinn in der Anknüpfung von Kontakten.

Durch das explosionsartige Emporschnellen der Extravaganz der Szene-Mode bleiben jedoch andere Dinge auf der Strecke. Der enorme Leistungsdruck, welcher darin besteht, immer „topgestylt" zu sein, lässt weniger Raum für zwischenmenschliche Kontakte und eine vorurteilsfreie Anknüpfung von Freundschaften. Will man zu den „Beautiful people" der Szene gehören, welche meist von den allseits bewunderten „führenden" Cliquen einer Stadt oder einem bestimmten Kreis gebildet werden, gilt es, outfitmässig immer auf dem neuesten Stand zu sein. Trends müssen schon in den Anfängen „gewittert" und übernommen werden. Besser noch, man wird selber zum Trendsetter und sieht sich in der Lage, alle „Nachahmer" verächtlich zu belächeln.

Diese Tendenz birgt eine Gefahr für die Szene, die nicht unterschätzt werden sollte: Die Gefühle von Gemeinsamkeit als Szene rücken in den Hintergrund. Das „Wir-Gefühl", welches eine Szene in der Regel ausmacht, wird verschlungen von einem alles überragenden Ego. Jeder sein eigener kleiner König, zu dem der Rest der Menge aufblickt. Wichtig ist nicht mehr nur die Abgrenzung zu den sogenannten „Normalos", sondern vielmehr noch die Abgrenzung zur „breiten Masse" der Szene-Angehörigen. Immer cooler sein, immer besser aussehen als alle anderen, lautet die Devise. Die Bewunderung durch die anderen wird zum höchsten Gut, neben dem nichts anderes mehr Platz findet. Die Szene verkommt zu einer großen Modenschau, bei der Selbstdarstellung über alles geht.

Hand in Hand mit dieser Entwicklung schreitet ein übersteigerter Körperkult. Nicht schlank, sondern fast skelettiert muß man sein, um dem herrschenden Schönheitsideal zu entsprechen. Daß man darüber hinaus noch ewige Jugend für sich gepachtet haben sollte, um in diesem Zirkus der Eitelkeiten mitmischen zu können, versteht sich von selbst.

In Vergessenheit geraten dabei leicht die ursprünglichen Werte und Ideale der Szene sowie die eigentlichen Gründe für die Szene-Zugehörigkeit. Fragt man heute ein Szene-Mitglied nach seiner Motivation zum Eintritt in die Szene, erhält man schlimmstenfalls die Antwort: „Ich find, die Musik gut, und außerdem gefällt mir das Styling der Leute." Jemandem mit solch einer Sichtweise sind leider sämtliche abstrakten Ideale, wie: eine gemeinsame Ästhetik zu leben, eine gesellschaftlich nicht anerkannte Weltsicht zu teilen und eine alternative Art der Selbstverwirklichung zu finden, abhanden gekommen - wenn sie denn je vorhanden waren!

3. Überschneidung/Mischung mit anderen Szenen

EBM-Szene

In den letzten Jahren entwickelte die Musik der Szene eine stärkere Tendenz in den Elektronikbereich. Gruppen wie *Front 242, Frontline Assembly, VNV Nation* sowie *Wumpscut* und *Suicide Commando* prägen einen Stil, der als EBM und Elektro-Industrial bekannt geworden ist. Ein Grund für die zunehmende Beliebtheit dieser Musik ist

sicher die extrem gute Tanzbarkeit vieler Stücke, welche durch einen z. T. durchaus aggressiven Stil dem Tänzer die Möglichkeit gibt, negative Gefühle auf der Tanzfläche abzureagieren. Durch die Berührung mit der EBM-Szene hat die schwarze Szene musikalisch eine ungeheure Bereicherung erfahren Die Angehörigen der EBM-Szene, welche sich fast ausschließlich aus jungen Männern zusammensetzt, bilden ihrerseits eine optische Auflockerung im düsteren Erscheinungsbild der Schwarzen. Viele von ihnen bevorzugen martialische Kampfkleidung wie Tarnhosen, Armeehemden, Muskel-T-shirts und schwere Springerstiefel. Zusammen mit ihren oft ultrakurz rasierten Haaren und einem aggressiv anmutenden, stampfenden Tanzstil vermitteln sie dem unbedarften Beobachter das Bild einer Wehrsportgruppe auf dem Übungsplatz. Problematisch wird es, wenn dieses „optische Vorurteil“ sich mit der tatsächlichen Einstellung des Betrachteten deckt. Wie in allen Szenen gibt es auch bei den EBM-Fans Idioten - und diese haben nicht selten eine politische Einstellung, die zu ihrer äußeren Erscheinung paßt. Unstimmigkeiten und offener Ärger bleiben nicht aus, wenn eine gänzlich unpolitische, oder im Zweifelsfall eher links orientierte Szene wie die Schwarzen mit Vertretern der rechten Seite zusammentrifft. Frei nach dem Motto: „Im Zweifel gegen den Angeklagten“ wird jedoch leider allzu oft verallgemeinert, und EBM-Fans werden pauschal als rechts eingestellt abgestempelt. Eine mehr oder weniger bewußte Provokation von diesen durch aufgesetztes Machogehabe trägt natürlich nicht zur Entspannung der Situation bei. Oft bedarf es einigem diplomatischen Geschicks auf beiden Seiten, um ein friedliches Nebeneinander zu sichern.

Black-Metal-Szene

Neueren Datums ist die Vermischung der schwarzen Szene mit Anhängern der Black-Metal-Szene. Hier erfolgt die Annäherung über den musikalischen Aspekt hinaus auch in Teilen des Outfits und gemeinsamer weltanschaulicher Interessen. Falsch wäre es jedoch, beide Szenen „in einen Topf werfen“ zu wollen, wie es allzu oft in den Medien geschieht. Das elitäre, verfeinerte Verhalten der Schwarzen und die androgynen Komponenten ihrer Aufmachung stoßen bei Anhängern der Black-Metal-Szene vielfach auf Unverständnis. Etlichen Mitgliedern dieser eher männlich orientierten Szene fällt es schwer, den in der schwarzen Szene üblichen gleichberechtigten Umgang zwischen Männern und Frauen zu akzeptieren. Frauen in der Black-Metal-Szene gelten nicht selten als schmückendes Beiwerk oder zur simplen Bedürfnisbefriedigung. Black-Metal-Musik und das Ausleben der Szene-Zugehörigkeit wird als „Männersache“ angesehen. Stars und Vorbilder aus der Musikszene sind in der Regel männlichen Geschlechts. Die Darbietungen männlicher Sänger reichen von „düster“ wirkenden Grunzlauten bis zu unverständlichem Geschrei und werden zum Teil durch hohe Frauenstimmen unterstützt. Dieser Gegensatz von starkem, „bösen“ männlichem Gebaren und schwachem, „lieben“ weiblichen Verhalten scheint zumindest von einen Teil der Black-Metal-Szene als ideale Beziehung zwischen den Geschlechtern angesehen zu werden. Einschlägige Musikgruppen unterstützen diesen Effekt dadurch, daß die männlichen Gruppenmitglieder in „harter“ Lederkleidung, ausstaffiert mit gefährlich anmutendem Nietenschmuck und Schminke auf Fotos einen bewußt hergestellten Kontrast zu den, oft halbnackten oder in zarte wallende Gewänder gehüllten, weiblichen Pendants bilden. Der für die Black Metaller typische Tanzstil, das „Headbangen“ (wobei der „Tänzer“ starr auf einer Stelle steht und nur der Kopf konvulsiv nach vorne und hinten geschüttelt wird) ist ähnlich wie der „Stampftanz“ der EBMer Ausdruck aggressiven männlichen Gebarens. Auch die Mode der Black Metaller ist vorrangig männlich orientiert. Derbe Lederkleidung, üppiger, z. T ins Groteske gehender Nietenschmuck an Hals, Armen und Beinen, Patronen- und Nietengürtel, Schmuck in Form satanistischer Symbole, T-Shirts und Sweatshirts mit Bandlogos sowie frauenverachtende Bilder auf T-Shirts und Aufnähern bilden einen großen Bestandteil der Kleidung. Darüber hinaus tragen manche ihre Affinität zum Satanismus durch Kutten und robenartige Mäntel, wie sie auch in Satanszirkeln getragen werden, zur Schau. Als wesentliches Element der Aufmachung kommt auch hier die schwarz-weiße Schminke hinzu. Im Gegensatz zum Make-up der schwarzen Szene ist es jedoch nicht Ziel dieser maskenartigen „Face-Paintings“, romantisierend zu verschönern, sondern entstellend und bösartig zu wirken.
Kennt man diese Hintergründe der Black-Metal-Szene, wird

klar, welch großer Herausforderung sich hier die Frauen stellen müssen: Wollen sie nicht dem frauenverachtenden Bild der „Sexbombe“ oder des (mehr oder weniger willigen) „Opfers“ entsprechen, sind sie gezwungen, es den Männern ihrer Szene in Gebaren und Aufmachung gleichzutun und damit einhergehend ihre Weiblichkeit zu verleugnen. Ist ihnen dieser Preis jedoch zu hoch, erfordert es viel Selbstbewußtsein und ein starkes Auftreten, um als Frau in einem, die Weiblichkeit betonenden Outfit akzeptiert und geachtet zu werden. Der weibliche Look der Death Metallerinnen orientiert sich entweder am „sexy Look“ der Rockerinnen, häufig aber auch an dem der Endzeitromantiker. Sie bevorzugen lange Samtkleider und kombinieren diese mit Samtmänteln und -capes. Dabei überwiegt jedoch auch bei ihnen oft eine satanisch-okkulte Symbolik und ein unheilvoll-unheimliches Auftreten. Im Unterschied zu Frauen der schwarzen Szene ist nicht die detailverliebte Perfektion des Outfits ausschlaggebend. So setzen sie sich oft in unbekümmerter oder zum Teil bewußter Weise über „Modesünden“ hinweg, welche eine Frau aus der schwarzen Szene in echauffierte Ohnmacht fallen ließen: Schwere Springerstiefel in Kombination zu langen Samtkleidern, eine gänzlich ungestylte Frisur sowie ungeschminkte oder mit Face-Painting verzierte Gesichter sind hier keine Ausnahme. Mehr Wert wird auf den düster-mysteriösen Touch der Erscheinung gelegt. Es wäre überheblich zu behaupten, den Frauen der Black-Metal-Szene fehle es an dem nötigen Fingerspitzengefühl, ein perfekt aufeinander abgestimmtes Outfit zu schaffen. Bei den Frauen der Black-Metal-Szene ist nicht die puppenhafte Schönheit zum reinen Selbstzweck das Ziel der Aufmachung, sondern das Outfit dient vielmehr dazu, die innere Einstellung nach außen zu tragen.

Es wäre anzunehmen, daß zwei Szenen, welche sich im Bild der Öffentlichkeit sowie in Bezug auf die Wurzeln der Szene-Zugehörigkeit gar nicht so unähnlich sind, zumindest in Teilen einen gemeinsamen Nenner finden und sich auf dieser Basis gegenseitig stärken könnten. In einigen Fällen klappt die Symbiose auch recht gut. Über die oberflächliche Annäherung durch die Musik hinaus entstehen szene-übergreifende Cliquen, welche sich durch gemeinsam gelebte Interessen auszeichnen.

Nur zu oft gilt jedoch: Anstatt voneinander zu lernen und übertriebene Auswüchse szenetypischen Verhaltens, wie überspitzt elitäres und intolerantes Gebaren auf der einen Seite oder unreflektiert machomäßiges und pseudo-gefährliches Auftreten auf der anderen, zu beiderseitigen Gunsten abzuschleifen, fühlt jede Szene sich der anderen insgeheim überlegen. Die Vorurteile auf beiden Seiten sind ebenso unhaltbar wie fest verwurzelt: Manche Death Metaller empfinden die Schwarzen als schwach und tun besonders Männer mit ihrem romantisch-verzärteltem Verhalten als „tuntig“ und unmännlich ab. Im Gegensatz dazu schießen die Schwarzen bei dieser Schlammschlacht mit Bezeichnungen wie „primitiv“ oder „peinlich“ zurück. Dabei wird auf beiden Seiten nicht nur das Verhalten, sondern auch Musik und Lebenseinstellung verspottet.

Sadomaso-Szene

Beobachtet man die Entwicklung der Szene über die letzten zwei Jahrzehnte hinweg, ist die Annäherung der schwarzen Szene an die Sadomaso-Szene eher in die jüngere Vergangenheit einzuordnen. Ein interessanter Aspekt bei dieser teilweisen Vermischung zweier Szenen ist, daß die Faszination, welche die Sadomaso-Szene auf die Schwarzen ausübt, im umgekehrten Fall eher selten erwidert wird. Die Tendenz zur Übernahme von Gebaren und Gebräuchen der jeweils anderen Szene liegt hauptsächlich auf Seiten der schwarzen Szene. Anfang der 90er Jahre kam es in der schwarzen Szene zu einem regelrechten SM-Boom. Dieses Phänomen ist vordergründig als „Modetrend“ zu werten und beschränkt sich beim Gros der Szene auf die Übernahme bestimmter SM-typischer Kleidungsstücke und Fetischgegenstände. Nur bei wenigen kann auch von einer Überschneidung im sexuellen Bereich ausgegangen werden.

Spricht man Vertreter der SM-Szene auf diesen „Einbruch“ der Schwarzen in ihre Domäne an, werden verschiedene Seiten der Betrachtung deutlich: In der Regel wird das Interesse nicht als störend empfunden. Einige werten es sogar als positiv, daß durch die Beschäftigung mit ihrer

Szene dieser etwas von dem Touch des „Annormalen“ oder sogar „Kriminell-Perversen“ genommen wird. Es bietet sich ihnen somit die Gelegenheit, zu beweisen, daß ihre Form der sexuellen Befriedigung lediglich eine andere Spielart in der reichen Bandbreite menschlichen Miteinander-Verkehrens darstellt. Als besonders angenehm wird dabei die vorurteilsfreie Herangehensweise der Schwarzen an die Thematik empfunden, welche sich nicht nur auf den „modischen Aspekt“ beschränkt, sondern sich darüber hinaus auf das Interesse an dem Menschen, der hinter der Fetischkleidung zum Vorschein kommt, erstreckt.

Dadurch, daß die Lackmode mittlerweile auch im Bürgertum zum Modetrend erklärt und somit quasi salonfähig gemacht wurde, wird dem sensationsgeilen Voyeurismus, wie er beim Thema SM leider allzu oft in den Medien auftritt, der Wind aus den Segeln genommen. Wenn die eigene Tochter in einer Lackhose durch die Disco tanzt, fällt es schwerer, dies als abartig zu verurteilen, als wenn es sich um eine fremde und dadurch ungestraft denunzierbare Gruppe handelt.

Mit eher distanzierter Verwunderung betrachten Angehörige der Sadomaso-Szene jedoch die Übernahme ihrer symbolträchtigen und (zumindest für „Eingeweihte“) signalhafte Wirkung innehabenden Accessoires zu rein modischen Zwecken. Handschellen am Gürtel sind nun mal kein besserer Schlüsselanhänger, und jemandem, der z. B. den typischen SM-Fingerring (welcher Aufschluß über devote oder dominante Vorlieben des Trägers gibt) als reinen Schmuck betrachtet, wird bestenfalls mit Amüsement gegenübergetreten.
Eine Parallele zwischen den Szenen bildet das Spiel mit den Geschlechtern. In beiden Szenen ist es üblich, daß Männer sich durch Kleidung und Verhalten in die Rolle der Frau begeben. Die Intention hierfür ist vordergründig nicht dieselbe: Auf der einen Seite steht die bewußte Erniedrigung des Mannes als „schwache Frau“ durch die nunmehr als „Domina“ vom Verhalten vermännlichte Partnerin, und auf der anderen Seite das kokette Spiel mit den weiblichen Anteilen und Reizen des Mannes. Homosexuellen und Transsexuellen bietet sich hierdurch jedoch in beiden Szenen gleichermaßen die Möglichkeit, ihre weiblichen Anteile auszuleben.

Ein weiteres wichtiges Merkmal beider Szenen ist die Farbe Schwarz bei der Kleidung. Im Gegensatz zu den Schwarzen, welche diese Farbe in der Regel durchgängig tragen, beschränkt sich in der SM-Szene die Vorliebe für diese Farbe in den meisten Fällen auf die Fetischkleidung, welche nur bei sexuellen Aktionen getragen wird. Die meisten Angehörigen der SM-Szene sind im Alltag nicht als solche auszumachen. Sadomasochismus ist nicht mit den typischen Attributen von Szenen ausgestattet, welche sich vordergründig dadurch auszeichnen, daß (vielfach junge) Leute sich aus der Vorliebe für eine bestimmte Lebensweise (schwarze Szene, Rastafaris), ein Zeitalter (Mods, Teds), eine Musikrichtung (Technos) oder dem Haß auf bestimmte Umstände (Skins, Punks, Rapper) heraus zusammenschließen. Während sich bei vielen Angehörigen dieser typischen Jugendzenen die Szene-Zugehörigkeit als eine vorübergehende Laune darstellt und sie früher oder später der die Szene kennzeichnenden Lebenseinstellung entwachsen, erschöpft sich das Interesse am Sadomasochismus eben nicht in sich selbst. Die von vielen Eltern als „pubertäre Phase“ belächelte Zugehörigkeit ihrer Kinder zu einer bestimmten Jugendszene hat schon der Bezeichnung nach etwas begrenzendes und wird quasi als „Jugendsünde“ toleriert. Mitglieder der Sadomaso-Szene hingegen stehen vor dem Problem, daß sie aufgrund ihrer Bedürfnisse im Gefühlsbereich gesellschaftlich geächtet werden. Die Beschäftigung mit der Thematik Sadomaso beginnt in der Regel erst, wenn von einer „pubertären Phase“ längst nicht mehr die Rede sein kann. Dieser Umstand macht es den Bürgerlichen schwer, Sadomasochismus verharmlosend zu belächeln oder als vorübergehend zu ignorieren.

Eine unvoreingenommene Beschäftigung mit diesem Thema ist ihnen aufgrund festverwurzelter Vorurteile jedoch auch nicht möglich. „Mit solch einem Schweinkram“ möchte man die braven Bürger bitte schön in Ruhe lassen. Diese Einstellung hindert den „braven Bürger“ zwar nicht

daran, die Einschaltquoten schmuddeliger Sexmagazine der Privatsender hochzutreiben, doch eine nähere Beschäftigung mit dem dort Beschriebenen ist nicht erwünscht. Die Folge davon ist, daß Sadomaso-Anhänger sich zwar dem Voyeurismus der Bürgerlichen ausgesetzt sehen, jedoch trotz aller Aufklärungsversuche nicht auf Verständnis oder Akzeptanz hoffen können. So wird es unerläßlich, in diese Richtung gehende Vorlieben zu verheimlichen. Zu groß ist die Angst vor öffentlicher Ächtung der eigenen Person oder der ganzen Familie und die Befürchtung, daß sich ein Bekanntwerden der sexuellen Vorliebe beruflich nachteilig auswirken könnte. Die Notwendigkeit, diese Passion zu verbergen, führt in manchen Fällen sogar dazu, sich gerade darüber den besonderen Kick zu holen, daß bestimmte Fetischkleidungsstücke unsichtbar unter der bürgerlichen Kleidung getragen werden. Hier besteht der Reiz darin, der konservativen Intoleranz vieler Bürgerlicher ein Schnippchen zu schlagen. Es gibt ein gewisses Gefühl der Macht, durch äußerlich unscheinbares Auftreten seinen etablierten Platz in der Gesellschaft inne zu haben und dabei den Gedanken im Hinterkopf kreisen zu lassen: „Wenn ihr wüßtet..."

Allgemein wird die Fetischkleidung in der Sadomaso-Szene ausschließlich zum Zweck der Unterstützung gewisser Machtverhältnisse bei sexuellen Rollenspielen getragen und dient nicht der Verdeutlichung einer bestimmten Lebenseinstellung. Somit ist es für Angehörige der SM-Szene auch nicht von Bedeutung, ihre Passion mittels Kleidung an die Öffentlichkeit zu tragen. Anders als in der schwarzen Szene besteht der Zusammenhang zwischen den Szene-Angehörigen hier lediglich auf sexueller Basis. Das Teilen eines gemeinsamen ästhetischen Empfindens in Bezug auf die Kleidung und die Notwendigkeit, dies im Alltagsleben verbergen zu müssen, wirkt hierbei zusätzlich verbindend. Im Gegensatz zur schwarzen Szene, welche sich in den verschiedenen Lebensbereichen zumindest durch einige „gemeinsame Nenner" auszeichnet, wie z.B. Vorliebe für eine bestimmte Musik, Literatur oder Umgebung, haben diese Dinge in der SM-Szene keine Relevanz. Ein Mitglied der SM-Szene äußert sich folgendermaßen: „Woran jeder Einzelne glaubt oder welche politische oder philosophische Einstellung jemand hat, ist für den Sadomasochismus egal. Solche Themen werden zwar zum Teil auch diskutiert, aber für das Szene-Leben ist nur der Sex ausschlaggebend." Diese Aussage bringt den Unterschied zwischen den Szenen recht genau auf den Punkt. Während die schwarze Szene für das Szene-Mitglied im Prinzip „das Leben" darstellt und es keine Trennung zwischen Szene und Privatleben gibt (meist ist es sogar umgekehrt, daß das Szene-Mitglied dem Zwang erliegt, sich im Berufsleben äußerlich der Norm anzupassen und die Szene-Zugehörigkeit somit erst recht als Privatleben angesehen wird) stellt Sadomasochismus nur einen Teil des Lebens dar. Niemand käme auf den Gedanken seine Person mit der Aussage „Ich bin Sadomasochist!" in ähnlicher Weise definieren zu wollen wie man sagt: „Ich bin Schwarzer!" Während die eine Aussage lediglich Aufschluß über eine sexuelle Vorliebe gibt, beinhaltet das Bekennen zur schwarzen Szene eine Vielzahl von Facetten der Persönlichkeit.

Diese Beschränkung auf einen genau abgesteckten Teilaspekt des Lebens schützt die Sadomaso-Szene auch vor Auswüchsen, wie sie in der schwarzen Szene oft unter dem Motto „Wer ist der/die Schwärzeste von allen?" zu finden sind. In der Sadomaso-Szene existiert keine Hierarchie im Sinne von die „Alten" und die „Neuzugänge". Als wichtig wird angesehen, wie sich jemand beim ersten Kontakt verhält. Jemandem mit einem offenen, sympathischen Auftreten wird auch dementsprechend gegenübergetreten. In der schwarzen Szene hingegen steht allzu oft den Neueinsteigern die Arroganz der „Alten" entgegen, von denen sich einige für Graf Dracula persönlich halten und die jeden, der nicht seit mindestens 15 Jahren „dabei" ist, als Küken belächeln.

Gothic als „neuer" Trend; aus der Jugendzeitschrift Mädchen, München

Szene-Zugehörigkeit als Mode

Seitdem in den 60er Jahren Londons Carnaby Street als wichtige Inspirationsquelle für Modemacher galt, haben sich Designer immer wieder von der „Mode der Straße" beeinflussen lassen. Dabei wurde im Laufe der Zeit jede Szene und Subkultur auf ihren Modewert hin überprüft und je nachdem, wie diese Prüfung ausfiel, kräftigst kommerziell ausgeschlachtet. Nachdem ein gezähmter Punk-Look durch die Lumpenmode der 80er und die Girlie-outfits der 90er nun schon zum zweiten Mal modisch aufpoliert worden war, besannen die Trendscouts sich in letzter Zeit verstärkt auf Einflüsse der 70er Hippiemode. Zwischen diesen kommerziell groß angelegten Mode-Revivals, denen nun wirklich kein Fashion-Victim entkommen konnte, wurde das in unregelmäßigen Abständen kurze Aufflackern der New-Romantic-Mode (zum Glück!?) in den Hintergrund gedrängt.

Durch immer erneutes Aufwärmen wird auch ein Modesüppchen in der Regel nicht schmackhafter, und so verwässert sich der New-Romantic-Look bei jedem erneuten Aufkommen, bis er letztlich nur noch in einigen Details an die frühere Moderichtung erinnert. Einige Teile, wie Samtjacken und -oberteile sowie Chiffon- und Rüschenblusen könnten auch dem Hippie-Look zugerechnet werden, und für die unbedarften Modejünger ist es letztendlich ohne Bedeutung, welchen Wurzeln sie ihren neuen „trendigen Look" zu verdanken haben. Jugend- und Frauenzeitschriften tun mit Berichten über die „neue New-Romantic-Welle" oder „Gothic-Girlies" ihr übriges dazu, alte Trends als neue zu verkaufen, ohne über die Hintergründe zu informieren.

Auch die Lackmode wurde im Bestreben, neue Trends zu schaffen und dabei immer extremer zu werden, vom Makel des „Halbseidenen" befreit und einer Schar von unkritischen Discogängern übergestülpt. Seitdem die Techno-Bewegung Lack als „ihren Stoff" für sich vereinnahmte, sind Kleidungsstücke aus diesem Material nicht mehr nur in Sex Shops zu finden, sondern können gleich neben Omas Nachthemden in den Abteilungen großer Warenhäuser erstanden werden. Auch hierbei sind sich die Modeberater der Jugendzeitschriften nicht zu schade, so lange selbst jüngste Models in Fetisch-Kleidung zu präsentieren, bis dieser beim besten Willen nichts Geheimnisvolles oder Erotisches mehr anhaftet.

Gothic *Girls*

Wahnsinnig sexy ist die tiefausgeschnittene Corsage (179 DM), die farblich zu dem „vampirischen" Maxi-Mantel paßt (349 DM; beides Scarface). Der bodenlange, wallende Samt-Rock (Ana Alcazar, 129 DM) zeigt einen Hauch Bauch

Scharf & schräg: blutrotes Mini-Trägerkleid (H&M, 98 DM), zu dem der schmale Samt-Mantel (Scarface, 298 DM) mit Federkragen und rotgefütterten, flatternden Trompetenärmeln kultig aussieht

Spitze gestylt wird das knielange, zipfelige Organza-Kleid (l., 189 DM) mit schwarzer Kette (35 DM; beides Scarface). Über das schmalgeschnittene Glanz-Kleid (r., 198 DM) kommt ein kurzes Jäckchen (139 DM; beides Gisela Baumung)

Ganz schön sexy und „hexi" ist die abgeschnittene rote Strumpfhose als Top über dem BH (Triumph, ca. 49 DM). Drüber trägt das Gothic Girl ein schwarzes Satin-Hemd (Onyx, 139 DM). Gewagt, aber witzig: zerfetzte Strumpfhosen (Ergee) zum Ultra-Mini (Kratzer, 15 DM)

Die Reaktion von Angehörigen der Szene auf diese Modetrends ist eher ablehnend. Zum einen resultiert dies aus dem Gefühl heraus, von den „Normalen“ ihres Outfits und somit Szene-spezifischer Attribute beraubt zu werden. Der Verlust der Individualität als Szene geht einher mit dem Gedanken, sich in gewisser Weise lächerlich gemacht zu sehen, da das Outfit, welches die Schwarzen ja nicht „zum Spaß“ tragen, sondern welches Aufschluß über das Innenleben des Trägers geben soll, zu Modezwecken „vergewaltigt“ wird. Von ebenso großer Bedeutung ist in diesem Zusammenhang die Befürchtung (welche sich auch immer wieder bestätigt), mit dem Aufkommen eines solchen Modetrends von sog. „Modeschwarzen“ überschwemmt zu werden, welche rein kleidungsmäßig nicht von Szene-Mitgliedern zu unterscheiden sind, jedoch kein Interesse an der Szene als solcher haben. Solche Leute sind in der Regel für das sowieso schon problematische Image der Szene nicht gerade förderlich, da sie nicht in der Lage sind, in einer Diskussion die Hintergründe der Szene zu vertreten oder zu erklären. Von diesen „Karnevalsschwarzen“ distanzieren die Szene-Mitglieder sich, da mit ihnen weder ein Austausch über die Hintergründe der Szene möglich ist, noch sonstige gemeinsame Interessen bestehen.

Positiver Nebeneffekt solcher Modewellen ist einzig, daß das meist recht günstige Angebot an dieser Kleidung den Schwarzen für den Zeitraum des Trends die Möglichkeit gibt, sich von den oft sehr hohen Preisen der Szene-Boutiquen unabhängig zu machen. Lackhosen und Rüschenhemden können so beispielsweise für einen Preis erstanden werden, der zum Teil über die Hälfte differiert. Die unverhältnismäßig hoch wirkenden Preise einiger Szene-Boutiquen resultieren zum einen aus der Monopolstellung, welche sie normalerweise in Bezug auf diese Kleidung innehaben. Zum anderen sprechen diese Boutiquen aber auch nur einen ausgewählten Kundenkreis an. Selbst in Zeiten eines entsprechenden Modetrends wird hier nicht in Masse verkauft. Die Kleidungsstücke erhalten so einen Touch von Exklusivität, die auch gewollt ist. Besonders kostspielige Teile haben in der Szene fast den Wert eines Statussymbols. Sie dienen zur Aufwertung und Abgrenzung des Trägers von den anderen, da sie sich halt nicht jeder leisten kann. Kommt dann noch der (meist selbstauferlegte) Zwang hinzu, immer etwas Neues und etwas Besonderes zu zeigen, befindet man sich rasch in einer Spirale nach oben, in der nur einige wenige mithalten können.

Modevorschläge aus der Jugendzeitschrift Bravo Girl!, München

Wer sich auf dieses kostspielige Spiel nicht einlassen möchte und darüber hinaus Wert auf absolute Individualität seines Outfits legt (schließlich sind ja auch die in den Szene-Boutiquen angebotenen Teile letztendlich in Masse produziert), hatte lange Zeit nur die Möglichkeit, sich seine Kleidung selber zu nähen. Nichtsdestotrotz gelingt eine völlige Unabhängigkeit nicht. Die für das Outfit unerläßlichen speziellen Schuhe sind ebensowenig selber herstellbar wie gewisse ausgefallene Lack- oder Lederteile. Einen Kompromiß in dieser Situation schaffen vereinzelt Szene-Mitglie-

Aus: ran, Köln 1998

den, indem sie sich mit Nähwerkstätten, Schmuckständen oder sogar kleinen Boutiquen selbständig machen und dort Mode und Accessoires so fair wie möglich anbieten. Daß sich ein solches unternehmerisches Risiko bezahlt machen kann, beweist z. B. ein Fall, in dem es gelungen ist, sich vom Schmuckverkauf in Diskotheken über Garagenverkauf hin zu einer Boutique mit Filialen in ganz Deutschland einen allseits akzeptierten Namen als „Händler von der Szene, für die Szene" zu machen.

4. Haare

Haare spielen in der Szene eine entscheidende Rolle. Ihrer Pflege und dem Styling wird viel Zeit und Aufmerksamkeit gewidmet. Zu einem perfekten Styling gehört unabdingbar auch die entsprechende Frisur, welche den beabsichtigten Effekt des Stylings unterstützt. Romantisch-barocke Outfits erhalten ihre Perfektion erst durch eine aufwendig frisierte und mit entsprechenden Accessoires wie Federn, Spitzentüchern oder verzierten Spangen versehene Haarpracht. Ebenso wird der düstere Look eines Gothics z. B. durch rasierte und wild toupierte Haartrachten verstärkt.

Marie-Luise Könneker beschreibt in ihrem Buch „Haarproben", daß wirres Haar zu Zeiten der Hexenverfolgung als Zeichen für Kontakt mit dem Übernatürlichen angesehen wurde: „Eine geordnete Haarpracht schützt gegen die Verlockungen der wilden Leute, der Hexen, Nixen und Waldgeister. Knoten, Bänder, Spangen und Reifen bändigten die Geister und den Geist. Deshalb flochten die Mädchen ihre Zöpfe auf, wenn sie zu einem Hexentreffen gingen." Auch heute noch wird in verschiedenen Religionen besonders dem Frauenhaar starke sexuelle Symbolhaftigkeit zugesprochen.

Unterstützt wird der wilde unbezähmbare Effekt der Frisuren durch die Haarfarben. Die am häufigsten auftretende Haarfarbe ist Schwarz. Sie bildet einen effektvollen Kontrast zu dem weiß geschminkten Gesicht und spiegelt die schwarze Farbe der Kleidung. Rot, als typische Hexenhaarfarbe, ist ebenfalls häufig vertreten. In Sagen und Märchen werden die „Bösen" in der Regel mit schwarzen oder roten Haaren und schwarzer Kleidung dargestellt. Diese Verbindung ist so fest verwurzelt, daß auch in modernen Filmen, wo das Böse als Person auftritt, in der Regel diese Haarfarben gewählt werden. Aus diesem Umstand folgt wohl auch, daß blonde Haare in der Szene seltener zu sehen sind. Blondes Haar tritt hauptsächlich nur in seiner extremsten Schattierung, Weißblond, auf. Dieses „weiße Haar" ist durch die Verbindung mit der schwarzen Kleidung wiederum losgelöst von den Assoziationen, welche man gemeinhin mit blondem Haar verbindet. Nicht nur im Märchen gilt blondes Haar als Zeichen für Unschuld und Frömmigkeit. Auch in der Werbung werden Frauen und Kinder mit dieser Haarfarbe gezielt dazu eingesetzt, bestimmte Gefühle wie z. B. Rührung hervorzurufen oder Bilder von Reinheit und Frische zu erzeugen. Auf der anderen Seite ist blondes Haar durch das Image typischer blonder Sexsymbole äußerst negativ vorbelastet (man denke z. B. an den Blondinenwitz). Das weiß blondierte Haar hingegen hebt sich in seiner Neutralität von diesen unerwünschten Assoziationen ab. Die Kälte, welche von weiß blondiertem Haar ausgeht, ist ähnlich wie schwarzes oder rotes Haar dazu angetan, die düster-geheimnisvolle Aura der Schwarzen zu unterstreichen.

Foto: Privat

Fast noch wichtiger als die Farbe der Haare ist jedoch ihre Form. Mit viel Phantasie und Haarspray werden die Köpfe in wahre Kunstwerke verwandelt. Eine sehr typische Form der Frisur ist das teilweise Abrasieren der Seiten- und Nakkenhaare. Das verbleibende Deckhaar wird meist zu einem Zopf nach hinten gebunden oder kerzengerade zu einem sog. „Turm“ nach oben toupiert. Verschiedene Variationen dieser Frisur ergeben sich durch die Art der Rasur sowie durch das Styling.

Foto: Privat

Das Rasieren der Haare an den Schläfen ist keine Erfindung der Neuzeit. Schon im Mittelalter, als eine hohe Stirn als Zeichen für Intelligenz gewertet wurde, trugen Frauen diese Art der Frisur unter ihren Hauben.

Auch das Frisieren der Haare zu turmhaften Gebilden kommt uns bekannt vor: Der Höhepunkt dieser Frisurenform wurde im 18. Jahrhundert erreicht, als Marie Antoinette die sogenannten „Chiffons“ oder „Poufs“ einführte.

Mittelalterliche Frauenfrisur; entnommen aus: „Die Frisur“ von Maria Jedding-Gesterling

Diese waren Geflechte aus Draht und Roßhaar, über die die eigenen Haare mit Pomade gekämmt und festgesteckt wurden, bis die Frisur eine imposante Höhe erreichte. Bezieht man sich auf die Erzählung einer Baronin Oberhuch aus jener Zeit, so lag während der extremsten Ausformung dieser Mode bei Frauen mittlerer Größe das

Frau mit Chiffonfrisur, aus: „Verrückte Modewelt", Time-Life Bücher

Kinn genau in der Mitte zwischen den Fußspitzen und dem Gipfel der Frisur. Waren es früher hauptsächlich die Frauen (denen derartige Extravaganzen in der französischen Revolution buchstäblich den Kopf kosteten), werden heute die „Türme" in der schwarzen Szene auch vielfach von Männern getragen.

Kopfbedeckungen wie Hüte, Kappen und Schleier unterstreichen den Stil des Outfits. Stirnbänder, Spangen und Tücher dienen hingegen nicht nur als Schmuck, sondern auch dem Zusammenhalt der Frisur.

Wem das noch nicht genügt, oder wer von der Natur in Bezug auf die Haarpracht eher stiefmütterlich bedacht wurde, behilft sich mit sogenannten „Extensions". Die oft

Foto: Privat

knallbunten Haarsträhnen werden vom Friseur an die eigenen Haare angeschweißt und täuschen eine enorme Haarfülle und -länge vor. Mit dem Naturhaar zu Rastazöpfen verflochten, bilden sie eine ebenfalls sehr beliebte Art der Frisur.

Schon immer dienten Haare dazu, die eigene Persönlichkeit zu unterstreichen. Dies geht unter Umständen so weit, daß über die Haartracht Lebenseinstellungen, poli-

tische Gesinnungen oder sogar der gesellschaftliche Stand des Menschen erkennbar wird.

Dabei haben sich auch die Meinungsverschiedenheiten zwischen den Generationen in Bezug auf die Haartracht nicht wesentlich geändert. Sowohl eine lange, wie auch eine kurze Mähne konnten je nach Geschmack der Zeit anstößig

Foto: Privat

wirken: „Die Zöpfe fielen schon 1791 unter der Schere, und der Hof von Weimar zeigte sich schockiert, als Jean Paul sich mit kurzem Haar zu präsentieren wagte. Aristokraten in Nord-Italien gingen sogar so weit, Söhne zu verstoßen, die der neuen Mode gehuldigt hatten, während die eleganten Schulen zopflose Zöglinge nicht zuließen, da sie in ihnen sans-culottes argwöhnten.“ Während zur Zeit der französischen Revolution das kurze Haar der Revolutionäre als Zeichen politischer Gesinnung dem Adel Angst machte, sträubte sich ca. 160 Jahre später die ältere Generation genau im Gegenteil gegen die üppigen Haartollen der „halbstarken“ Teddyboys und bezeichnete die für heutige Verhältnisse eher braven Pilzköpfe der *Beatles* als „Punk-Frisuren“.

Bestimmte Haartrachten als Symbol für Standesunterschiede und gesellschaftliche Anerkennung traten schon im alten Ägypten auf. Junge Männer durften sich erst die sogenannte „Knabenlocke“ zur damals typischen Glatze abrasieren lassen, wenn sie in die Gemeinschaft der Erwachsenen aufgenommen waren. Im Mittelalter galt der Verlust des Haares nicht nur als Zeichen für den Verlust von Schönheit, sondern auch von Freiheit und Ehre. Nonnen opferten ihr langes Haar symbolhaft für ihre Attraktivität und Weiblichkeit vor dem Altar, und Sklaven wurde als Zeichen ihrer Leibeigenschaft das Haar geschoren. Noch in unserem Jahrhundert gab es bestimmte Kurzhaarfrisuren, die für Prostituierte vorgeschrieben waren. „Verbrecherinnen“ wurde im Gefängnis das Haar geschnitten. Diese, sicher auch aus hygienischen Gründen vorgenommenem Maßnahmen verdeutlichen die starke Bedeutung, die Haare für das Ansehen haben. Das lange Haar sollte den ehrbaren Frauen vorbehalten sein.

Eine Rasur der Haare dient jedoch nicht immer der Bestrafung oder Brandmarkung. Auch religiöse (z. B. Hare Krshnas) oder soziale Hintergründe (bei Skinheads verdeutlicht die Glatze den Ursprung der Skin-Bewegung aus der englischen „Working-class“) führen dazu, daß Menschen sich bewußt von ihrem natürlichen Kopfschmuck trennen. Während bei Skinheads die Glatze Gewaltbereitschaft versinnbildlicht und von Außenstehenden als bewußte Uniformierung verstanden wird, demonstrieren Punks z. B. durch ihre teilweise bizarr rasierten Schöpfe ihre Abkehr von gesellschaftlichen Werten und kommerziellen Schönheitsidealen.

Auch wenn die Frisuren der schwarzen Szene in ähnlichem Maße provozierend wirken mögen, so sprechen sie sich doch frei von diesen Intentionen. Die Frisuren sollen die mystisch-geheimnisvolle Ausstrahlung der Outfits

unterstreichen und dienen nicht zur Kennzeichnung einer bestimmten politischen oder religiösen Einstellung.

5. Körperschmuck

Piercing

Einen weiteren Modetrend unserer Zeit stellt das Piercing dar. In unserem Kulturkreis wurde das Piercing zuerst von Anhängern der Sadomaso-Szene entdeckt. Hier diente es nicht ausschließlich zur Verzierung des Körpers, sondern wurde bei sexuellen Aktionen zur Anbringung von Fesseln oder Gewichten eingesetzt. Der Modeboom in den vergangenen Jahren führte jedoch dazu, daß heute junge Leute mit Piercings an Bauchnabel, Augenbraue, Lippe oder Brustwarze zum normalen Bild gehören. Das Tragen von Nasenringen und zahlreichen Ohrringen war in der schwarzen Szene schon immer üblich, doch wurde auch sie vom Piercing-Boom erfaßt. Wie in den meisten Bereichen entfaltete sich auch diese Mode in der Szene zu ihrem Extrem, und Leute mit 20 oder mehr Piercings, über den ganzen Körper verteilt, sind durchaus keine Einzelfälle. Auch ist in der Szene die Hemmschwelle für sichtbar angebrachte Piercings im Gesicht, welche sich im Alltag nicht verstecken lassen, geringer als beim Bürgertum.

Tattoos

Der Hang zum Körperkult und der permanenten Verzierung des Körpers bildet einen idealen Nährboden für die Tattoo-Studios, welche oft in Verbindung mit Piercing-Studios wie Pilze aus dem Boden schießen. In jeder größeren Stadt finden sich heute mehrere dieser Hautkünstler, welche den Wünschen ihrer Kunden nach individueller Verzierung des Körpers nachkommen. Anregungen für sein persönliches Motiv kann sich der Tätowierwillige in Zeitschriften wie *Tattoo, Savage, Motiv, Flash Tattoo Machine, Tattoo Original, Tattoo Idee, Tattoo Revue* oder dem *Tätowier Magazin* holen. Neben Tätowiervorlagen und Anzeigen von Tattoo-Studios beinhalten einige dieser Hefte auch Interviews mit tätowierten und freakigen Leuten sowie informative Hintergrundberichte über Events und Aktionen verschiedener Subkulturen. Nicht nur in der Auswahl ihrer Tattoo-

Fotos: Privat

Motive sticht die Szene aus dem Gros der Tattoo-Fans hervor. Ähnlich wie bei den Piercings ist auch bei den Tätowierungen die Hemmschwelle geringer, großflächige und im Alltag sichtbare Motive zu wählen. Beliebt sind besonders die sogenannten „Tribals“. Dies sind in der Regel schwarz gestochene Phantasiemuster, welche sich entweder als Band um den Oberarm oder das Bein schlingen oder einfach auf eine beliebige Körperstelle als Motiv aufgestochen werden. Neben den Tribals sind häufig orientalische Muster und Motive, heidnische Symbole, Fantasyszenen oder -figuren sowie Tiere wie Drachen, Schlangen und natürlich Fledermäuse zu sehen.

Wahre Kunstwerke verbergen sich hinter den von Gigers biomechanischen Malereien inspirierten Tattoos. Der Mut zu ausgefallenen und mitunter auch „ekelhaften“ Motiven ist in der Szene häufig zu beobachten. Abbildungen von menschlichen Überresten und Motive von düsteren Landschaften oder morbiden Szenen sind nicht allein der männlichen Risikofreude überlassen. Auch die Frauen der Szene verzichten eher auf süßliche Bildchen von Schmetterlingen oder Gänseblümchen auf dem Allerwertesten und schmücken ihren Körper mit faszinierend unheimlichen Bildern. Motive von Elfen und Engeln oder tätowierte Engelsflügel auf den Schulterblättern bilden einen reizvollen Kontrast zu Persönlichkeit und Auftreten der Trägerin. Lebensmottos oder persönliche Vorlieben werden bisweilen auch durch tätowierte Schlagwörter wie „Pain“, „Angel“, „Evil“, „Guilty“ oder dergleichen zum Ausdruck gebracht. Die Liebe zu einer bestimmten Musikgruppe führt in einigen Fällen so weit, daß Bandlogos und -schriftzüge oder die Gesichter der Musiker als Motiv gewählt werden. Auch Figuren aus Film oder Literatur stehen Pate für verschiedene Tattoos.

6. Androgyne und transvestitische Elemente in der Mode

Nicht nur durch das Verhalten einzelner Männer und Frauen, sondern auch durch das Outfit erfolgt in der Szene eine Vermischung und Überschneidung der Geschlechterrollen. Ein großer Teil der Kleidungsstücke ist nicht geschlechtsspezifisch, sondern wird sowohl von Männern als auch von Frauen getragen. Besonders Lack- und Lederhosen, Rüschenhemden, Netz- und Samtoberteile, aber auch Mäntel und Gewänder gehören dazu. Weitere Überschneidungen finden sich beim Schmuck und Make-up. Einige Männer treiben das Spiel mit den Geschlechtern auf die Spitze, indem sie typisch weibliche Kleidung wie Röcke und Stilettostiefel tragen oder sich im Extremfall in weiblicher Reizwäsche wie Strapsen, Korsagen u. ä. zeigen. Unter Umständen wird auch das Verhalten dem weiblichen Look angepaßt. Die Männer geben sich sehr weich und gleichen Gestik und Mimik denen der Frauen an. Dabei wäre es aber ein Fehler, davon auszugehen, daß diese Männer zwangsläufig homosexuell wären und nur das Interesse des eigenen Geschlechts wecken wollten. Im Gegenteil fühlen sich auch viele Frauen von dieser Aufmachung der Männer angesprochen.

Das Make-up der Szene ist durchgehend für beide Geschlechter ähnlich. Im Zusammenspiel mit den ebenfalls nicht geschlechtsspezifischen Frisuren wird es für unbefangene Beobachter bisweilen schwierig zu erkennen, ob das Gegen-

Foto: Privat

über weiblichen oder männlichen Geschlechts ist. Auch in diesem Zusammenhang drängen sich Bilder aus der Zeit des 17./18. Jahrhunderts auf, auf denen Männer in affektierter Haltung und in ebensolcher Weise geschminkt und frisiert wie Frauen dargestellt sind.

Hervorstechend war in diesem Punkt eine Gruppe junger Männer, die sich „Incroyables“ (franz. unglaublich) nannte und eine Linie bevorzugte, die so weiblich war, daß sie aussahen wie als Männer verkleidete Mädchen. Auch in der Romantik fanden sich Ansätze zur Idealisierung des Weiblichen, welches bei Männern zur Übernahme „typisch weiblicher“ Eigenschaften führte. Der Frau wurden Vorzüge zugesprochen, welche in jeder Hinsicht nachahmenswert sein sollten: Sensibilität, Rücksicht und Zartheit. Männer versuchten sich damals geistig und auch körperlich mit der Frau zu identifizieren. Ein sehr plastisches Beispiel für das Verhalten der Männer jener Zeit bildet Goethes „Werther“, in dem ein junger Mann für heutige Verhältnisse völlig unmännlich und ausschließlich gefühlsbetont agiert. Zur damaligen Zeit löste Goethe mit seinem Roman eine wahre Werther-Hysterie aus, die sogar so weit ging, daß Männer die Mode dieser Romanfigur kopierten und die Person des Werther idealisierten.

Edelleute zur Zeit des 17. Jahrhunderts; entnommen aus: „Die Frisur“ von M. Jedding-Gesterling

Die extremste Form der Angleichung des männlichen Geschlechts an das Weibliche, der Transvestismus, wird von Freud folgendermaßen definiert: „... (als) Versuch, die naturgegebenen und gesellschaftlich aufgezwungenen Rollen zu sprengen und eine andere gesellschaftliche und vor allem sexuelle Identität zu verwirklichen. Er spottet der herkömmlichen sittlichen Werte und verkehrt die Zeichen des komplizierten moralischen und ökonomischen Systems, das die Kleider repräsentieren, in ihr Gegenteil“. („Anziehungskräfte“, München 1986).

Das in dieser Hinsicht von Toleranz geprägte Klima in der Szene gibt Männern und Frauen die Möglichkeit, sich auf diesem Gebiet auszuleben und sich selbst zu verwirklichen.

In Einzelfällen kann dies bis zu einer scheinbaren Vertauschung der Geschlechterrollen führen. Der Mann, der in Samt und Spitze zum Sexualobjekt wird und als Gegenpol eine starke, selbstbewußte Frau, die sich in ihren Interessen nicht von dem Mann blokkieren läßt. Die absolute Gleichberechtigung, welche in der Szene zwischen Männern und Frauen herrscht, ist keine Selbstverständlichkeit, wie das Beispiel anderer Szenen zeigt. Szenen wie die Skinhead- oder Rocker-Szene sind eher auf männliche Mitglieder ausgerichtet. Frauen wird häufig eine bestimmte Rolle zugedacht, was damit einhergeht, daß sie von bestimmten Aktionen ausgeschlossen werden und von den männlichen Szene-Mitgliedern „nicht richtig ernst genommen werden“.

In der schwarzen Szene hingegen sind es oft Frauen, von denen Impulse und Kreativität ausgehen. Viele Frauen organisieren Veranstaltungen, betätigen sich als DJ, publizieren Infoblätter und Zeitschriften oder entwerfen und nähen szene-typische Kleidung. Einem wie auch immer gearteten Dominanzverhältnis zwischen Männern und Frauen wird dadurch entgegengewirkt.

Kapitel 3: Farben

1. Die Farbe Schwarz

Mit der Farbe Schwarz verbinden sich unterschiedliche Assoziationen. Einerseits verbindet man mit Schwarz Tod, Trauer, Düsternis und die Schattenseiten des Lebens. In dieser Bedeutung erhält Schwarz einen unheimlichen, abstoßenden Charakter. Auf der anderen Seite gilt Schwarz aber auch als edle, königliche Farbe, mit der man Macht, Solvenz, Wichtigkeit und Dramatik verbindet. In vielen Regionen gilt die Wahl dunkler Kleidung als Vorrecht, aber auch Pflicht des fortgeschrittenen Alters. Somit wird einerseits die Würde und das Respektable des Alters verdeutlicht, auf der anderen Seite nehmen die Alten sich durch ihre gedeckte Kleidung jedoch auch bewußt zurück und überlassen das bunte, fröhliche Leben der Jugend. Wird heute von jungen Leuten schwarze Kleidung getragen, erzielt dies unterschiedliche Effekte: Die gedeckte, „ernsthafte" Farbe des Alters verstärkt die Wirkung der Jugendlichkeit des Trägers. Sehr junge Leute in schwarzer Kleidung können leicht verloren wirken und erregen ein Gefühl des Mitleids. Auf der anderen Seite wird schwarze Kleidung jedoch von jungen Leuten gezielt dazu eingesetzt, eine gegenteilige Wirkung zu erzielen: Der Träger eines schwarzen Anzugs z. B. möchte sich mit dieser Farbwahl Respekt verschaffen und mit einem Flair von „Coolness" umgeben. Darüber hinaus soll der solide Charakter, der einem schwarzen Anzug (oder wahlweise einem schwarzen Kostüm) anhaftet, etwas von diesem Image auf den Träger übertragen.

Schwarz ist aber auch die Farbe der Askese und wird wegen dieses Symbolgehalts von Mönchen und Nonnen getragen. Vereint wurde der Ausdruck von Würde und Macht auf der einen und Askese und Demut auf der anderen Seite, als zur Zeit Karls des V. am spanischen Hof strenge schwarze Kleidung für den Adel zur Pflicht wurde.

Ingrid Riedel sieht schwarze Farbe in engem Zusammenhang mit erotischen Gefühlen und Trieben: „In der Pubertät getragen, wie heute oft, läßt es entweder auf ein Abblocken der herandrängenden, in Rot darstellbaren Triebimpulse schließen oder aber auf das gerade Gegenteil: Eine Bejahung und Unterstreichung des aufbrechenden Eros. Denn Schwarz ist (...) auch eine Farbe des Eros." Schwarz kann also auch eine Ausdrucksform für die eigene, in der Entwicklung befindliche oder bereits entwickelte Sexualität sein. Besondere Bedeutung kommt ihr in diesem Zusammenhang z. B. im SM-Bereich zu, wo beide Seiten (der aktive als auch der devote Partner) in der überwiegenden Zahl der Fälle Schwarz tragen. Als krasser Gegensatz hierzu kann Schwarz aber auch für die Unterdrückung der Sexualität stehen, wie z. B. die schwarzen Tschadors der Moslemfrauen oder die schwarzen Nonnengewänder verdeutlichen.

Schwarze Traum- und Märchengestalten (z. B. die schwarze Frau) stellen oft komplexhaft verdunkelte, eingeschwärzte Kräfte aus dem Reich der Finsternis dar, die im Sinne der Märchen erlöst werden sollen. Als Symbol für das Böse, das Unbekannte und die Gefahr und schließlich für Tod und Trauer ist die Farbe Schwarz in der Vergangenheit dazu mißbraucht worden, Furcht und Schrecken einzuflößen. Besonders deutlich wird dies bei den schwarzen Uniformen der SS im Dritten Reich, welche zum Symbol für Sadismus und Machtmißbrauch im totalitären Regime wurde.

Eine besonders negative Bedeutung kommt Schwarz in Verbindung mit dem Begriff „Messe" zu. Die Messe, welche im Christentum den Glauben an das Gute und die Gnade Gottes ausdrücken soll, erfährt als „Schwarze Messe" ihre Umkehr. Schwarze Messen werden in Verehrung an das Böse zelebriert und stehen nicht selten in Verbindung mit dem Wunsch nach weltlicher Macht. Ähnlich ist der Zusammenhang zwischen Schwarz und Magie. Magie, welche an sich nichts Negatives bedeuten muß, wird als

„Schwarze Magie" zu etwas Beängstigendem, Unheilvollem.

Auch im Volks- und Aberglauben kommt Schwarz vorwiegend eine negative Bedeutung zu. Früher war für abergläubische Menschen die Unheimlichkeit der schwarzen Nacht durch das Wirken böser Geister bestimmt. In der Schwärze der Nacht wirkten die dem Menschen gefährlichen Geister und Dämonen wie Elben, Gnome, Wassergeister und Vampire. Der Tod selbst wurde vom Volk vielfach als „langer schwarzer Mann" beschrieben, der neben dem Bett der Sterbenden steht. Die Pest, eine der schlimmsten Geißeln des Mittelalters, war durch die Verfärbung der Beulen als Krankeitssymptome schlicht als „der schwarze Tod" bekannt.

In den meisten Religionen kommt Schwarz eine symbolhafte Bedeutung zu. Schwarz kann Schutz und Tarnung bieten, wie z. B. schwarze Trauergewänder zeigen, welche ursprünglich als Versuch dienten, dem Neid der Toten durch unscheinbares Äußeres zu entgehen und die Aufmerksamkeit des Todes von sich abzulenken. Das Schwärzen des Gesichts zu bestimmten religiösen Festen und Riten (z. B. Dreikönigsfest, Aschermittwoch) mag auf ähnliche Absichten zurückzuführen sein, in Verbindung mit dem Wunsch, durch die Entstellung des Gesichts Reue und Bußbereitschaft auszudrücken. In Griechenland malte man in der Christnacht schwarze Kreuze an die Haustüren, um sich vor bösen Einflüssen zu schützen. Darüber hinaus gilt Schwarz als Farbe der teuflischen Dämonen und der Hölle. („Schwarz wie die Hölle").

Weitere Bedeutungen dieser Farbe finden sich im Glauben der Ägypter: Der Wächter des Todes am Rande der Gräber ist der schwarze Schakal Anubis, und Schwarz als Farbe der Mutter- aber auch Totengöttin Isis steht für den dunklen Mutterleib und die schwarze fruchtbare Erde. Eine Parallele zum Christentum findet sich hier in der schwarzen Madonna, welche bei den Christen ebenfalls für die Verehrung der Erdenmutter steht. Schwarz sind auch die griechischen Unterweltgötter: Charon, der Fährmann in die Unterwelt, Hekate, die Greisengöttin, sowie die Herren der Unterwelt selbst: Hades, Pluto und deren Wächter Cerberus.

In den Kulturen der Inkas und Indianer spielt die Sonnenfinsternis, welche dort als „schwarze Sonne" bezeichnet wird, eine entscheidende religiöse Rolle. Ebenso wie im Buddhismus bedeutet dieses Naturereignis Unheil, da es den Tod des lebensspendenden Gestirns vortäuscht.

Die antike Temperamentlehre ordnet die Farbe Schwarz dem Melancholiker zu, der von der schwarzen Galle dominiert wird. Auch der Farbpyramidentest von Pfister verbindet Schwarz mit passiven Einstellungen wie Hemmung und Blockierung, denen eine Tendenz zur Löschung und Verdrängung entspricht. Schwarz kann als Verdrängung und Abwehr von Reizeinflüssen auch eine Abschirmung nach außen ausdrücken. Schlägt man aufgrund dieser Informationen einen Boden zur schwarzen Szene, ist vor allem der Begriff der Melancholie als Synonym für Depression präsent. Ein Streitthema, ähnlich der Frage nach der Henne und dem Ei, würde in diesem Zusammenhang sicher die Frage aufwerfen, ob nun das Tragen der Farbe Schwarz zu einer Depression führen kann, oder ob vielmehr ein Depressiver diese Farbe als Ausdruck seines Innenlebens wählt.

2. Die Farbe Weiß

Weiß gilt zwar als Umkehrung von Schwarz, es verkörpert jedoch nicht ausschließlich gegensätzliche Werte. Spontane Assoziationen zu der Farbe Weiß sind eher freundlicher, beruhigender Natur: Helligkeit, Licht und Sonne sind gängige Verbindungen, die mit der Farbe Weiß geschaffen werden. Wolken, Schaum, Schnee, Salz, Kreide, Diamant, Mondstein, Lilie, Schwan und weiße Taube sind Begriffe, welche in Assoziation zu Weiß am häufigsten genannt werden. Dabei kommt den meisten dieser Begriffe eine ausschließlich positive Bedeutung zu. Die weiße Taube als Symbol für den Frieden ist ebenso wie das Salz ein starkes christliches Symbol. Weiß ist in der christlichen Religion Zeichen für Vollkommenheit und das Licht Gottes. Weiße Kleidung steht für Fröhlichkeit und Unbeschwertheit, aber auch Makellosigkeit und Reinheit (bei Frauen weißes Kommunions- und Brautkleid, Nonnengewand; bei Männern die sprichwörtliche „weiße Weste“).

Im Widerstreit zu diesen Zuschreibungen kann Weiß jedoch auch für Leere, Strenge und Steifheit stehen. Es symbolisiert die Kälte des Todes und wird somit in der japanischen Kultur als Trauerfarbe und Farbe des Todes angesehen. In Ägypten erscheint der Totengott Osiris im weißen Gewand. In einigen Regionen gilt nicht Schwarz sondern Weiß als die Farbe gewisser Dämonen wie Elfen und Vampire. „Leichenblasse Haut“ wird gemeinhin als Zeichen für Krankheit und Verfall gesehen und erinnert in abschreckender Weise an die weißen Leichentücher. Darüber hinaus gelten weiße Fahnen als Zeichen für Kapitulation und Unterwerfung.

Ebenso wie Schwarz wird Weiß jedoch auch als Schutz und zur Abwehr böser Einflüsse eingesetzt. Nicht nur in unserem Kulturkreis, sondern auch in Indien werden Tote in weiße Gewänder oder Tücher gehüllt, um den leblosen Körper vor dem Eindringen böser Dämonen zu bewahren. Magier und Priester bevorzugen die Farbe Weiß als Schutz im Umgang mit Göttern und Dämonen.

Kapitel 4: Musik und Tanz

1. Musik

Die Musik der schwarzen Szene setzt sich aus vielfältigen Musikstilen zusammen. Da hier die Grenzen fließend sind, fällt es von Fall zu Fall selbst Musikkennern schwer, immer eine eindeutige Einordnung einer Gruppe in einen bestimmten Musikstil zu treffen. Die Bandbreite der „schwarzen Musik“ beginnt bei zeitgenössischer Musik des Mittelalters und der Barockzeit, welche fließend in verträumt-melancholische und romantische Musik der Neuzeit übergeht. Eine Zwitterstellung nimmt dabei die „Dark Metal“-Musik ein, welche Elemente der Mittelaltermusik mit denen des Black Metal verbindet. An Folkloremusik erinnert ein Musikstil, der als „Dark Folk“ bezeichnet wird und der ebenso wie „Wave“ und „Dark Wave“ vorwiegend auf dem Einsatz von Stimme und Gitarren basiert. Eine Steigerung hierzu bildet der Musikstil des „Gothic“, welcher zwar auch vorwiegend gitarrenorientiert ist, jedoch auch Einflüsse von „EBM“ (Electric Body Music) und „Industrial“ aufweist. Elektronik- und Industrialmusik, die rhythmisch-schnell und zum Teil sehr aggressiv auf den Hörer einwirkt, steht in der Intensität im Vergleich zur „Ritualmusik“. Ritualmusik besteht oft nur aus Schlaginstrumenten. Durch den vereinzelten Einsatz von Stimme wird die Assoziation an Tänze und Rituale von Naturvölkern hervorgerufen.

Von einer ähnlichen Vielfalt wie die Musik sind auch die Songtexte. Während mittelalterliche Lieder oft den Originaltext übernehmen und somit grob in Kirchenlieder, Liebeslieder, Trinklieder und gesellschaftskritische Lieder unterteilt werden können, werden die Texte der übrigen Musikstile davon beeinflußt, welche Einstellung der Musiker hat und welche Botschaft er vermitteln möchte. Die Texte drücken die vielfältigsten Gefühle und Meinungen aus und vermitteln zum Teil politische oder religiöse Botschaften.

Mittelalterliche Musik

Wichtige Interpreten: *Kurtzweyl, Anno Domini, Die Ungeliechen, Corvus Corax, In Extremo, Sarband, Vox, Qntal, Estampie, Freiburger Spielleyt, Van Langen.*

Die Interpreten der mittelalterlichen Musik gleichen sich in Gesang und Musik der Originalmusik dieser Zeit an. Unterstützt wird dieser Effekt durch Nachbauten typischer mittelalterlicher Musikinstrumente wie Leier, Dudelsack, verschiedene Schlaginstrumente etc. Die Texte sind zum Teil aus Originalstücken übernommen, wobei in der Regel Wert darauf gelegt wird, auch die alte Sprache zu verwenden. Auch das Outfit der Musiker ist an die Gewänder zeitgenössischer mittelalterlicher Spielleute angelehnt. Oft treten die Interpreten mittelalterlicher Musik in Kirchen oder auf Mittelaltermärkten auf, um durch diese Umgebung die Intensität von Gesang und/oder Atmosphäre zu verstärken.

Romantisch-melancholische Musik

Wichtige Interpreten: *Dead can Dance, Sopor Aeternus, Deine Lakaien, Love is colder than death, Eden, Die verbannten Kinder Evas, Ataraxia, Silke Bischoff, Ordo Equitum Solis, Stoa, Bel Canto.*

Prägnantestes Kennzeichen dieser Musik ist eine klassisch anmutende, klare Frauenstimme, seltener eine Männerstimme, welche die besondere Stimmung, die diese Musik hervorrufen soll, unterstützt. Die überirdisch-feenhaft anmutenden Gesangspartien haben dieser Stilrichtung unter anderem den Namen „Heavenly Voices“ eingebracht. Die Texte dieser Lieder reichen von romantischen Liebeserklärungen bis zu seelischen Ergüssen tiefster Verzweiflung. Für einige Stücke wird die klassische

Dead-Comic, aus Zillo 7/8 2000

Komponente der Musik durch den Einsatz von Streichern, Bläsern und Chorsängern betont. Einflüsse des Mittelalters und der Barockzeit unterstreichen die romantische oder düstere Stimmung der Lieder. Für die Vertreter dieser Musikrichtung ist es ebenfalls üblich in Kirchen oder Konzertsälen aufzutreten, wobei sie gelegentlich von ganzen Orchestern unterstützt werden.

Dark Metal

Wichtige Interpreten: *Mortiis, Lacrimosa, Subway to Sally, Type-o-Negative, The Gathering, Theatre of Tragedy, Crematory.*

Eine vergleichsweise junge Musikrichtung ist der Dark Metal. Er setzt sich zusammen aus Elementen des Black Metal und Dark Wave. Dem Dark Metal eigen ist die Verbindung einer Black-Metal-typischen tiefen Männerstimme mit einer der romantischen Musik angeglichenen Frauenstimme. Musikalische Einflüsse erfährt der Dark Metal darüber hinaus aus der mittelalterlichen Musik. Hinzu kommt bei den Vertretern dieser Musikrichtung jedoch ein bisweilen stark sexualisiertes oder auch satanistisches Auftreten, welches sich in einigen Fällen zur Verwendung frauenverachtender und teuflischer Symbole und Bilder versteigt.

Dark Folk

Wichtige Interpreten: *Death in June, Sol Invictus, Tony Wakeford, Current 93, Boyd Rice, Nature and Organisation, Ain Soph, Blood Axxis.*

Diese Musikrichtung erinnert an die Volksmusik verschiedener europäischer Länder wie Irland, Deutschland und Italien und wird daher auch als „Pagan-Musik“ (von lat. „paganus“: Dorfbewohner; im christlichen Sprachgebrauch seit dem 4. Jh Bezeichnung für Nichtchristen oder Heiden) bezeichnet. Die Texte sind vorwiegend in Englisch, Deutsch und Italienisch bzw. Latein. Die Vertreter dieser Musikrichtung geben sich sehr naturverbunden. Zum Teil stehen sie im Zusammenhang mit Naturreligionen und deren Lehren. Der intensive Umgang dieser Musiker mit heidnischen Symbolen und ihre offen zur Schau gestellte Heimatverbundenheit wird ihnen bisweilen als Affinität zu nationalem Gedankengut zur Last gelegt. Einige Gruppen bestärken diese Vermutung durch den provokanten Umgang mit stark belasteten Symbolen, wie z. B. dem SS-Totenkopf oder faschistischen Runen sowie das Auftreten in martialer Kampfkleidung. (Literaturtip: „Die Geister die ich rief“, Grufties gegen Rechts Bremen, Kulturzentrum Schlachthof, Findorffstraße 51, 28215 Bremen).

Wave / Dark Wave

Wichtige Interpreten: *Bauhaus, Joy Division, Cameleons, Siouxsie and the Banshees, The Cure, Sisters of Mercy, Fields of the Nephilim, Lords of the new Church, Love like Blood, Clan of Xymox, London after Midnight, Catastrophe Ballet, Faith and the Muse, Mephisto Waltz, Tors of Dartmoor.*

Wave bzw. Dark Wave ist eine der ältesten und ursprünglichsten Arten der Musik der schwarzen Szene. In diesem Bereich findet sich ein großer Teil der „Väter“ der Szene. Vorwiegend gitarren- und stimmenorientiert, wird diese Musik von einem sehr breiten Teil der Szene bevorzugt. Die Musik ist meist klar strukturiert und verzichtet auf Klangexperimente. Der hohe Wiedererkennungswert dieser Musikrichtung resultiert sicher auch aus dem Umstand, daß sie sich von den Anfängen bis heute in ihrer Struktur nicht wesentlich verändert hat. Neue Gruppen orientieren sich stark am Stil der älteren, bekannten Gruppen.

Bei den älteren Gruppen dieser Musikrichtung sind die Einflüsse aus der Punk-Musik deutlich spürbar. Bestes Beispiel hierfür stellt die Gruppe *Siouxsie and the Banshees* dar, welche in den 70er Jahren von dem *Sex-Pistols*-Mitglied Sid Vicious „musikalisch unterstützt“ wurde. (De facto konnte Sid Vicious weder ein Instrument noch sein Stimmorgan beherrschen, was seinem Kult-Status in der Punk-Szene bis heute jedoch keinen Abbruch tut).

Gothic

Wichtige Interpreten: *Alien Sex Fiend, Fair Sex, Virgin Prunes, Cassandra Complex, Christian Death, Project Pitchfork, Sleeping dogs wake, Will, Cat rapes dog, Skinny Puppy, Calva y Nada.*

Der zweite musikalische Grundpfeiler der Szene ist die Gothic-Musik. Im Gegensatz zum reinen Dark Wave spielen hier auch elektronische Musikinstrumente eine entscheidende Rolle. Zum Teil sind die Grenzen zur Industrial-Musik fließend. Gothic wird von den meisten Hörern als „härter" empfunden als die eingängigere Dark-Wave-Musik. Klangexperimente und die Kombination verschiedenster Instrumente verleihen der Gothic-Musik ihre Vielfältigkeit. Die Experimentierfreudigkeit der Musiker macht die Gothic-Musik zwar in einigen Fällen wenig eingängig, jedoch schützt sie diesen Stil davor, als berechenbar oder einfallslos zu gelten.

Glam Rock

Wichtige Interpreten: *David Bowie, Alice Cooper, Kiss, T-Rex.*

Ebenso wie die Punk-Musik gehört der Glam Rock einer eigenen Ära und Szene an. Bekannte Vertreter dieser Musikrichtung bilden jedoch nicht nur Vorbild in Outfit und Bühnenshow, sondern haben auch nicht zu unterschätzende musikalische Inspirationen geliefert. Einem neuen Trend folgend besinnen sich nun auch relativ „junge Gruppen" wie z. B. *Marilyn Manson* auf die Wurzeln des Glam Rock und binden dessen Elemente in die eigene Show und Musik ein.

EBM

Wichtige Interpreten: *Front 242, Frontline Assembly, And One, Oomph, VNV Nation, Leatherstrip, Nitzer Ebb, Aptygma Berzerk.*

Bei der Electric Body Music (EBM) erzeugen vorwiegend elektronische Instrumente einen stampfenden, aufreibenden Beat. Auf Text und Gesang wird hierbei weniger Priorität gelegt. Wichtig ist eher der Aufbau eines Stücks, was zu einer sehr guten Tanzbarkeit dieser Musik führt. In den meisten Fällen wird die treibende dynamische Musik von einer Männerstimme begleitet, welche die minimalistischen Texte singt oder spricht. Vorläufer des EBM ist die Elektromusik mit Interpreten wie *Kraftwerk, Tangerine Dream* und *Depeche Mode.*

Industrial

Wichtige Interpreten: *Wumpscut, Yelworc, Suicide Commando, Klinik, Sonar, Esplendor Geometrico, Ordo Catharis Templi, Allerseelen, SPK, Lustmord, Psychic TV, Kirlian Camera, Coil, In Slaughter Natives, Delirium.*

Industrial ist der Musikstil, der wohl die größten Gegensätze ineinander vereint. Neben sehr ruhigen, minimalistisch düsteren Stücken, die man sich gut als Untermalungsmusik für einen Horrorfilm oder düstere Rituale denken könnte, vermeint der unbedarfte Hörer bei anderen Industrial-Stücken sich auf einem Pressluft-hammer-Wettbewerb zu befinden. Ein bisweilen fast quälend stechender oder hämmernder Klangteppich erzeugt das namentliche „Industrie-Feeling" auf der Tanzfläche. Wieder ein anderer Bereich des Industrial, auch als E-Industrial bezeichnet, vereint äußerst tanzbare, aggressiv-aufputschende Stücke in sich, die in den Diskotheken die vielgerühmten „Tanzbodenkracher" bilden. Die Texte werden meist von männlichen Sängern gesprochen oder gesungen und tragen dazu bei, die bedrohliche Atmosphäre der Musik aufzubauen.

Metal-Industrial

Wichtige Interpreten: *Nine Inch Nails, Marilyn Manson, White Zombie, Ministry, KMFDM.*

Metal-Industrial vereint die eingängigsten und tanzbarsten Seiten von Metal und Industrial in sich. Kraftvolle Drums ergänzen die elektronischen Beats, unterstützt von einer stets präsenten Stimme. Auftreten und Bühnenshow der Interpreten unterstreichen die aggressive Stimmung, welche die Musik beim Hörer auslöst. Die Vertreter dieser Musikrichtung sind oft ausgesprochene Freigeister, welche ihre Musik unter anderem als Medium zur Kritik an der herrschenden Gesellschaft oder Religion nutzen und eine eigene Weltanschauung vertreten. Daher lohnt besonderes bei dieser Musikrichtung über den Konsum der Musik hinaus auch die Beschäftigung mit Aussagen und Person der dahinterstehenden Künstler.

Ritualmusik

Wichtige Interpreten: *Mother Destruction, Arcana, Sixh Comm, Dies, Zero Kama, Endura, Lashtal, Omahla, Vidna Obmana, Tuu, Alio die, Hybryds, O yuki conjugate.*

Obwohl diese Musik nicht zwingend für rituelle Handlungen verwendet wird, erweckt sie beim Hörer unwillkürlich die Assoziation von Ritualen der Naturvölker oder auch aus dem Bereich der schwarzen Magie. Die Instrumente beschränken sich zum größten Teil auf Schlaginstrumente, mit denen ein monotoner, treibender Rhythmus erzeugt wird. Menschliche Stimmen werden eher in Form von Lauten eingesetzt als in „richtigem" Gesang. Bei intensiver Beschäftigung mit dieser Musik soll es dem Hörer möglich sein, sich in tranceartige Zustände zu versetzen.

Sexualisierte Musik (SM-Musik)

Wichtige Interpreten: *Die Form, L'aime imortelle, Umbra et Imago, Genitorturers, Sleep Chamber.*

Diese Art der Musik lebt von ihren Texten und den Bühnenshows der Interpreten. Die Musik ist vorwiegend im elektronischen Bereich anzusiedeln und nähert sich teilweise minimalistischer Industrialmusik an. Der SM-Charakter kommt nicht zwingend in den Texten, wohl aber sehr deutlich bei Aufmachung und Bühnenshow der Interpreten zum Ausdruck. Dabei ist die Herangehensweise der Interpreten an die Thematik unterschiedlich: Einige Shows erinnern in selbstironischer Weise an glamouröse Horrorszenarien à la *Alice Cooper*, andere verleihen ihrem Auftritt z. B. durch den Einsatz von anspruchsvollen Kabuki-Tanzdarbietungen den Charakter einer Live-Kunst-Aktion.

Musik als Kunst

Wichtige Interpreten: *Einstürzende Neubauten, Laibach, Goethes Erben, Das Ich.*

Einige Vertreter dieser Musikrichtung sind nicht ausschließlich als typisch für die schwarze Szene anzusehen. So werden die *Einstürzenden Neubauten* und *Laibach* besonders in Künstlerkreisen geschätzt. Die Musik richtet sich nach keinem bestimmten Stil, so erzeugen die *Einstürzenden Neubauten* ihre experimentelle Industrialmusik vorwiegend durch den Einsatz unkonventioneller Schlaginstrumente (z. B. Amboß, Bleche, Steine, Beton, Stahlrohre etc.) und Werkzeuge (z. B. Kreissäge, Preßlufthammer u. ä.) aus dem Industriebereich. Die Liedtexte zeichnen sich durch einen in expressionistischer bzw. dadaistischer Weise minimalistischen Stil aus und gewinnen ihre Ausdrucksstärke besonders durch Blixa Bargelds vielseitig einsetzbares Stimmorgan. Die Berliner Avantgarde-Band bricht durch die Wahl der Instrumente und Auftrittsorte (z. B. unter Autobahnbrücken oder auf Baustellen) mit bekannten musikalischen Konventionen. Über die reine musikalische

Arbeit hinaus zeichnet sich Frontmann Blixa Bargeld durch seine expressionistische Literatur sowie Theaterinszenierungen (Die Hamlet-Maschine) aus.

Goethes Erben hingegen erlangten künstlerische Aufmerksamkeit durch ihre anspruchsvoll-kritischen Texte, welche in „Musik-Theatern" gleichenden Auftritten visualisiert werden. Das Zusammenspiel zwischen Musik und optischer Präsenz der Gruppe drückt sich in der Bezeichnung „Neue deutsche Todeskunst" aus. Ein weiterer Vertreter der Neuen deutschen Todeskunst ist die Gruppe *Das Ich*. Ähnlich wie *Goethes Erben* versteht besonders Frontmann Stefan Ackermann sein Publikum durch bizarr anmutende Bühnenauftritte zu faszinieren. Musik und Text dienen dabei als Untermalung des Visualisierten.

Laibach wiederum stellen ihre Musik in ein künstlerisches Gesamtkonzept, welches sich im Sinne einer politischen Organisation bis zur Schaffung eines eigenen Staates ausweitet. Anleihen nimmt *Laibach* bei ihrer militaristisch anmutenden Ästhetik in Bezug auf Auftreten und Artwork ebenso bei totalitären faschistischen wie kommunistischen Regimen.

2. Tanz

Die meisten Szene-Angehörigen haben eine ganz bestimmte, eigene Art des Tanzes, welche mit Art und Tempo der Musik zwar variiert, in den Grundzügen jedoch gleich bleibt. Nur wenige stellen sich auf jedes Lied neu ein und verändern ihren Tanzstil somit jedesmal völlig. Den meisten Tänzern ist ein gewisses Repertoire an Gesten und Bewegungen eigen, welche sich in den Grundzügen immer wiederholen.

Entsprechend der Musik wird der Tanz oft langsam und mit gemessenen, theatralisch überbetonten Bewegungen der Arme ausgeführt. Die Gestik der Arme erinnert genauso an die indischer Tempeltänzerinnen wie an die mittelalterlicher oder barocker Tänzer. Auf dem Gesicht liegt ein verklärt-entrückter Ausdruck, der die tiefen Gefühle derer widerspiegelt, die sich beim Tanz ganz der Musik hingeben. Auch die Beine bewegen sich bei dieser Art des Tanzes gemessen und langsam. Oft wird nur die Ferse ein kleines Stück vom Boden abgehoben und unter besonderer Beachtung eines eleganten Hüftschwungs wieder auf dem Boden plaziert.

Ein anderer Tanzstil ist mehr auf die Bewegung der Beine ausgerichtet und dementsprechend „raumgreifender". Auch hierbei bewegen sich die Arme natürlich im Rhythmus mit, doch unterstreichen sie eher den schellen, aggressiveren Tanz. Die Arme vollführen nicht die verspielten Schnörkel und gemessenen Bewegungen wie beim langsamen Tanz, sondern werden mit schnellen Bewegungen hoch und nach vorne geworfen oder angewinkelt nach hinten gerissen, so daß der Eindruck entsteht, der Tänzer wolle sich seinen Weg durch eine Menschenmenge bahnen.

Bei der langsamen Variante dieses Tanzstils schreiten die Tänzer im Rhythmus der Musik auf der Tanzfläche vor und zurück. Der Kopf ist dabei meist gesenkt und die Arme vollführen langsame gemessene Bewegungen. Böse Zungen behaupten, daß dieser Tanz aussieht, als würde der Tänzer auf dem Fußboden nach einem verlorenen Gegenstand suchen.

Tanz spielt in der schwarzen Szene eine entscheidende Rolle. Es gibt kaum ein Szene-Mitglied, das nicht den Tanz als Ausdruck seiner Stimmungen und Gefühle schätzt. Dabei ist zu beobachten, daß der Tanzstil nicht nur der Musik und deren Inhalten, sondern auch dem jeweiligen Outfit des Tänzers angepasst wird. Ein Schwarzer im Mittelaltergewand tanzt in der Regel anders als jemand in Lack und Leder. Auf diese Weise ermöglicht der Tanz über die Kleidung hinaus, die verschiedenen Facetten einer Persönlichkeit zu unterstreichen und auszuleben. Beim Tanz haben weniger wortgewandte Zeitgenossen die Möglichkeit, ihren Gefühlen wortlos Ausdruck zu verleihen.

Aus: „Comix aus der Szene" von Michael Kämpfer, Köln 1993

Kapitel 5: Medien

1. Literatur

Romane und Erzählungen

Hierzu gehören vor allem moderne und alte Schauerromane bzw. -geschichten. Zu den wichtigsten Autoren zählen neben den „alten Meistern“ wie Edgar Allan Poe, H. P. Lovecraft, Oscar Wilde und Bram Stoker moderne LiteratInnen wie Anne Rice mit ihrer Vampir-Saga, Poppy Z. Brite, Nancy A. Collins, Nancy Baker, Tanith Lee, Tom Holland und Stephen King. Gemeinsam ist diesen AutorInnen, daß sie mit ihren Erzählungen düstere Gedankengemälde schaffen, welche über einen oberflächlichen Schauer hinaus tief in die Psyche des Lesers eindringen und ihm dadurch in teilweise beängstigender Weise die Möglichkeit geben, sich mit den Romanfiguren zu identifizieren.

Die klassische Art des Schauerromans, die „Gothic Novel“, erfuhr ihre Blütezeit zwischen 1756 und 1820. Mit den ihr eigenen Elementen wie der Behandlung des Übernatürlichen und den dazu gehörenden Symbolen wie Friedhöfen, Totengebeinen, düsteren Mönchen, alten Burgen und Schlössern, modrigen Gruften etc. bildete sie eine starke Provokation für das damalige Bürgertum. Galt das aus dem Mittelalter stammende Wort „gotisch“ doch als Synonym für „barbarisch“. Die Gotik galt als ungeschlachter, finsterer Baustil. Die Bezeichnung „Gothic Novel“ im Zusammenhang mit der dieser Literaturrichtung eigenen antiklerikalen Haltung sagte also genug über die Inhalte der Bücher aus, die zu diesem Stil zählten. Im Gegensatz zur Aufklärung, die den Menschen als Maschine mit Verstand sah (vgl. hierzu Nietzsches „Antichrist“), brachte die Gothic Novel die Seele des Menschen in die Literatur zurück. Damit verbunden war auch die Behandlung von Thematiken wie seelischen Verstimmungen (Melancholie oder Depression) und Sehnsüchten. Die letzten Ausläufer der Gothic Novel beeinflussten die „Viktorianische Gotik“, deren bekanntester Vertreter Bram Stoker mit seinem Roman über den transsylvanischen Grafen Dracula darstellt. Obwohl Stoker dieses Land nie besucht hat, gelang es ihm aufgrund eifriger Studien von Reiseberichten, die bizarre Landschaft Transsylvaniens plastisch vor den Augen des Lesers entstehen zu lassen. Auch heute noch, in der von Aufklärung und Leistungsdruck geprägten Zeit, bildet eine charismatische Romanfigur wie Graf Dracula für romantische Seelen quasi einen Zufluchtsort zu verborgenen Träumen und Sehnsüchten.

Dadurch, daß die modernen Schauer- und Horrorromane ihre Handlung in der Gegenwart spielen lassen, geben sie dem Leser in optimaler Weise die Gelegenheit, sich in Handlung und Akteure hineinzuversetzen. Gerade Geschichten aus dem Vampir-Bereich spielen nicht selten in der Umgebung der schwarzen Szene (z. B. „Verlorene Seelen“ von P. Z. Brite) und lassen den Leser so auf vertraute Szenen und Ereignisse stoßen. Darüber hinaus entführen diese phantasievollen Geschichten den Leser in eine Traumwelt, welche mit der abgelehnten (und ablehnenden) Realität nichts zu tun hat. Für den Zeitraum des Lesens befindet sich der Leser in einer ersehnten und idealisierten Umgebung, die ihn Energien auftanken lässt und ihn stark macht für das Leben in der Realität.

Magische/okkulte Literatur

Bücher über magische Rituale oder übersinnliche Phänomene sind in zwei Kategorien einzuteilen. Den einen Teil bilden die sog. „Magiebücher“, welche oft von bekannten Magiern wie Aleister Crowley, dessen satanische Magie z. T. auf alten ägyptischen Mythologien beruht und in der These „Tu was du willst, sei das einzige Gesetz“ gipfelt, oder Religionsgründern wie dem Gründer der Church of

Foto: Boris Geilert/G.A.F.F.

Satan, Anton Szandor La Vey, dessen „Satansbibel“ als Standardwerk in diesem Bereich gilt, verfasst wurden. „Echte“ alte „Magiebücher“ haben einen hohen Seltenheitswert und sind daher ausgesprochen kostspielig, aber ebenso begehrt. In Antiquariaten finden sich zum Teil entsprechende Werke, wobei die „Echtheit“ in der Regel nur von einem Experten bestätigt werden kann.

Einen weiteren Bereich bilden die okkulten Sachbücher, welche sich auf mehr oder weniger wissenschaftlicher Ebene mit übersinnlichen Phänomenen auseinandersetzen. Hierzu zählen die Bücher von Dänicken und Buttlar ebenso wie wissenschaftliche Ausarbeitungen über die Kräfte der Pyramiden, Naturphänomene wie bspw. Stonehenge oder das Bermuda-Dreieck sowie Berichte und Erzählungen über angeblich wahre Spukereignisse. Während einige Bücher auf relativ unkritische Weise nur die Phänomene beschreiben und den Leser dann mit seinen Zweifeln alleine lassen, wagen andere Werke den Ansatz einer möglichen Erklärung und gewinnen dadurch an Seriösität. Zu den Sachbüchern zählen auch Berichte über die Schrecken der Inquisition sowie Berichte über Volks- und Aberglauben.

Eine dritte Kategorie befasst sich mit den Kräften, die in einem selbst innewohnen. Es sind Bücher über Meditation, Selbstheilung, Hypnose etc.. Die unterschiedlich stark ausgeprägte Melancholie, welche vielen der Schwarzen anhaftet, kann mit Hilfe dieser Bücher in sinnvolle Bahnen gelenkt und in Kreativität umgewandelt werden.

Die Beliebtheit dieser Art von Literatur in der Szene verdeutlicht das Bestreben, sich nicht mit vorgefertigten Meinungen und Erklärungen zufrieden zu geben, sondern erst nach einem „Blick hinter die Kulissen“ eine eigene Entscheidung treffen zu wollen. Gilt der Tod und die Magie im Allgemeinen in der Gesellschaft als Tabuthema, hebt die Faszination der Schwarzen an diesen Themen die hiermit verbundenen Schrecken auf. So wird es ihnen möglich, die diesen Themen innewohnenden Lehren zu nutzen und daran zu wachsen.

Kirchenkritische Literatur

Als Angriff auf eine der wichtigsten Institutionen der bürgerlichen Gesellschaft stehen diese Bücher auch für Kritik an der Gesellschaft allgemein. Nicht zu verwechseln mit satanischen Werken, sollen sie vorrangig die selbstzufriedene Verlogenheit, die Korruption und die Verbrechen der christlichen Kirche aufdecken. Die Autoren kommen vorwiegend aus dem Bereich der Theologie, sind Professoren oder ehemalige Geistliche. Bedeutende Namen sind: H. Herrmann, P. de Rosa, U. Ranke-Heinemann, E. Drewermann und K. L. Woodword.

Kirchenkritische Bücher bieten fundierte Informationen zu einem umstrittenen Thema. In Diskussionen bilden sie eine Grundlage zur Vertretung der eigenen Meinung in Bezug auf Kirche und Staat. Die geschichtlich belegbaren Informationen geben dem Diskutierenden ein Werkzeug in die Hand, mit dem er seine anti-christliche (was nicht zwingend mit satanistisch gleichzusetzen ist) Meinung auch vor einschlägig gebildeten Gegnern behaupten kann.

Philosophische/psychologische Literatur

Die Werke verschiedener Philosophen werden zu Rate gezogen, wenn es darum geht, die eigene Lebenseinstellung einzuordnen und zu überprüfen. So wie Sartre und Camus für die Existenzphilosophie stehen, geben die Werke Nietzsches Aufschluß über den Nihilismus. In diesen Bereich der Literatur sind auch die Schriften provokanter Denker wie de Sade einzuordnen, welcher zu Unrecht vorwiegend auf seine Publikationen aus dem sexuellen Bereich reduziert wird und dessen staats- und gesellschaftskritische Schriften weitaus interessantere Quellen für Diskussionen bilden.

Psychologische Veröffentlichungen wie z. B. von Erich Fromm können herangezogen werden, um eigene Probleme oder die von Freunden besser verstehen zu lernen und einen Weg zu finden, damit umzugehen. Ähnlich wie die philosophischen Schriften untermauern sie auch die These von der krankmachenden Gesellschaft, welche einige Probleme (z. B. durch übertriebenen Leistungsdruck und erzwungene Anpassung) erst aufkommen lässt.

Lyrik

Die meisten Angehörigen der schwarzen Szene lesen oder schreiben Gedichte, um dadurch ihren Gefühlen und Gedanken Ausdruck zu verleihen oder Bestätigung für diese zu finden. Die Werke von Gottfried Benn, Georg Trakl, Novalis, Dante, Charles Baudelaire, Marie Luise Kaschnitz, Johann Wolfgang von Goethe oder William Shakespeare stehen beispielhaft für ein unüberschaubar weites Feld düsterer Lyrik und Dramatik:

„Amen" von Georg Trakl

Verwestes gleitend durch die morsche Stube,
Schatten an gelben Tapeten,
In dunklen Spiegeln wölbt
Sich unserer Hände elfenbeinerne Traurigkeit.

Braune Perlen rinnen durch die erstorbenen Finger.
In der Stille
Tun sich eines Engels blaue Mohnaugen auf.

Blau ist auch der Abend
Die Stunde unseres Absterbens, Azraels Schatten,
Der ein braunes Gärtchen verdunkelt.

„Schritt um Mitternacht" von Marie Luise Kaschnitz

Hörst du den Schritt um Mitternacht,
Der Toten, die sich aufgemacht?

Das Land das ewig Frieden hat
Ist nicht mehr ihre Ruhestatt.

Die Liliengärten liegen brach
Und als ein Kreuz und Ungemach

Ein Pfad, der in den Abgrund weist,
Ein Sog, der in die Tiefe reißt,

Ein Feueratem überm Moor,
Ein Schrei nach Blut, ein Schlag am Tor,

Ein Griff, der nach der Kehle drängt,
Ein Jammer, der das Herz zersprengt:

So sind sie uns gesendet,
Weh, wie das endet.

„Requiem“ von Gottfried Benn

Auf jedem Tisch zwei. Männer und Weiber
Kreuzweis. Nah, nackt und dennoch ohne Qual.
Die Schädel auf. Die Brust entzwei. Die Leiber
Gebären nun ihr allerletztes Mal.

Jeder drei Näpfe voll: von Hirn bis Hoden.
Und Gottes Tempel und des Teufels Stall
Nun Brust an Brust auf eines Kübels Boden
Begrinsen Golgatha und Sündenfall.

Der Rest in Särge. Lauter Neugeburten,
Mannsbeine, Kinderbrust und Haar vom Weib.
Ich sah, von zweien, die dereinst sich hurten,
lag es da, wie aus einem Mutterleib.

„Das Ende des Tages“ von Charles Baudelaire

Vom fahlen Lichte überschwemmt
Kreiselt und windet sich sinnlos
Das Leben, schrill und ungehemmt.
So, wenn am Horizonte groß

Und wollüstig die Nacht aufsteigt,
Die allem, selbst dem Hunger Frieden schenkt,
Wo alles, selbst die Schande, schweigt,
Befreit der Dichter: „Endlich!“ denkt,

Mein Geist und mein Gebein verlangen
Sehnlich, in Ruhe sich zu wiegen.
Das Herz in düsterem Traum befangen,

Will ich auf meinem Rücken liegen
Und mich in deine Schleier wiegen,
O Dunkel, kühl von dir verhangen!

„Der Mond“ von Peter Herschel

Der Mond hat einen kühlen Duft
Von Blumen, die längst starben.
Er gibt den kalten Glanz der Luft,
dem Himmel helle Farben.

Doch flammt der Mond nachts distelrot
Und leuchtet im Gewässer,
wer weiß, ob nicht an ihm der Tod
wetzt grad sein Sensenmesser.

Der Mond ist oft ein Wetzerstein
Und stört den Schlaf der Erde.
Wer weiß, ob nicht in seinem Schein,
der Tod schon schirrt die Pferde.

In diesem Zusammenhang sollten darüber hinaus beispielhaft Erwähnung finden: Goethes „Braut von Korinth“ sowie sein Drama „Faust“, Baudelaires „Satanslitaneien“, die Gedichtsammlung „Ariel“ von Novalis, Heinrich Heines „Die Beschwörung“, Lord Byrons „Doch du Ungläubiger“, Aleister Crowleys „Jezabel“ sowie die Dramen „Hamlet“ und „Macbeth“ von Shakespeare. Gemeinsam ist diesen Gedichten und Dramen die Thematisierung des Todes, der Vergänglichkeit und der Trostlosigkeit und Grausamkeit des Lebens. Das irdische Leben und die von der Menschheit hochgehaltenen Werte werden in ihrer Sinnhaftigkeit in Frage gestellt. Dem menschlichen Streben nach Macht und Reichtum tritt der Tod als auslöschendes Element entgegen. Irdische Besitztümer verlieren im Angesicht des Todes ihren Wert. Durch derartige Gedichte wird der Leser darauf aufmerksam gemacht, mit welchen Marginalien und Trivialitäten er sein Leben verbringt. Anstatt sich um die Ausbildung seines Charakters und den Zustand seiner Seele zu kümmern, vermeint er sein Glück in der Erlangung vergänglicher Werte zu finden.

Abgrund weist, er in die Tiefe reißt

Historische Literatur

Das Interesse an vergangenen geschichtlichen Epochen, dem Leben der Menschen zu früheren Zeiten und prägnanten Ereignissen in der Vergangenheit, führt dazu, daß besonders historische Romane und Sachbücher in der Szene sehr beliebt sind. Biographien berühmter Persönlichkeiten dienen ebenso wie Beschreibungen über das Leben und das gesellschaftliche Umfeld der Zeit dazu, Erfahrungen und Kenntnisse über eine bevorzugte Epoche zu erwerben. Besonders für die Liebhaber des Mittelalters gibt es eine Fülle von Berichten zu den verschiedensten Lebensbereichen wie z. B. dem Klosterleben, Berichte über das Leben in Ritter- und Bürgertum, aber auch Bildbände, welche Aufschluß über Bau- und Kunststile dieser Zeit geben. Diese Bücher gehen in ihren detaillierten Beschreibungen weit über das hinaus, was übliche Geschichtsbücher leisten.

Während Romane, deren Handlung zur Zeit des Mittelalters angesetzt ist, in aller Regel zumindest ihre Grundlage in wahren geschichtlichen Begebenheiten haben, gehört die Fantasy-Literatur ausschließlich in den fiktiven Bereich. Obwohl sie in ihren Grundzügen häufig auf der Zeit des Mittelalters aufbaut, ist ein grundlegendes Element dieser Literatur ihre Tendenz in den magischen Bereich. Fabelwesen wie Drachen, Elfen, Gnome, Einhörner und zum Teil auch lebende Tote, Vampire und alle Arten von Monstern zählen ebenso zu den wichtigen Bestandteilen einer Fantasy-Geschichte wie Magier, Hexen und unbesiegbare Helden.

2. Selbstverfasste Prosa und Lyrik

Selbstverfasste Gedichte und Kurzgeschichten von Szene-Angehörigen sind in Zeitschriften wie *Orkus, Astan, Gothic, Zillo, Sonic Seducer* etc. auf speziellen Lyrikseiten oder unter der Rubrik „Kleinanzeigen" nachzulesen. Durch diese Art der Publikation erhalten die Szene-Angehörigen die Möglichkeit, ihre Gefühle und Gedanken an die Öffentlichkeit zu tragen. Dem Leser bieten die Gedichte und Geschichten über den bloßen Unterhaltungswert hinaus Anregung zur Formulierung der eigenen Gedanken sowie z. T. auch eine Art „Therapie" in dem Sinne, daß ihm klar wird, daß er mit seiner Einstellung und seinen Problemen nicht alleine dasteht. Besonders für Angehörige einer in der Gesellschaft so geächteten Szene bietet es einen gewissen Trost, sich Menschen gegenüberzusehen, die nicht nur Verständnis für düstere Gedanken und Gefühle aufbringen, sondern sie darüber hinaus in ihren eigenen Worten wiedergeben. Sind die Gedichte als Kleinanzeigen geschaltet, sollen sie in der Regel die Aufmerksamkeit von Gleichdenkenden erregen. Sie bieten die Möglichkeit, auf kleinem Raum eine Fülle von Informationen über das eigene Seelenleben zu geben. Leute, die sich in den Zeilen wiederfinden oder sich davon angesprochen fühlen, haben direkt die Möglichkeit, mit dem Verfasser in Kontakt zu treten. Anders als bei den sonst üblichen Standard-Kontaktanzeigen, weiß jemand, der sich auf ein solches Gedicht hin mit dem Verfasser in Verbindung setzt, schon etwas mehr darüber, was ihn bei der betreffenden Person zu erwarten hat. Um die geheimnisvolle Aura, mit der sich die Verfasser solcher Anzeigen gerne umgeben, noch zu steigern, werden häufig exotisch klingende Phantasienamen als Pseudonym angenommen, die meist auch im übrigen Szene-Leben verwendet werden:

„Träumend dort die mondbeglänzten Gärten aus schläfrig sich wiegenden Blüten... Samtweich glühen die Nachtsterne im kristallklar dunkelblauen Saphirhimmel. Zärtlich gestreichelt von sanften Windhäuchen aus Apfel- und Waldrosenduft, den Hauch von Seligkeit verspürend in der romantisch

versponnenen mondverträumten Luft. Geboren aus dem bemoosten Saum einer zart rieselnden Quelle plätschert und schäumt lieblich vergnügt ein Bächlein. Daraus kristallene Mondmuscheln perlen, welche sich in den winzigen schönen Moospälmchen verfangen. Versunken im subtilen Meer dieser Schönheiten vernehme ich wieder jene liebliche Kinderstimme, die mit dem Sonnenuntergang singt..." (Allathurion)
(Aus: *Zillo*, Nr. 7/8 1996)

„Mein Leben ist einer Suche gleich. Ziellos und steinig. Tränen, erstickt im Inneren, zu Eis gefroren und von warmer wahrer Liebe nie erlöst. Was sind schon Gefühle, wenn sie niemand annimmt? Was sind schon Träume, die sich ins Nichts auflösen? Was ist schon Liebe, wenn es niemanden interessiert? Was ist schon Schmerz, der die Sinne taub und gefühllos kalt macht? Ich suche eine Freundschaft, in der noch innere Werte zählen. Oder suche ich umsonst? Eine Antwort ist euch gewiss." (Analaswintha)
(Aus: *Zillo*, Nr. 9 1997)

Durch das Schreiben von Gedichten und Kurzgeschichten können darüber hinaus traumatische Erlebnisse aufgearbeitet, und geheime Sehnsüchte oder Ängste bearbeitet werden:

„Deine Freundin ist gestorben
in einer einsamen Nacht
Niemand hat es bemerkt.
Erst am Morgen
Nahmen sie ihr die Scherben aus der Hand."

„Oh, du Glücklicher.
Auf einem alten verwesten Friedhof liegst du,
keiner denkt an dich, doch du hast deine Ruh.
Die Würmer fressen dich auf
Stück für Stück – Aber du schläfst tief.
Oh, wie beneide ich dich um dein Glück!"

Angst
Sie beschleicht mich
Sie ist eine Hure
Treibt es mit jedem.
Ihre saugenden Fangarme greifen nach mir.
Sie ist verlockend.
Warum soll ich mich widersetzen?
Ich ertrinke in einem Gemisch
aus Blut und Schweiß.
Sie treibt mich zum Wahnsinn
die Angst.
Doch der Wahnsinn ist schön, ich kann ihn sehen.
Einen großen roten Fleck.
Es ist Blut, mein Blut – überall.

(Aus: „Die Szene von innen" von M. Stock/P. Mühlberg)

... Gedanken

Sehnsuchtsvolles Land

Hörst du den Gesang des
Nachtvogels?
Er singt leise und sanft, ohne
Worte.
Stets darauf bedacht, nur dich
ganz alleine
zu schwingen in Traumphantasien.
Hör den Gesang, jetzt klingt es
fröhlich!
Hör den Gesang, jetzt klingt er
traurig!
Laß ihn nur singen, diesen Vogel
der Nacht,
auf daß ich nie mehr erwache.

Laß mich träumen, laß mich schwe-
ben in
tausend ruhigen Stunden, wo mich
kein Schmerz
mehr plagen kann.

Ich will mich zur Ruhe betten,
will ohne Sorge sein.
Ich folge dem Gesang und gleite
hinüber
ins sehnsuchtsvolle Land.

Carmen-Sylvia Imam

Du hast mir versprochen:
"Auf Schatten folgt Licht."
Ich warte schon so lange,
doch es erreicht mich nicht.
Die Nacht nimmt kein Ende.
Die Trauer bleibt.
Die Rosen verwelken.
Nichts heilt die Zeit.
Das Bild ist geblieben –
vergänglich auf Erden.
Ich muß damit leben
und werd' daran sterben.

Manuela Patrzykat

Abschied auf der Straße

Abschied auf
der Straße
Er bittet sie
noch eine Minute
zu bleiben
um zu reden

Schweigen
Blicke
Aufglühen
der Feuerzeuge

Und als der
Regen kommt
vermischen sich
die Tropfen
mit seinen Tränen

Ronald Klein

...Rubrik einsendet, bitte an Orkus, Bettina Glas, Stichwort „Gedichte", Hirschbergstraße 4, 71679 Asperg. Bitte vermerkt Euren Namen, Eure Anschrift und Telefonnummer auf jedem Blatt!

Herbst

Farbenprächtige Wälder glänzen in
weichem Sonnenschein.
Fallende Blätter bringen Ruhe in
das innere Chaos.
Fallende Seele schenkt Funken
von Freiheit.

Regen, der kraftvoll auf das Laub
rasselt, reinigt alte trübe
Gedanken.

Herbstwind weht kurze Momente
von Leichtigkeit durch meine
Seele.

Ohne jegliche Versuche, festzuhal-
ten.
Bin endlich mit Kommen und
Gehen in Einklang.

Diana Mikuteit

wann immer

wann immer

lassen deine augen
felder verbrennen
reißen sie wunden

werden lippen
eingefordert
angeklagt

wann immer
ich versuche
zerstörst du

Oliver Martin Dahm

So nun -ich-

mein autistisches herz
im baum
dort ist mein haus

leise drängender schmerz
im traum
laßt mich hinaus

dimensionen sind vier
keine wand
die nacht ist weit

so nun ich alleine hier
meine hand
zählend die zeit

Claudia M. Striewe

3. Comics

Ein weiteres geschätztes Medium in der Szene sind Comic-Hefte für Erwachsene, welche sich mit szene-typischen Themen befassen. Mittlerweile gibt es eine recht ansehnliche Zahl von Serien, welche sich in Bezug auf Qualität in Story und Zeichnung zum Teil sehr stark voneinander unterscheiden. Zu den bekanntesten in Deutschland erhältlichen Serien zählt die Sandman-Saga von Neil Gaiman, die gezeichneten Anne-Rice-Romane, „Lenore“ von Roman Dirge, „Oh my Goth“ und „Chi Chian“ von Voltaire, „Gloomcookie“ von Serena Valentino und Ted Naifeh, „Vampirella“ und die Marvel Dracula-Comics, „Night´s Children“ von Wendy Snow Lang, „The Crow“, (ursprünglich von J. O. Barr, jedoch mit Neuauflagen von mehreren anderen Künstlern), „Elvira“ von Ed Via und Richard Howell, „Der Prinz der Nacht“ von Swolfs, „L´etat morbide“ von Hulet, „Night Walker“ von Luke Kirby, „Poison Elves“ von Drew Hayes sowie die im Zusammenhang mit Coppolas Dracula-Film erschienenen Dracula-Comics. Ein besonderer Leckerbissen für Comic- und Musikfans sind die Hefte der „Rock´n´ Roll-Serie“, in der z. B. Comics von *The Cure, Alice Cooper* etc. erschienen sind. Eine Besonderheit auf dem Comicmarkt sind U. Roeschs „Dead“ Comics, welche über die Musikzeitschrift *Zillo* zu beziehen sind sowie die Comics von Michael Kämpfer von Art of Dark. Beide Serien befassen sich mit Figuren aus der schwarzen Szene und zeigen auf humorvolle Weise Situationen aus dem „schwarzen Leben“.

4. Zeitschriften

Zu den bekanntesten (Musik-) Szene-Zeitschriften zählen bzw. zählten: *Orkus, Sonic Seducer, Black, Gothic, Zillo, Grimoire, Body Styler, Vertigo, Nova Files, Entry, Glasnost, Electronic Disease* und *Carpe Noctem* (in englischer Sprache). Quasi zwischen den Stühlen sitzen Zeitschriften wie *Slam, Visions, Rock Hard, Hammer, Metal Heart, Break out, Legacy, Heavy* und *Ablaze*. Sie sind nicht eindeutig in den schwarzen Bereich einzuordnen, sondern bedienen auch Fans von Independent und Metal bzw. Black-Metal-Musik. Einen Bereich über die Musik hinaus decken Zeitschriften wie *Astan* oder auch die Mittelalterzeitschrift *Karfunkel* ab. Besonders *Astan* gibt sich dabei Mühe, den Leser mit Informationen rund um die „schwarze Kultur“ zu versorgen. Buchbesprechungen sowie Artikel über szene-interessante Themen wie Hexen, Vampire, Magie etc. gehören daher zum üblichen Inhalt.

5. Filme

Aehnlich wie die Literatur zieht sich auch das Spektrum der Filme durch die unterschiedlichsten Bereiche. Ein sicherlich von den meisten Szene-Angehörigen geschätzter Filmbereich ist der des Grusel- und Horrorfilms. Daher soll dieser hier stellvertretend für alle anderen bevorzugten Leinwandspektakel stehen: Beginnend bei Meisterwerken aus der Stummfilmzeit wie Friedrich Wilhelm Murnaus „Nosferatu“ oder „Das Kabinett des Dr. Caligari“ von Robert Weine erstreckt sich allein das Genre des Gruselfilms über die letzten acht Jahrzehnte. Klassische Vertreter des Horror- oder Gruselfilms finden sich in den Vampirfilmen, durch die Schauspieler wie Max Schreck, Bela Lugosi, Christopher Lee, Frank Langella, aber auch genrefremde Akteure wie Klaus Kinski, Tom Cruise und Gary Oldman Unsterblichkeit erlangt haben. Hinzu kommt die filmische Aufarbeitung klassischer Horrorstoffe wie z. B. die Reihe der „Frankenstein“-Filme mit Boris Karloff oder die verschiedenen Werwolf- und Mumienfilme. Auf eine humorvolle Weise befassen sich Serien wie „Die Addams-Family“ oder „Die Munsters“ mit dieser Thematik. Während die modernen Remakes eher umstritten sind, erfreuen sich die Original-Serien aus den 60er Jahren allgemein größter Be-

liebtheit. Famile Addams und Familie Munster beinhalten vom Junior-Werwolf, dem lebenden Zombie, über Frankensteins Monster, Hexen und Fabelwesen bis hin zu kauzigen oder teuflisch schönen Vampirgestalten die ganze Palette bekannter Hollywood-Horrorfiguren. Liebenswert wird besonders Familie Munster durch ihre skurrile „Normalität", die sie sich im wesentlichen kaum von den normalen Leuten unterscheiden läßt, von denen sie nichts desto trotz mit unverhohlenem Argwohn betrachtet wird. (Parallelen zur schwarzen Szene sind zwar unbeabsichtigt, aber dennoch offensichtlich!).

Während die Gruselfilme der 70er Jahre, wie z. B. „Die reitenden Leichen", bisweilen unfreiwillig drolligen Charakter haben und eher harmlos auf das Gemüt wirken, gehen die Filme neueren Datums mehr an die Psyche. Der moderne Horrorfilm zeichnet sich durch die Behandlung jeder denkbaren Thematik aus. Während die Horrorfilme der 80er Jahre wie „Tanz der Teufel", „Das Omen", die „Halloween"- und „Freitag, der 13."-Serien soliden Horror liefern und zum Teil sogar humorvolle Elemente beinhalten (z. B. Freddy Krügers „Nightmare"-Serie) sind Splatterfilme wie z. B. „Braindead" oder „Slaughterhouse" durch den hektoliterweisen Einsatz von Blut und menschlichen Ersatzteilen nur etwas für stärkere Nerven und Mägen. Richtig Hartgesottene holen sich den letzten Kick bei „Reality-Horrorfilmen", welche bewußt damit arbeiten, den Zuschauer über die Echtheit des Gezeigten im Unklaren zu lassen. Hierzu zählen neben den „Gesichter des Todes"-Folgen auch sogenannte „Kunst-Horrorfilme" wie Buttgereits „Nekromantik"-Filme.

In den Bereich der Kult-Filme fallen Werke wie „Gothic", der den Dichterwettbewerb Lord Byrons mit dem Ehepaar Percy und Mary Shelley sowie Byrons Leibarzt Polidori zum Inhalt hat. Aufgrund dieses Treffens entstanden Meisterwerke der Gruselliteratur wie Mary Shelleys „Frankenstein" oder Byrons „Der Vampir". Der Film versteht es, mittels Szenen, welche in ihrer Surrealität an Traumsequenzen oder (durch den damals tatsächlich üblichen Opiummißbrauch hervorgerufene) Wahnvorstellungen erinnern, eine bedrohlich-düstere Atmosphäre zu erzeugen.

Auch der erste Teil der „The Crow"-Verfilmungen zählt zu dieser Gruppe. Dieser Film, welcher auf dem Kult-Comic von J. O. Barr basiert, erlangte in zweierlei Hinsicht Berühmtheit. Die traurige Komponente seines Erfolges beruhte auf den mysteriösen Umständen, unter denen der Hauptdarsteller Brandon Lee während der Dreharbeiten ums Leben kam. Die romantische und unendlich traurige Liebesgeschichte, welche die Grundlage dieses Films darstellt, passt in das Bild vieler Schwarzer, welche in der Liebe nicht nur uneingeschränkte Freude, sondern auch eine bittersüße Komponente sehen.

6. Rollenspiele

Home-Fantasy-Spiele

Es gibt zwei Arten von Rollenspielen. Einen großen Markt stellen die Spiele für zu Hause dar, welche mit Namen wie „Das schwarze Auge", „Das Dorf der Schrecken", „Vampire", „Call of Cthulhu", „Shadowrun", „Witchcraft", „Shadow World", „Werewolf", „Warhammer" oder „Advanced Dungeons & Dragons" dem Spieler einen ersten Eindruck über Inhalt und Verlauf des Spiels geben. Das Prinzip dieser Spiele ist stets ähnlich. Man wählt eine zur Handlung des Spiels gehörende Spielfigur (z. B. Magier/in, Krieger/in, Elf/e, Hexe/r, Ritter, Vampir, Dämon o. ä.) und schlüpft in deren Persönlichkeit. Dabei werden alle Eigenschaften, Stärken, Schwächen und Kenntnisse, die der Spielfigur eigen sind, übernommen und soweit als möglich verinnerlicht. Die Spieler sind dazu angehalten, innerhalb des Spiels die speziellen Eigenschaften ihrer Figur stets zu berücksichtigen und so zu handeln, wie die Figur es in der Realität tun würde. Dazu gehören z. B. auch die Waffen, welche die jeweilige Figur mit ins Spiel bringt. Im Laufe des Spiels ist zwar zumeist die Möglichkeit gegeben, weitere Waffen bzw. Stärkungsmittel zu erlangen, doch kann nicht jede Figur mit jeder Waffe gleich gut umgehen.

Eine wichtige Position kommt dem Spielleiter zu. Er ist in der Regel der Einzige, der das gesamte Spielgeschehen überblicken und voraussehen kann. Ihm sind bekannt, an welcher Stelle Gefahren in Gestalt von Fabeltieren, Monstern oder feindlichen Kriegern drohen oder wo begehrte Utensilien wie Zaubertränke, zusätzliche Waffen, Schätze, Nahrung oder Lebensenergiepunkte zu erlangen sind. Der Spielleiter führt die Spieler auf ihrem Weg durch das Geschehen und vertritt z. B. bei Kämpfen gegen ein angreifendes Fabelwesen dessen Stelle. Bei den meisten Spielen werden die Teilnehmer durch eine fiktive Fantasy-Landschaft geleitet. Dort müssen sie drohenden Gefahren entkommen und entweder gemeinsam oder gegeneinander ein bestimmtes Ziel erreichen. Dies kann das Auffinden eines verborgenen Schatzes sein, die Errettung eines Gefangenen, die Vernichtung eines Ungeheuers oder das bloße Überleben in einer feindlich gesinnten Umwelt. Der Spielverlauf wird einerseits durch die Vorgaben des Spielleiters bestimmt, andererseits entscheidet oft das Glück beim Würfeln über die Zukunft des jeweiligen Spielers. Z. B. wird das Ergebnis eines Kampfes durch die höhere Würfelpunktzahl eines der beiden Duellanten entschieden.

Live-Rollenspiele

Während man mittels der eingangs beschriebenen Spiele bequem von zu Hause aus auf Drachenjagd oder die Suche nach dem heiligen Gral gehen kann, erfordern die Live-Rollenspiele schon etwas mehr Abenteuerlust. Meist sind es feste Spielergruppen, welche sich regelmäßig zu Spiele-Abenden zusammenfinden und quasi als Höhepunkt des Spielerlebnisses Live-Rollenspiele veranstalten. Dazu trifft der Spielleiter an einem vorher von ihm ausgewählten Aktionsort (oft ein Waldstück, eine alte Burg oder Ruine) Vorbereitungen für das Spiel, indem er unter anderem Hinweise verteilt oder Schätze und Zaubertränke versteckt. Die Mitspieler erhalten eine Anleitung mit Hinweisen zu Ziel und Verlauf des Spiels und begeben sich einzeln oder in kleinen Gruppen in das Rollenspiel. Wie auch bei den Brettspielen schlüpft der Spieler in die Person seiner zu verkörpernden Spielfigur. Dabei wird bei den Live-Rollenspielen durch das selbständige Agieren in einer realen Umgebung der Effekt des „in eine andere Rolle Schlüpfens“ verstärkt. Von den meisten Live-Rollenspielern wird dabei Wert auf möglichst authentische Ausstattung in Kleidung und Zubehör gelegt. Diese „Kostümierung“ hilft den Spielern dabei, sich selber noch stärker in den Spielverlauf und in die darzustellende Person hineinzuversetzen. Die originalgetreue Umgebung regt die Phantasie der Spielenden an und unterstützt die Vorstellungskraft, wenn es z. B. darum geht, einen Kampf mit einem Fabeltier „live“ auszufechten. Die Live-Rollenspiele können unter Umständen über mehrere Tage veranstaltet werden und dienen den Mitspielern somit als eine Art geistigen Urlaub von der Realität.

aus: Franz Rattensteiner: The Fantasy Book, London 1978

Kapitel 6: Lebens-/Geisteshaltungen/Glaubensrichtungen

1. Mystik/Romantik

Mystik und Romantik spielen für jeden Schwarzen eine große Rolle. Viele kommen gerade über die Beschäftigung mit diesen Themen zur Szene, da hier die Auslebung romantischer Gefühle akzeptiert wird, die sich allerdings von dem, was im Bürgertum allgemein unter „Romantik" verstanden wird, unterscheiden. Busses Definition der Romantik schlägt einen Bogen zwischen den verschiedenen Verständnissen von Romantik: „Der Begriff Romantik: Was meinen wir, wenn wir etwas als romantisch bezeichnen? Wir meinen etwa eine malerische Landschaft; zu ihr gehören ein kleiner, waldumsäumter See, ein Waldtal, eine Waldlichtung, aber auch Schroffes, eine jäh abstürzende Felsengruppe, ein wilder Wasserfall, das Verwinkelte in den alten Städten, das Gemüthafte, was unserer Gefühle bewegt, das Volkslied, die Volksmusik, der Volkstanz; alles was uns zum Träumen bewegt, der Mondschein, der weite Nachthimmel, das ferne Hallen einer Glocke; romantisch nennen wir aber auch das Vergangene, sofern es eine Vergangenheit ist, nach der Sehnsucht in uns lebendig ist, und von der wir doch wissen, daß es unwiederbringlich ist; romantisch nennen wir das In-sich-Gekehrte, Heimlich-Unheimliche, das Verborgene und Abseitige; aber auch das Gespenstische." In dieser Definition wird jeder Mensch, egal wie seine persönlichen Vorlieben gehalten sind, zumindest einen Ansatz für sein eigenes Verständnis von Romantik finden. Durch die vielen unterschiedlichen Möglichkeiten, Romantik individuell zu definieren, ergeben sich ebenso viele unterschiedliche Arten, Romantik zu leben. In diesem Zusammenhang kommt die Gemeinschaft der Szene zum Tragen, in der abseits vom etablierten Romantik-Begriff eine gemeinsame Romantik ausgelebt werden kann.

Der Bereich der Mystik hat in der Szene ebenfalls große Priorität. Dabei weisen Bezeichnungen wie „Endzeitromantiker" oder „Mystiker" darauf hin, daß derjenige sich nicht einer speziellen Glaubensrichtung angehörig fühlt, sondern allgemein offen für Erfahrungen auf dem Gebiet des übersinnlich-mystischen ist. Die Beschäftigung mit dem Thema Mystik beschränkt sich nicht immer auf die Lektüre von okkulten Büchern, zum Teil werden auch magische Rituale durchgeführt und sich so ein wenig in „Alltagszauberei" geübt. Seltener sind diejenigen, welche sich zu magischen Zirkeln zusammengeschlossen haben. Ihr Glauben basiert unter anderem auf Runenmagie, dem Ägyptischen Totenkult, den Prophezeiungen von Sehern wie Nostradamus oder den magischen Lehren von A. Crowley sowie Vampir- und Hexenglaube (Wicca-Kult). Einschlägige Bücher sind zum Beispiel das „Liber Al vel Legis" von Crowley, wobei dieser nach eigener Aussage als Sprachrohr für die Aussagen des Dämons „Aiwass" diente, das „Necronomicon" von Abdul Alhazred, die „Satans- und Hexenbibel" von la Vey, das „Totenbuch der Ägypter", das „6. und 7. Buch Moses", die „Apokryphen" sowie Magie- und Hexenbücher aller Art und „wahre" Erzählungen über Vampire und Hexen.

Diese Bücher dienen nicht primär der Unterhaltung, sondern werden als eine Art Lehrbuch oder Nachschlagewerk zum Verständnis und zur Prüfung des eigenen Glaubens genutzt. Der Brockhaus definiert den Begriff der Mystik folgendermaßen: „Das Ziel des Verhaltens des Mystikers richtet sich auf eine erfahrbare Verbindung mit der Gottheit, bis hin zu einer als „Vereinigung" bzw. Identität mit ihr (...) erlebten Nähe. Dieses Ziel wird mit Hilfe ver-

„So sieht mein Liebesaltar aus."

Hexe Theresia (28):

So findest Du im neuen Jahr die große Liebe

Theresia (li.) und Reporterin Petra

Bist Du gerade solo und sehnst Dich nach der ganz großen Liebe? Hexe Theresia weiß Rat: „Mit meinem Liebeszauber kriegst du ihn. Die Magie funktioniert garantiert!"

schiedener bewußtseinserweiternder Praktiken wie unter anderem Kontemplation, Meditation oder Askese erstrebt. Kennzeichnend für den mystischen Frömmigkeitstypus ist eine antiinstitutionalistische Grundtendenz gegenüber der etablierten Religion, v. a. gegenüber der vom Mystiker häufig als Erstarrung aufgefassten Orthodoxie. Im Zusammenhang mit diesem der Mystik eigenen Potential steht häufig die Höherbewertung der individuellen religiösen Vorstellungswelt gegenüber der eher kollektiven oder sozialen Objektivation von Religion".

Die Beschäftigung außerhalb der Szene mit okkulten oder mystischen Phänomenen beschränkt sich in der Regel auf Dinge wie Gläserrücken, Pendeln oder Hand- und Kartenlesen, welche als eine Art Partyspass dargestellt werden. Das okkulte Interesse der sog. „Mystiker" geht deutlich über das hinaus, was von vielen Jugendlichen zum Zeitvertreib betrieben wird. Deutlich wird diese Abgrenzung in Artikeln aus Frauen- oder Jugendzeitschriften, welche sich mit diesem „Hausfrauenmystizismus" befassen. Obwohl sie anscheinend die Akzeptanz für solche Praktiken erhöhen, drohen sie andererseits mit erhobenem Zeigefinger: „Was wir zeigen, ist noch harmlos, aber man sollte sich nicht weiter wagen."

Aus diesem Zusammenhang läßt sich auch die Angst im Bürgertum vor der schwarzen Szene erklären und den Vorwurf, der Szene sei ein ungesunder und übersteigerter Mystizismus eigen. Wiederum ist es der Brockhaus, der eine gute Definition dieser heimlichen Ängste in Bezug auf den Mystizismus der schwarzen Szene liefert: „Mystizismus ist eine (meist abwertend gebrauchte) Bezeichnung für eine geistige Haltung, die bewußt irrational die der Mystik zugrundeliegenden Erkenntnisformen und Denkweisen ohne deren spezifischen religiösen Intentionen übernimmt und dabei die Möglichkeit von Wunderbarem, Geheimnisvollem, Dunklem als höherwertig und wirklich betont."

In den Bereich der Mystik fällt auch der Hexenglaube und Schamanismus. Basierend auf den Lehren von Naturvölkern wie Indianern und germanischer oder keltischer Stämme gelangen die Anhänger dieser Lehren mittels magischer Rituale zu höheren Bewußtseinsebenen und erfahren somit eine Erweiterung des Geistes. Die Möglichkeiten der Beschäftigung mit diesen Riten reicht von „Zauberei für den Hausgebrauch" (z. B. Aufsagen von Zaubersprüchen, Durchführung festgesetzter Zeremonien, Anfertigung von Talismanen, Weissagung mittels Tarotkarten, Pendeln oder Handlesen o. ä.) bis hin zu organisierten Treffen in Heidengruppen oder auch Hexenzirkeln. Letztere basieren auf dem Wicca-Kult (eine in den 40ern von Gerald Gardner gegründete Bewegung) und agieren ähnlich wie die Satanisten in der Regel außerhalb der Öffentlichkeit. Daher kann keine Aussage getroffen werden, ob und in welchem Umfang Mitglieder dieser Hexenzirkel innerhalb der Szene vertreten sind. Relativ eindeutig zu erkennen ist in der Szene jedoch eine allgemeine Müdigkeit an den Lehren der großen Religionsverbände wie dem Christentum. Die Aussagen der Kirche lassen sich auf das heutige Leben nur schwer übertragen, und angesichts täglich neu enthüllter Katastrophen und Verbrechen scheint ein Glaube an den „lieben Gott" blanke Ironie.

2. Existenzphilosophie

Die Endlichkeit der irdischen Existenz bedeutet für den Existenzialisten, daß die Erfahrungen und Werte, welche für das Individuum relevant sind, keine Übertragbarkeit im Hinblick auf das Bestehen der Menschheit allgemein haben können. Das Individuum muß erkennen, welche Prioritäten es in seinem eigenen Leben zu setzen hat, unabhängig davon, ob diese mit den gesellschaftlich vermittelten Normen und Werten übereinstimmen. So wie sich die Gesellschaft wandelt, wandeln sich auch die gesellschaftlichen Werte und Regeln. Es gibt kaum Grundsätze oder Leitgedanken, welche sich über die Generationen überliefern, und somit ist die Kritik an gesellschaftlichen Werten in jeder Generation legitim.

Sartre, der neben Kierkegaard, Heidegger, Camus und Jaspers zu den wichtigsten Vertretern des Existentialismus zählt, sieht den Menschen „als einen zur Freiheit Verurteilten, der sich in unüberwindbarer Subjektivität den Sinn seiner Existenz selbst setzen muß, ohne sich dabei auf die Werte und Ziele seiner Umwelt verlassen zu können.“ Man muß nicht lange philosophieren, um in dieser Aussage die Einstellung eines großen Teils der Szene-Angehörigen wiederzufinden. Die Quintessenz des Existentialismus besteht in der Erkenntnis, daß jeder Mensch die zeitliche Beschränktheit seines Lebens begreifen muß, um mit Hilfe dieser Erkenntnis unabhängig von gesellschaftlichen Einschränkungen das für ihn persönlich Beste oder Befriedigendste aus seinem Leben zu machen. Dabei kann der jeweilige Lebenssinn immer nur subjektiver und individueller Natur sein. Aufgrunddessen erfährt das Individuum die Möglichkeit, sich von den Normen und Werten der Gesellschaft abzugrenzen, da stets die individuelle und nicht die kollektive Existenz im Vordergrund steht. So erlaubt diese Grundeinstellung den Existentialisten auch ein relativ unbesorgtes Herangehen an den Tod. Da der Sinn der Existenz in dieser selbst zu suchen ist, hebt sich der Existentialist von den verschiedensten Glaubenslehren ab, welche die Frage nach dem „Sinn des Lebens“ meist mit einem erhabenerem Zustand nach dem Leben erklären. Für den Existentialisten entfällt der Druck, das irdische Leben möglichst „sündenfrei“ zu gestalten, da man ihm nicht mit einer Verdammung nach dem Ableben drohen kann.

3. Atheismus, Nihilismus, Skeptizismus

Der Atheismus steht in seiner Grundaussage in engem Zusammenhang mit dem Existentialismus. Die Weigerung, ein „transzendentes“, (d. h., ein von der menschlichen Erfahrung zugänglichen Welt verschiedenes) Wesen zuzugeben, unabhängig davon, ob es als Person aufgefasst wird oder nicht, bildet den Kern des Atheismus. Auch hier entfällt der Druck, ein möglichst „gottgefälliges“ Leben zu führen, da die Existenz einer übergeordneten Macht schlichtweg bestritten wird. Frei von diesen Dogmen, gelingt es dem Atheisten also ebenso wie dem Existentialisten, sich für sein Leben selbst verantwortlich zu fühlen und es gemäß seiner Bedürfnisse zu verbringen.

Auslöser für das verstärkte Aufkommen des Atheismus war die Entwicklung der Wissenschaften in der Neuzeit. Der Aufbau der Naturwissenschaften, vor allem der Physik, verlangte die strenge Einhaltung mathematischer Methoden. Gott wurde als Hypothese oder Begründung für Naturphänomene überflüssig. Dementsprechend entfernten sich die Atheisten in ihrer Erklärung des Weltbildes von der Idee des Göttlichen: Holbach versucht im „Systeme de la nature“ die Menschen in ihrer Gesamtheit durch wissenschaftlich begründete Erkenntnisse, insbesondere über gesellschaftliche Verhältnisse, von der Religion zu befreien. Für Feuerbach ist Gott ausschließlich die Projektion der unerfüllten Wünsche des Menschen. Nach ihm verhilft der Atheismus dem Menschen dazu, die Erfüllung seiner Wünsche schließlich selbst in die Hand zu nehmen. Karl Marx fordert als Fortsetzung der Religionskritik die Veränderung der Verhältnisse, welche Religion als „Opium für das Volk“ erst notwendig machten.

Quasi als Bindeglied zwischen Atheismus und Nihilismus ist Friedrich Nietzsche zu sehen, welcher den Nihilismus als Folge der christlich-moralischen Lebensverneinung sieht. „Der Untergang der moralischen Weltauslegung, die keine Sanktion mehr hat, nachdem sie versucht hat, sich in eine Jenseitigkeit zu flüchten, endet im Nihilismus.“ Ein Nihilist ist für ihn somit „ein Mensch, welcher von der Welt, wie sie ist, urteilt, sie sollte nicht sein, und von der Welt, wie sie sein sollte, urteilt, sie existiert nicht.“

In engem Zusammenhang mit Atheismus und Nihilismus steht der Skeptizismus. Er gilt ebenfalls als philosophische Position, welche nur „geprüfte“, d. h. begründete Behauptungen anerkennt und den kritischen Zweifel zum allgemeinen Denkprinzip erhebt. Das Haupttheorem des

Skeptizismus, daß absolut gesichertes Wissen nicht zu errei-
chen ist, wird allgemein von allen Vertretern dieser Philosophie akzeptiert. In diesem Zusammenhang sieht Camus den Menschen „in einer unausweichlichen, unüberwindlichen Sisyphussituation, deren Absurdität darin besteht, daß der Mensch einerseits nach theoretischer Wahrheit und gerechtfertigten Handlungszielen sucht, andererseits aber einsehen muß, daß er in diesem Bemühen nur scheitern kann."

Die Lehren dieser verschiedenen philosophischen Richtungen lassen sich bei den Mitgliedern der Szene mehr oder weniger stark ausgeprägt beobachten. Die Szene an sich ist von einer starken Religionskritik gekennzeichnet. Nach außen hin tragen die Schwarzen diese Einstellung durch ihre Kleidung sowie die Umkehrung religiöser Symbole oder deren provokative Verwendung als bloßen Schmuck. Dabei bezieht sich die Kritik zwar vorrangig auf die christliche Religion, doch ist davon auszugehen, daß sämtliche Religionen, die mit Dogmen arbeiten, wie z. B. der Islam, das Judentum oder die orthodoxe Kirche, auf Ablehnung stoßen. Übrig bleibt insofern nur die Beschäftigung mit Naturreligionen, der Natur und dem Menschen nahestehende Lehren wie dem Hinduismus oder dem Buddhismus. Wo auch diese Lehren auf Ablehnung stoßen, ist der Weg frei für die Aneignung einer philosophisch orientierten Weltsicht. Existentialismus, Nihilismus und Skeptizismus bieten in dieser Beziehung über die bloße Verneinung der Existenz Gottes hinaus philosophische Betrachtungen über die religiösen Konfliktsituationen des Menschen an. Die nihilistische Erkenntnis, daß die Welt, wie sie sein sollte, nicht existiert, verbunden mit der atheistischen Leugnung einer Gottesexistenz, führt laut Feuerbach dazu, daß der Mensch entweder resigniert oder aber sein Leben selbst in die Hand nimmt. Als Zeichen der Resignation kann durchaus die Melancholie oder ihre Steigerung, die Depression, angesehen werden, von der viele Szene-Angehörige latent oder offensichtlich betroffen sind. Die zweite Möglichkeit, sein Leben selbstbestimmt zu führen, findet im Auftreten der Szene ihren Ausdruck, mit dem sie sich bewußt von der Gesellschaft abhebt und ihre eigenen Werte und Ästhetik

schafft. Darüber hinaus verkörpert besonders der Endzeitromantiker als personifizierte Mahnung an die Endlichkeit alles Irdischen die Grundgedanken der Existenzphilosophie.

4. Satanismus

Obwohl die schwarze Szene gerade in den kommerziellen Medien immer wieder gerne mit dem Satanismus in Verbindung gebracht wird ist es eine Tatsache, daß nur eine sehr geringe Anzahl der Szene-Angehörigen dieser Glauben vertritt und lebt. Diese lassen sich in drei Gruppen einteilen: Die erste Gruppe befasst sich ausschließlich auf theoretischer Basis mit dem Satanismus. Die Beschäftigung erfolgt über die Lektüre von Sachbüchern zum Thema oder Schriften von Begründern satanischer Zirkel. Die Auseinandersetzung mit dem Glauben beinhaltet somit auch kritische Komponenten, die im Kreis mit anderen Interessierten diskutiert werden.

Die zweite Gruppe wird von denjenigen, die sich auf wissenschaftlicher Ebene mit Satanismus beschäftigen (wie z. B. Josef Dvorak), als „Vulgärsatanisten" bezeichnet. Diese Gruppe ist es auch, über deren Schandtaten die Presse in der Regel berichtet. Schändungen von Friedhöfen gehen ebenso auf ihr Konto wie der Mord an Tieren oder das Beschmieren von Kirchen und anderen Gebäuden mit „satanischen" Symbolen. Diese Aktivitäten sind oftmals damit verbunden, daß die Akteure mit ihren Taten prahlen. Für sie kommt es weniger auf die theoretische Beschäftigung mit Satanismus und dessen Hintergründe an, sondern es stehen primär die spektakulären Auftritte in der Öffentlichkeit und die schockierende Wirkung ihrer Untaten im Vordergrund. Diesen recht kleingeistigen, in der Regel von mangelndem Selbstbewußtsein geprägten Gestalten gibt Tiermord oder Kirchenschändung ein gewisses Pseudo-Machtgefühl. In der schwarzen Szene macht diese Gruppe einen verschwindend geringen Anteil aus.

während die Affinität zu solchen Aktionen eher bei pubertierenden Jungen ohne subkulturelle Bindung zu finden ist.

Als ein provokantes Spiel scheint der Satanismus für einige Anhänger der Black-Metal-Szene zu gelten. Durch einschlägige Symbolik und mehr oder weniger reflektierte Aussagen über ihre religiösen Hintergründe stellen verschiedene Black-Metal-Musikgruppen einen Bezug zum Satanismus her. Volkmar Kuhnle im Gothic-Lexikon dazu: „Es soll nicht verschwiegen werden, daß es (speziell im Goth-Metal-Bereich) durchaus Songtexte gibt, die auf den ersten Blick wie Teufelsverehrung aussehen. Die Texte sind oft recht primitiv; eine tiefere religiöse Einstellung scheint nicht dahinterzustecken. Außerdem drängt sich der Eindruck auf, daß es den meisten Bands, die solche Songtexte über irgendwelche undurchschaubaren Teufelsdinge benutzen, nur auf vordergründige Schockeffekte ankommt. Andere zielen offensichtlich darauf ab, sich bei den Jugendlichen, die ja meist der Kirche fernstehen, als verehrungswürdige Rebellen-Band anzubiedern. Fragt man in Interviews die Bands nach ihren satanistischen Inhalten, so erhält man in den meisten Fällen nur oberflächliche Antworten, so daß man wohl davon ausgehen muß, daß die meisten der ach so teuflichen Bands in Wahrheit gar nicht so satanistisch sind, wie sie vorgeben."

Die dritte Gruppe kann auch als „organisierter Satanismus" bezeichnet werden. Hier finden sich die Mitglieder satanischer Zirkel wieder, welche unter anderem mit schwarzen Messen ihren Glauben sozusagen „professionell" betreiben. In der Regel bezieht sich ein satanischer Zirkel auf den theoretischen Glaubensüberbau des Sektengründers, wie z. B. der O.T.O. Orden auf die Aussagen Aleister Crowleys oder die „Church of Satan" auf die Lehren Adrian La Veys. Die Regeln, die diese Zirkel bestimmen, sind in den Schriften der Glaubensführer festgelegt und haben in vielen Punkten Ähnlichkeit miteinander. So könnte der folgende Auszug der „Verhaltensregeln" (ähnlich den christlichen 10 Geboten) aus La Veys Satansbibel auch dem Werk Crowleys entsprungen sein: „1. Satan repräsentiert Nachsicht statt Enthaltsamkeit. 2. Satan repräsentiert Gefälligkeit denen gegenüber, die es verdienen, statt Liebe, die an Undankbare vergeudet wird. 3. Satan repräsentiert Rache statt Hinhalten der anderen Backe. 4. Satan repräsentiert Verantwortlichkeit gegenüber Verantwortungsbewußten statt Sorge für psychische Vampire. 5. Satan repräsentiert alle sogenannten Sünden, da sie alle zu physischer, geistiger oder emotionaler Befriedigung führen."

Über diesen geistigen Überbau hinaus üben sich die Mitglieder satanischer Zirkel in festgesetzten Ritualen, welche der Erlangung verschiedener Ziele dienen sollen: So gibt es neben sexualmagischen Ritualen, die den Abbau sexueller Frustationen fördern sollen, ein „Schibboleth" genanntes Ritual, das auf der psychoanalytischen Aufarbeitung persönlicher Haßgefühle basiert. Von Aleister Crowley stammt eine Praxis, die als „Ekeltraining" in den Medien bekannt geworden ist, tatsächlich aber der „Umkehrung der Sinne" dienen soll: Durch gezielt herbeigeführten Kontakt mit als ekelhaft empfundenen Dingen soll nach mehrmaliger Wiederholung dieses „Trainings" das Ekelhafte schließlich als angenehm empfunden werden.

Die Mitglieder dieser Satanszirkel treten in der Regel eher unauffällig auf. Ähnlich wie bei Anhängern des Sadomasochismus ist einem „ernsthaften" Satanisten in der Regel sein Glaube äußerlich nicht anzusehen. Die Zirkel selbst sind Außenstehenden so gut wie nicht zugänglich und Informationen über Aktionen werden streng intern gehalten. Diese Vorsicht resultiert aus der Notwendigkeit, einen so umstrittenen Glauben wie den Satanismus in der Öffentlichkeit verborgen halten zu müssen. Es ist halt nicht dasselbe, wenn man im Kollegenkreis gemütlich von sich gibt: „Ich bin Satanist und gehe am Wochenende ganz gerne mal zu einem sexualmagischen Ritual", als wenn man bekennender Hinduist oder Moslem ist. Dieser Umstand erlaubt auch die Hypothese, daß in der schwarzen Szene eher wenige Mitglieder solcher Zirkel zu finden sind. Ihr auffälliges Äußeres verhindert jegliche Anonymität von selbst.

5. Mittelalterkult

Ueber die bloße Beschäftigung mit der Mode dieser Zeit geht bei einigen Schwarzen das Interesse am Mittelalter so weit, daß sie sich auch in darüber hinausgehenden Bereichen an das Leben des Mittelalters annähern. Das beginnt mit der Einrichtung der Wohnung im mittelalterlichen Stil und führt über das Erlernen des damals üblichen Mittelhochdeutschs und der typischen Handschrift sowie des intensiven Literaturstudiums über diese Zeit zum Engagement in Rollenspielgruppen und Mittelaltervereinen. Einige Mittelalter-Fans treiben den „Mittelalterkult“ bisweilen so weit, daß sie ihr gesamtes Leben auf „Mittelalter“ umstellen. Die Ablehnung technischer Geräte ist für sie ebenso selbstverständlich wie z. B. die Zubereitung typisch mittelalterlicher Speisen, die Anfertigung mittelalterlicher Kleidung und ein naturverbundenes, autonomes Leben. Diese „Hardcore“-Mittelalter-Fans sind weniger in der schwarzen Szene zu finden. Man sieht sie meist als Händler auf mehr oder weniger kommerziellen Mittelaltermärkten, wo sie ihren Lebensunterhalt mit dem Verkauf typischer mittelalterlicher Accessoires oder Speisen verdienen. Es gibt nur wenige, die das Glück haben, auf diese Weise ihr Hobby zum Beruf machen zu können, und diese werden selbst in der schwarzen Szene ein wenig unter der Aura des „Freaks“ betrachtet. Die Mittelaltermärkte jedoch werden von den meisten Schwarzen gerne besucht. Hier bietet sich neben dem Gefühl, dem Alltag für einige Stunden entflohen zu sein, die Möglichkeit, mittelalterliche Accessoires sowie Speisen und Getränke zu erstehen oder sich mittelalterliche Musikgruppen live anzusehen. Einige Szene-Angehörige engagieren sich auch in mittelalterlichen „Schaukampfgruppen“, welche auf den Märkten oder bei Burgfesten mittelalterliche Kampfkunst in originalgetreuer Gewandung präsentieren.

Foto: Privat

Foto: Privat

Das Lebensgefühl des Mittelalters versuchen viele Schwarze nachzuempfinden, indem sie alleine oder in Gruppen mit anderen Szene-Angehörigen alte Burgen, Ruinen, Kirchen oder Friedhöfe besuchen und dort etwas von der Stimmung der Vergangenheit einzufangen versuchen. Die Beschäftigung mit der Vergangenheit dient einerseits als Ablenkung und Erholung von den Alltagsproblemen, darüber hinaus bietet es aber auch die Chance, die Welt mit anderen Augen zu betrachten und somit die Nichtigkeit verschiedener Sorgen und Probleme zu erkennen.

Auch im Bereich der Kunst ist das Mittelalter bedeutsam: die Aussage der Werke von Künstlern wie Hieronymus Bosch lässt sich durchaus auf unsere moderne Welt übertragen. Die Beschäftigung mit Themen wie dem Leben nach dem Tod erfolgt heute ebenso wie zur Zeit des Mittelalters bei annähernd jedem Menschen. Ihre Zweifel im Hinblick auf die Lehren der Kirche konnte den Menschen auch der Fortschritt innerhalb der Naturwissenschaften nicht nehmen. Das Wissen über ein eventuelles Leben nach dem Tod hat sich über die letzten Jahrhunderte nicht vermehrt. Dadurch haben Szenen, wie sie beispielsweise auf Boschs Triptychon „Der Garten der Lüste" zu sehen sind, nichts an Aktualität und Bedeutung verloren.

Die Eigenheit mittelalterlicher Künstler, mittels Proportion und Perspektive die Bedeutung der verschiedenen Bildelemente festzulegen, (dabei galt die Faustregel: was wichtig ist, wird groß gemalt. So finden sich z. B. auf mittelalterlichen Gemälden Abbildungen von Edelleuten oder hohen Geistlichen, welche proportional größer dargestellt sind als die sie umgebenden Gebäude.) erinnert an die künstlerischen Freiheiten moderner Künstler, welche die bewußte Mißachtung von Proportion oder Gegenständlichkeit dazu nutzen, die Aussagekraft ihrer Bilder zu unterstützen.

Wye got wonderlich den Greuen van Cleue liess syen in dem legger/dat die hilligen bynn[en] der hilliger Stat Collen rast[en]de.die selue beschyrmen [vn]d bewaren.

Gemälde aus der Zeit des Mittelalters, entnommen aus: „Himmel - Hölle - Fegefeuer", Katalog des Schweizerischen Landesmuseums

Kapitel 7: Darstellung der Szene in den Medien, Gesellschaftsbild

Das Bild, welches in der bürgerlichen Gesellschaft von der schwarzen Szene besteht, wird zum großen Teil durch die Berichterstattung der kommerziellen Medien geprägt. Dabei besteht zwischen diesen beiden Parteien ein Wechselspiel, welches sich insofern ausdrückt, daß die Gesellschaft einerseits das glaubt, was die Medien (in leider oft unfairer Weise) über die schwarze Szene berichtet. Auf der anderen Seite bedienen die Medien aber auch die Sensationslust Außenstehender in Bezug auf diese mysteriöse Szene und befriedigen diese mit ihren Artikeln über die „Untaten“ der Schwarzen. Dabei sind oft noch die Artikel die freundlich-

Dead-Comic, aus Zillo, Nr. 9 1997

sten, welche bewußt darauf abzielen, Angehörige der schwarzen Szene als harmlose Spinner und weltfremde Traumtänzer zu diskriminieren. Als wesentlich gefährlicher und rufschädigender sind die Berichte einzustufen, welche gezielt gegen die Szene Stimmung machen, indem diese als Bedrohung für die bürgerliche Gesellschaft und darin insbesondere für Teenager dargestellt wird. Besonders in den Fällen, wo seelisch gestörte Teenager Verbrechen wie z. B. Grab- und Leichenschändung, Vergewaltigung, Mord oder Amoklauf begehen, ist die Gesellschaft erleichtert, wenn sie Beweise für die Affinität dieser Teenies zu satanischen Ritualen und Lehren aus dem Hut zaubern und damit die schwarze (oder die Black-Metal-) Szene als Buhmänner hinstellen kann. Die Verantwortung, die jedes Gesellschaftsmitglied und besonders Eltern für ihre Kinder übernehmen sollten, wird in so einem Fall nur allzu gerne abgegeben, indem die „armen fehlgeleiteten" Kinder als „Opfer dunkler Verschwörungen" dargestellt werden.

Daß das von den Medien gezeichnete Bild der schwarzen Szene vorwiegend negativ belastet ist, resultiert aus dem Umstand, daß der Bürger gar nicht eines Besseren belehrt werden, sondern lieber seine Vorurteile bestätigt sehen möchte, um sich damit elegant aus der Verantwortung zu ziehen. Der Vorwurf, den man den Medien in diesem Zusammenhang machen muß, liegt darin, daß eine erschreckende Nachricht in Journalistenkreisen stets als Garant für eine hohe Umsatzzahl angesehen wird. So ist es für die Medien effektiver, offensichtliche Lügen mit Halbwahrheiten und Gerüchten zu mixen, um damit eine reißerische Story zu fabrizieren, als eine Wahrheit zu publizieren, für die sich sowieso niemand interessiert. Es ist ein etwas zu bequemer Weg, den Kontakt mit der schwarzen Szene als Grund für sämtliche seelischen Probleme anzusehen. Diese Einstellung erinnert in ihrer Absurdität beispielsweise an die Aussage, die geistigen Störungen der Amokläufer von Littleton wären in erster Linie auf deren Bewunderung für bestimmte Musikgruppen zurückzuführen. Auch in diesem Fall werden die gesellschaftlichen und sozialen Umstände, welche letztendlich zu den Morden geführt hatten, rehabilitiert und die Schuld auf eine Minderheit ohne Lobby abgeschoben. Brian Warner (alias *Marilyn Manson*), welcher von der amerikanischen Presse als einer der Hauptverantwortlichen für das Massaker angesehen wurde, weil die jugendlichen Killer Eric Harris und Dylan Klebold angeblich seine Musik gehört haben sollen (was jedoch inzwischen widerlegt wurde), dazu im *Rolling Stone*: „Es ist ein trauriger Gedanke, daß die ersten Menschen keine Bücher, Spiele oder Musik brauchten, um auf die Idee zu kommen, einen kaltblütigen Mord zu begehen. Als Kain Bruder Abel den Schädel einschlug, war seine Motivation lediglich die menschliche Neigung zur Gewalt. (...) Unsere Kultur beruht auf dem Bild von Sexualität und Tod, das uns das Christentum vermittelt hat. (...) Wir bejubeln die Erfindung einer Bombe, deren einziger Zweck darin besteht, die ganze Menschheit auszulöschen. (...) Die Welt ist nicht gewalttätiger geworden, die Gewalt ist nur viel präsenter im Fernsehen. (...) Wenn man einen Schuldigen für die Morde in Littleton, Colorado, finden will, braucht man bloß einen Stein in irgendeine Richtung zu werfen. Wir sind es, die es ganz in Ordnung finden, daß Jugendliche Waffen besitzen, und wir sind es auch, die den Fernseher einschalten und sich die aktuellen Nachrichten darüber reinziehen, was sie mit diesen Waffen angerichtet haben".

Vorurteilsfreie und objektive Berichte über die schwarze Szene sind stark in der Minderzahl. Nur wenige Journalisten befassen sich intensiv genug mit den Szene-Angehörigen, um zu erkennen, daß diese keine abgedrehten Aliens sind, sondern Menschen mit „ganz normalen", teilweise auch bürgerlichen Wünschen und Ängsten. Es ist ein Witz, jemandem, nur weil er eine andere Form von Romantik bevorzugt, den Sinn für Romantik absprechen zu wollen. Ebenso zeugt es von Kleingeistigkeit, nur weil man die Ästhetik der Schwarzen nicht teilt, diese als pervers oder „ins Gruselkabinett gehörig" zu bezeichnen. Das Unverständnis und die Blasiertheit gipfelt in der Aussage, daß jemand, der so aussieht wie die Schwarzen und sich darüber hinaus mit Tabu-Themen wie Tod und Mystik beschäftigt, dumm sein müsse oder unter einem seelische Defizit leide.

Wohnzimmer-„Accessoires“: umgedrehte Kreuze, Grabsteine und ein Totenkopf

Makaber: „Gebura“ züngelt mit einem Totenkopf aus Gips

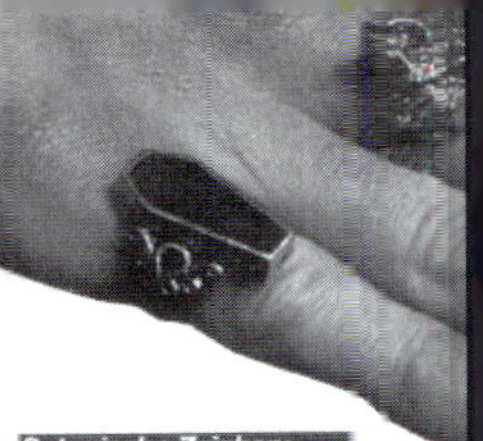

Satanische Zeichen: Ringe in Form eines Sarges oder Höllenhundes

„Gebura“ (18):

Ich bin die einz wahre Hexe!

Sie feiern nachts schwarze Messen, brauen Liebestränke oder huldigen Luzifer: Okkulte Satanssekten finden immer mehr Anhänger. GIRL! traf „Gebura“ und sprach mit ihr über Hexen, den Tod und die „Schwarze Szene“...

GIRL!-Reporter Ralf Krambs in den Fängen „Geburas“

Auf dem Kölner Melatenfriedhof herrscht unheilvolle Stille. Es ist Mitternacht. Von einem benachbarten Kirchturm hallen dumpfe Glockenschläge. Neben einem verwitterten, mit grünem Moos überzogenen Grabstein stehen mehrere schwarzgekleidete Gestalten. Nur ihre weißgeschminkten Gesichter heben sich im fahlen Mondlicht von den dunklen Kutten und Umhängen ab. Auf einem halbverfallenen Grabstein flackern Kerzen und erhellen mehrere Bücher mit fremdartig anmutenden Inschriften sowie einen Totenschädel. Plötzlich setzt ein monotoner Singsang ein. Die Gestalten murmeln unverständliche Beschwörungsformeln. Ein hochgewachsener Junge gießt einen Sud aus Blättern und Kräutern in einen mit Tierblut gefüllten silbernen Kelch. „Schwarze Geister der Nacht, die ihr euch aus dem Schatten der Hölle erhebt und Sünder peinigt, umringt mich!“ ruft der vermummte Hexenmeister mit furchterregender Stimme und reicht den schweren Kelch weiter an seine Jünger.

Tarot auf einem Grab

„Anfangs war ich total fasziniert“

Auch Maren kennt dieses angsteinflößende Ritual. Es dient der Verfluchung eines Feindes! Die 18jährige, die sich selbst „Gebura – die einzig wahre Hexe“ nennt, bewegt sich schon seit ein paar Jahren in okkulten Kreisen und nahm früher oft an den gefährlichen „Schwarzen Messen“ teil. „Die Hexe ‚Gebura'“, sagt Maren, „wird bei der Erzeugung von Tod und Vernichtung angerufen. Sie steht hinter Zorn, Krieg und allen zerstörerischen Urkräften der Natur.“

Vor vier Jahren kam „Gebura“ zum ersten Mal in Berührung mit der „Schwarzen Szene“. „Bei einer Freundin hörte ich den Song ‚Gott ist tot' von der Death-Metal-Gruppe ‚Das Ich'. Diese Auflehnung gegen die übliche Moral, das Spießertum gefiel mir einfach. Am Wochenende nahm mich meine Freundin dann in eine Underground-Disco mit, in der nur solche Musik gespielt wur-

Geschmackssache: schräge „Rituale“...

...mit einem umgedrehten Kreuz

Bizarre Liebesspiele für „Vampire“

Ein Sarg als „Kleiderschrank“

Handfesseln als „Hexenutensilien“

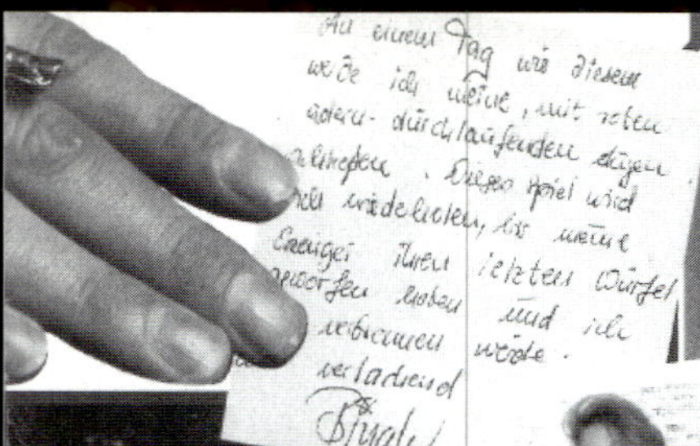

Maren als ganz normale 14jährige Schülerin

Im Laufe der Jahre wurde aus Maren die „Hexe Gebura"

heimlich stark, weil ich dachte, Zugang zu anderen Dimensionen zu haben und dadurch Einfluß auf fremde Menschen zu erlangen", erinnert sie sich.

Ein gefährlicher Aberglaube, weiß auch „Gebura" heute. Vom harten Kern der „Schwarzen Szene" hat sie sich inzwischen abgewandt: „Mir ist klar geworden, daß sich der Satanismus letztlich gegen dich selbst richtet. Er ist destruktiv, zerstört deine Identität, deine Seele! Heute kann ich gar nicht mehr verstehen, daß ich anderen Menschen schaden wollte. Ich bereue das sehr!"

Ganz abgeschworen hat sie ihren „alten Gewohnheiten" trotz dieser Erkenntnis nicht. Ihre Wohnung bezeichnet „Gebura", die im wahren Leben eine Ausbildung als Schneiderin macht, als „Spiegelbild ihrer Seele". Über dem Sofa hängt ein umgedrehtes Kreuz, schwarze Kerzen und ein lila Strahler erhellen eine Art Kultstätte mit Friedhofsleuchte, Totenkopf und einem gekauften Grabstein. Und noch immer zieht es „Gebura" nachts auf den Friedhof. „Es ist die Atmosphäre von Frieden und Stille. Der Friedhof ist für mich ein Ort, an dem ich mir bewußt werde, woher ich komme und wohin ich gehe. Ich finde den Tod einfach faszinierend. Es ist doch schön, einmal totale Ruhe zu haben", gesteht „Gebura" und zitiert Jim Morrison: „Leben ist viel schmerzvoller. Wenn du stirbst, ist alles vorbei."

Nachdenklich fügt sie hinzu: „Eigentlich suche ich nach dem, wonach sich jeder sehnt – nach Harmonie! Nur habe ich sie bei den falschen Leuten gesucht."

de. Die düstere Atmosphäre und die Leute faszinierten mich, obwohl sie mir auch ziemliche Angst einjagten!"

Maren fing an, sich schwarz zu kleiden, schloß sich der Black-Metal-Szene an, beschäftigte sich mit okkulten Praktiken und tauschte ihre früheren Freunde gegen undurchsichtige Insider der Szene aus. Per Kontaktanzeige lernte sie schließlich Georg (30) kennen. „Er behauptete, mit schwarzer Magie Macht über andere Menschen ausüben zu können. Der Gedanke daran ließ mich nicht mehr los." Eine Art Schlüsselerlebnis. Von da an beteiligte sich „Gebura" an okkulten Zeremonien, braute Liebestränke aus diversen Essenzen – und belegte ihren Ex-Freund und dessen neue Flamme mit einem Trennungsfluch. Doch der „faule Zauber" wirkte nicht: Die beiden sind unzertrennlicher denn je.

Daß sie immer mehr in den harten Satanismus abrutschte, bemerkte „Gebura" zunächst gar nicht: „Ich fühlte mich un-

„Satanismus zerstört deine Seele"

Experten warnen!

Heide-Marie Cammans (52), Leiterin der Sekten-Info Essen: „Die ‚Schwarze Szene' ist an Brutalität und Grausamkeit kaum zu überbieten. Ob in Deutschland rituelle Menschenopferungen Realität sind, weiß ich nicht. Tieropfer sind auf jeden Fall üblich, ebenso Foltermethoden übelster Art, Erpressungsversuche, Morddrohungen und Körperverletzungen." Die Übergänge von scheinbar harmloser Spielerei zum extrem harten Satanismus hält die Expertin für „absolut fließend": „Ich kann alle Jugendlichen vor okkulten Praktiken nur eindringlich warnen. Eine ‚Schwarze Messe' auf einem Friedhof kann ebenso in einer satanischen Sekte enden, wie das Legen von Tarotkarten."

Text: Ralf Krambs; Fotos: Günther Reisp

Seltsame „Bett-Lektüre": gesammelte Todesanzeigen

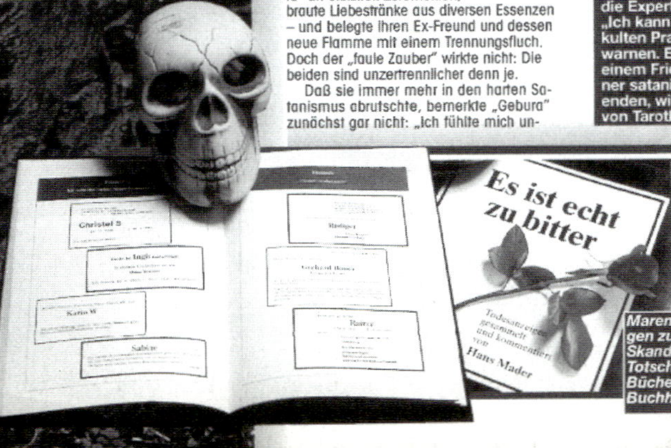

Marens „Zauberfibel", Anleitungen zur satanischen Magie. Skandalös: Die zu Mord und Totschlag auffordernden Bücher kann man in jeder Buchhandlung bekommen

Extremer noch als Artikel in Zeitschriften (wobei der Leser sich letztendlich eine eigene Meinung bilden kann) werden Fernsehberichte dazu benutzt, den Zuschauer tendenziös zu beeinflussen. Ein Beispiel hierfür bildet die Sendung „Einspruch“ von Sat 1. Im Vorspann zu einer Berichterstattung zum Thema Satanismus wurde eine Gruppe Schwarzer gezeigt, die über einen Friedhof spazierten. In der Sendung selber stellte sich jedoch heraus, daß diese in gar keinem Zusammenhang zur schwarzen Szene stand, sondern lediglich eine Diskussion zwischen dem Schriftsteller Josef Dvorak (welcher als Fachmann auf dem Gebiet des Satanismus gilt), einigen Black-Metal-Fans, einem Pfarrer sowie zwei Gegnern des Satanismus zeigte. Dieses Beispiel verdeutlicht, daß das Thema Satanismus in den Köpfen des Bürgertums so eng mit der schwarzen Szene verwoben ist daß diese quasi zu „Werbezwecken“ für eine Sendung zu diesem Thema eingesetzt werden kann.

Die wahren „Opfer“ sind dabei die Schwarzen, welchen in den kommerziellen Medien in der Regel nicht die Möglichkeit geboten wird, diese Unwahrheiten richtig zu stellen und die wahren Hintergründe der Szene zu erklären. In den seltenen Fällen, wo Szene-Angehörige im Fernsehen zu Wort kommen, werden sie von Moderatoren und Gesprächspartnern durch geschickte Fangfragen manipuliert oder ihnen wird einfach das Wort abgeschnitten. Darüber hinaus sind ihre Gesprächsgegner oft Professoren, Priester o. ä., welche allein schon durch ihre Ausbildung über Wortgewandheit und fundiertes Hintergrundwissen verfügen und somit ihre meist jugendlichen Diskussionsgegner leicht verunsichern können.

Diese Lücke in Bezug auf Informationen über die schwarze Szene ist nicht leicht zu schließen. Zum einen steht Außenstehenden ihre Berührungsangst und die überlieferten Vorurteile dabei im Weg, offen und unvoreingenommen auf Szene-Mitglieder zuzugehen. Auf der anderen Seite sind die Szene-Angehörigen aber auch durch dämliche Fragen wie: „Gehört ihr zu einer Sekte?“ über Gebühr von wißbegierigen „Normalos“ genervt und verspüren nicht immer die Lust, in langen Diskussionen ihre Lebenseinstellung zu rechtfertigen.

Kapitel 8: Einbindung der Szene in den zeitlichen und kulturellen Kontext

Betrachtet man die schwarze Szene in der Gesamtheit ihres Auftretens, ihrer Interessen und ihrer Weltanschauungen, stellt sich die Frage, in welchem Zusammenhang die Szene mit der Zeit ihrer Entstehung, ihres Fortbestehens bis heute sowie ihres kulturellen Kontextes zu sehen ist. Der gesellschaftliche Rahmen, in den die Szene eingebunden ist, ist vom Christentum beeinflußt und durch eine demokratische Regierungsform gekennzeichnet. Ein hoher Lebensstandard ist ebenso prägend für das kulturelle Umfeld wie eine starke Technisierung des Lebens und das Bestreben nach Einheitlichkeit.

Die Vorteile dieser Lebensbedingungen stellen sich für Menschen, welche die von der Gesellschaft geforderten Verhaltensweisen verinnerlicht haben, in der Aufrechterhaltung zufriedenstellender sozialer und gesellschaftlicher Positionen dar. Unterstützt von guten Ausbildungsangeboten wird es gesellschaftlich Angepassten in der Regel leichter gemacht eine gute berufliche Stellung einzunehmen und dadurch das Leben mit einer gewissen Freiheit und Luxus zu gestalten, als denen, die durch Verhalten und Äußeres von der Norm abweichen. Ein Ausbruch aus den gesellschaftlich tradierten Lebens- und Wertvorstellungen beinhaltet daher eine gewisse Problematik: Jemand, der die bürgerlichen Vorstellungen des sozialen und kulturellen Lebens nicht teilt, hat es meist schwer, sein Leben so einzu-

richten, daß er sich einerseits selbst verwirklichen kann, auf der anderen Seite aber nicht aus der Sicherheit des sozialen Netzes herausfällt. Ein von der aktuellen Mode und somit der Norm abweichendes Äußeres genügt dabei häufig schon, um Fähigkeiten wie die Aufrechterhaltung einer gewissen Struktur, beruflichen Ehrgeiz und soziales Verantwortungsgefühl abgesprochen zu bekommen. In einer Zeit, wo selbst hochqualifizierte Fachleute bisweilen Schwierigkeiten haben, eine adäquate und ihrer Ausbildung entsprechende Anstellung zu finden, wird der Druck, sich den Vorstellungen der Mehrheitsgesellschaft anpassen zu müssen, größer. Der Frust, welcher daraus resultiert, daß eine freie Berufswahl und somit berufliche Selbstverwirklichung immer schwieriger wird, führt zu unterschiedlichen Reaktionen: Eine Resignation an der als ausweglos eingestuften Situation führt dazu, daß viele einfach irgendeiner Beschäftigung nachgehen, die zumindest ein einigermaßen bequemes Leben garantiert, dabei aber einen hohen Grad der Frustration in Kauf nehmen. Andere begeben sich in eine totale Verweigerungshaltung der Gesellschaft gegenüber und versuchen, durch eine von dieser abgewandten Lebensweise zumindest sich selbst gegenüber das Gesicht zu wahren und Kritik an den bestehenden Mißständen zu üben. Eine dritte Gruppe sieht als einzigen Ausweg die Flucht in radikale Irrlehren, welche in der Regel schwächere Gruppen wie „Ausländer“ für die eigene Misere verantwortlich macht und somit dem Einzelnen die Verantwortung für dessen Leben abnimmt.

Eine zusätzliche Vergrößerung erfährt die zwischen Realität und Wünschen klaffende Lücke durch die Aussagen der kommerziellen Medien und der Werbung. Die heile Welt der Seifenopern erweckt ebenso unstillbare Bedürfnisse wie die Verlockungen der luxusorientierten Werbeslogans. Hat man durch die ständige Berieselung erst einmal verinnerlicht, daß man ohne den Besitz all der angebotenen Herrlichkeiten nur ein halber Mensch ist, wird man sich bald auch entsprechend fühlen. Das immer stärkere Ansteigen der materiellen Bedürfnisse steht im krassen Gegensatz zu der Möglichkeit, diese zu befriedigen.

Ähnlich ist es im Bereich des Gefühlslebens. Die gleichmacherische Leistungsgesellschaft läßt keinen Platz für individuelles Miteinander. Was zählt, ist die Leistung. Der Mensch als leistungsstarke Maschine steht in der Wertvorstellung der Gesellschaft eindeutig über dem Menschen als fühlendes Wesen. Paradoxerweise gehört die Pflege des Individuums auch zu den gesellschaftlich vermittelten Werten. Die persönliche Individualität wird von den kommerziellen Medien zu einem erstrebenswerten Ziel erhoben. Aber bitte nur bis zu einem gewissen Grad! Sofern das Ausleben der Individualität nicht mit dem Verständnis der Mehrheitsgesellschaft übereinstimmt, wird diesem Prozeß der Selbstverwirklichung schnell ein Riegel vorgeschoben. Das Ziel der Gesellschaft ist es, selbst die Individualisierung in geordnete Bahnen zu lenken. Individualität ist nur so weit erwünscht, als sie zur Verstärkung der Leistungsfähigkeit führt.

Mittels Werbung werden auch im Freizeitbereich Bedürfnisse geweckt, deren Wahrnehmung die Wirtschaft ankurbelt und so dem Staatsetat Nutzen bringt. Die Freizeit gehört in der industrialisierten Gesellschaft zu den größten Wirtschaftssektoren. Kinozentren, Spielhallen, Diskotheken, Sport- und Freizeitparks, Reisebüros, Kaufhäuser und Boutiquen, Musik- und Buchhandlungen... Die Liste derer, die von dem Bedürfnis des Menschen zur Freizeitgestaltung profitieren, ließe sich beliebig fortsetzen. Die Freizeit dient schon lange nicht mehr der bloßen Entspannung und Regeneration vom Alltagsleben. Vielmehr nimmt der Freizeitstreß gegenüber dem Berufsstreß bei vielen Menschen überhand.

Die Freizeitgestaltung wird als „Belohnung“ für den Arbeitsalltag angesehen. Doch es wird immer kostspieliger, die Bedürfnisse im Freizeitbereich zu befriedigen. Bleibt aufgrund dessen die Belohnung aus, führt dies zur erneuten Frustration. Diese Umstände führen bei einigen Menschen dazu, daß sie sich von den gesellschaftlich vermittelten Wertvorstellungen abwenden und sich an anderen Kulturen und Gesellschaftsformen orientieren oder persönliche Werte zum Lebenszweck erheben.

Die schwarze Szene setzt der Gesellschaft ihr eigenes Lebenskonzept entgegen und gewinnt insofern eine gewisse Autonomie von deren Strukturen. Selbstverständlich können die Mitglieder der schwarzen Szene sich nicht völlig von der Gesellschaft lossprechen, Kompromisse müssen z. B. bei Ausbildung und Beruf geschlossen werden, doch gelingt es ihnen zumindest, sich außerhalb dieses Bereiches bis zu einem gewissen Grad unabhängig von der Gesellschaft zu machen. Alternative Lebensformen werden von Szene-Mitgliedern ebenso genutzt wie unkommerzielle Arten der Freizeitgestaltung. Der Besuch von Burgen und alten Kirchen oder das gemeinsame Treffen auf einem Friedhof oder im Wald ist für die Schwarzen eine kostenlose Alternative zur Nutzung von oben genannten organisierten Freizeit-Angeboten. Darüber hinaus beschäftigen sich viele Szeneangehörige in aktiver und passiver Weise mit Literatur und Kunst. Die Bildung des Geistes durch den Konsum und das Verfassen von Epik und Lyrik ist dabei ein Anreiz, der über die bloße Freizeitgestaltung hinaus geht. In Zusammenhang mit der Beschäftigung mit Kunst steht auch das Anfertigen oder Zusammenstellen des persönlichen Outfits. Zitate aus verschiedenen geschichtlichen Epochen werden aufgegriffen und zu einer völlig neuen Kreation vereint. Die dabei freigesetzte Kreativität befriedigt nicht nur den Schöpfer selbst, sondern nutzt durch ihre Beispielhaftigkeit auch anderen. Von Szene-Leuten eröffnete Läden und Versände tun ihr übriges dazu, daß sich die Szene in diesem Bereich vom kommerziellen Angebot abgrenzen kann. Durch das interne Organisieren von Feten und Discoabenden versucht die Szene auch hierbei, eine gewisse Freiheit zu erlangen. Daß ihr dies besonders im zweiten Fall nur bedingt gelingt, resultiert aus dem Umstand, daß nur die wenigsten Diskotheken, welche einen „schwarzen Abend“ anbieten, ausschließlich auf schwarzes Publikum eingerichtet sind. In den meisten Fällen werden schwarze Abende eher etwas stiefmütterlich auf solche Wochentage gelegt, an denen vom kommerziellen Publikum nicht viel Zulauf zu erwarten ist.

Doch nicht nur im Konsumbereich versucht sich die Szene vom Angebot der „Spaßgesellschaft“ zu unterscheiden. Viel wichtiger ist eine Abgrenzung in Bezug auf ideelle Werte. Tabuthemen der Gesellschaft wie z. B. der Umgang mit dem Tod, werden aufgegriffen und diskutiert. Durch die eigene Art der Szene, mit der Todesthematik spielerisch und extrovertiert umzugehen, verliert diese ihren Schrecken. Der christliche Gedanke von Himmel und Hölle und der nötigen Bußbereitschaft, um der ewigen Verdammnis zu entgehen, verliert innerhalb der Szene an Bedeutung, da diese alternative Vorstellungsweisen von Leben und Tod zuläßt. Einflüsse aus verschiedenen religiösen Glaubensrichtungen, Naturreligionen und philosophischen Lehren vereinen sich in der Szene zu einem Pool von Idealismen, in dem jeder Mensch die Grundlage für ein von dogmatischen Lehren unbelastetes Verständnis des Seins finden kann. Der Tod dient nicht nur als Auslöser für die Sinnfrage des Lebens. Durch seine Einbeziehung in das Leben erfährt dieses neue Tiefe. Diese Sichtweise kann besonders in Krisensituationen dabei helfen, das Dasein unter einem anderen Aspekt zu betrachten. Jugendlichkeit, gutes Aussehen und materielle Werte, welche in unserer Gesellschaft zu den höchsten Gütern erhoben werden, verlieren im Angesicht des sicheren Todes an Bedeutung. Die wahren Werte des Daseins, denken und fühlen zu können, weiß nur zu schätzen, wer sich von den oberflächlichen Wertvorstellungen freimacht und in der Gewissheit lebt, daß es am Ende des Lebens z. B. völlig irrelevant ist, wie viele teure Autos man gefahren hat, sondern das letztendlich nur zählt, wie zufrieden man mit dem Leben selbst war.

Die Tabuisierung des Todes führt in unserer Gesellschaft zu einem Jugendlichkeitswahn, in dem die Jugend quasi als Schutzschild gegen den Tod emporgehalten wird. Dieser Trend geht damit einher, daß das Altern und damit auch alte Leute eine gewisse Tabuisierung erfahren. Das Altern wird zu etwas Gefürchtetem. Die Gesellschaft verschließt sich durch die Ausgrenzung der Alten nicht nur die Möglichkeit, von deren Erfahrungen zu lernen. Die Ironie der Situation zeigt sich vielmehr darin, daß diejenigen, welche aus Berührungsangst heute noch den Kontakt zum Alter vermeiden, morgen selber unter dieser Isolation zu leiden haben werden.

Die Sensibilität, welche in der schwarzen Szene in Bezug auf solche Themen zu finden ist, führt in manchen Fällen zu einer Verzweiflung am Leben und der Gesellschaft. Melancholische Gemütszustände verdichten sich zu depressiven Verstimmungen, welche z. T. dazu führen, daß sich die Betroffenen nicht mehr alleine von diesem seelischen Druck befreien können. Unter fachkundiger psychologischer Hilfe müssen diese Menschen ihr Gefühlsleben neu ordnen, um die Fähigkeit zurück zu erlangen, am Leben aktiv Anteil zu nehmen. Eine echte Depression zählt zu den schwersten psychischen Krankheiten und muß auch so behandelt werden. Es scheint zynisch, die Probleme der Betroffenen dadurch abzuwerten, indem eine Depression als „cooles" Attribut angenommen wird, um sich selber in der Szene interessant zu machen. Unangenehm berührt einen die Tendenz einiger (meist jüngerer) Szene-Mitglieder, die Krankheit der Depression als „schicken Modetrend" zu sehen und sich damit zu „schmücken". Personen, welche in einer Szenezeitschrift Inserate mit etwa folgendem Wortlaut aufgeben: „Ich, 15, weiblich, depressiv, liebe Friedhöfe, schwarze Kleidung, Räucherstäbchen etc.", sind sich allem Anschein nach nicht bewußt, was eine wirkliche Depression ist, und was diese für das Leben der Betroffenen ausmacht.

Den Trend zur Depression als allgemeines Phänomen unserer Zeit vergleicht Volkmar Kuhnle in seinem „Gothic-Lexikon" mit der Endzeitstimmung früherer Jahrhunderte. Er schlägt einen Bogen von der für die Menschheit katastrophalen Pestzeit im Mittelalter zur Romantik-Ära im 18. und 19. Jahrhundert. Die damals aufkommende industrielle Revolution verleitete romantische Seelen, ähnlich wie heute die schwarze Szene, dazu, mittels phantastischen Geschichten (Blütezeit der Gothic Novel) ein Ventil für die unterdrückten Gefühle zu schaffen. Als logische Konsequenz sieht Kuhnle „die Goths zur Jahrtausendwende 2000 (...) als die romantische Antwort auf das virtuelle Leben im Cyberspace". Er bezeichnet die Szene als Reaktion auf den (im wahrsten Sinne des Wortes) „wahnsinnigen" Fortschritt der Gesellschaft, welcher durch Schlagwörter wie Rinderwahn, Kloning, Atomabfall und Computer-Gau treffend gekennzeichnet werden kann.

Das Träumen von einer besseren Welt ist also quasi die „Hauptsünde" der Schwarzen. Daß sie dies nicht verborgen im stillen Kämmerlein, sondern offensiv und mit den Mitteln der Selbstinszenierung tun, stößt bei Außenstehenden auf Unverständnis. Doch: Ist es wirklich Unverständnis, oder nicht vielmehr Neid? In unserer technisierten Welt ist Platz für vieles: Man kann physischen und psychischen Mord und Totschlag begehen, darf sich kaputtarbeiten, -saufen und -fressen, mittels Computer und Fernseher lauwarme Plastik-Gefühle genießen, Flora und Fauna bis zur Ausrottung vergewaltigen - und findet immer noch ein Deckmäntelchen, ein Plädoyer oder einen wohlwollenden Samariter, der all dies entschuldigt. Die einzige „Todsünde", welche in keinem Fall verziehen wird, ist das Zeigen von spontanen, echten und nicht immer angenehmen Gefühlen. Schon als Kinder bekommen wir eingeimpft, schön „bitte" und „danke" zu sagen und der lieben Tante ein Küsschen zu geben. Ein in dieser Hinsicht gut dressiertes Kind wird gerne gesehen und bereitet den Eltern Stolz. Aber wehe, das Kind zeigt Gefühle des Unmuts, der Wut, Angst oder gar Trauer. Sehr schnell wird diesem Kind verdeutlicht, daß solche Gefühle (wenn sie schon unbedingt sein müssen) keinesfalls in die Öffentlichkeit gehören. „Keep smiling!" lautet die Devise. Fröhlichkeit um jeden Preis gipfelt in leeren Phrasen wie das nichtssagende „Vielen Dank, gut" als Antwort auf die zur Begrüßung rein rhetorisch gestellte Frage: „Wie geht es dir?" Wer sich einmal den Spaß macht und auf die Frage „Vielen Dank, schlecht" antwortet, wird sich wundern, wie wenigen Leuten der Unterschied auffällt. Man hört schließlich nur das, was man auch hören will, und es wäre ja auch eine Zumutung, aufgrund einer leicht dahingeplapperten Phrase in den Genuß der Probleme des Gegenübers zu kommen.

Das „Schwimmen gegen den Strom", welches die Szene-Mitglieder in verschiedener Hinsicht täglich praktizieren, führt dazu, daß der größte Teil die Szene nach einer gewissen Zeit wieder verlässt. Nur wenige Szene-Angehörige haben das dreißigste Lebensjahr bereits überschritten. Der Druck der Gesellschaft, welcher sich besonders im beruflichen Bereich bemerkbar macht, führt früher oder später zu

einer mehr oder weniger ausgeprägten Anpassung und letztendlich zum Verlassen der Szene. Viele dieser „Ehemaligen“ gehen zwar noch konform mit den Ideen und Hintergründen der Szene, auch im musikalischen und literarischen Bereich bleibt eine Verbundenheit bestehen, doch wird die Affinität zur Szene nicht mehr optisch nach außen getragen. Nur wenige Menschen gehen im Szene-Leben so auf, daß sie sich auch für die Zukunft keine andere Form des Lebens vorstellen können.

Neben dem optischen Aspekt resultiert die „Abwanderung“ älterer Leute zum Teil auch daraus, daß die Szene aufgrund ihrer vielfältigen Hintergründe keinen gemeinsamen Nenner hat, der eine lebenslange Verbundenheit rechtfertigen würde. Der Zusammenhalt der schwarzen Szene gründet sich nicht auf eine bestimmte politische Gesinnung oder philosophische Lehre, sondern ist das Resultat aus miteinander verbundenen, doch individuellen Vorlieben und Einstellungen. Dieser Umstand macht die schwarze Szene als Gesamtheit schwer fassbar und verbietet Verallgemeinerungen von selbst. Die Unmöglichkeit, die Szene verallgemeinernd zu analysieren, bereitet selbst Szene-Mitgliedern Schwierigkeiten, Außenstehenden die Szene zu erklären. Als Folge dieses Umstands treten immer wieder Missverständnisse auf. Gelten sie für die einen als gefährliche Sekte, sehen andere die Szene-Angehörigen als weltfremde Spinner an oder verfolgen sie sogar mit offenem Haß. Diese, aus Unsicherheit und Uninformiertheit resultierenden Reaktionen lassen sich nur schwer abbauen, vor allen Dingen, da seitens der Gesellschaft wenig Interesse zu bestehen scheint, diese Informationslücke zu füllen und die Szene mit einer gewissen Toleranz zu betrachten. Wer dieses „Spießrutenlaufen“ einige Jahre lang mitgemacht hat, gerät leicht in Gefahr zu resignieren. Da die Szene darüber hinaus innerhalb der Gesellschaft als nicht interessant eingestuft wird (im Gegensatz zu anderen Szenen gibt es z. B. so gut wie keine erklärende Literatur), wird außer von den Szene-Angehörigen auch nichts zu ihrem Erhalt getan. Sämtliche Szenetreffen, -events und Konzerte werden von Szene-Mitgliedern oder ihnen wohlwollend gegenüberstehenden Veranstaltern organisiert. Die Szene ist als Wirtschaftsobjekt uninteressant. Es ist jedem selbst überlassen, ob er dies als Nachteil oder als Segen für die Szene sehen möchte. Schaut man sich jedoch kommerziell organisierte „Jugendveranstaltungen“ wie „Top of the Pops“, „Bravo-TV“ oder die speziell auf Jugendliche zugeschnittenen Freizeitangebote an, fällt die Entscheidung eventuell nicht allzu schwer...

Service: Quo vadis? - Wo sich die Szene trifft

Ein kurzer Überblick über verschiedene Clubs und Diskotheken, in denen „schwarze Abende“ veranstaltet werden. Die Liste erhebt keinen Anspruch auf Vollständigkeit und ist ohne Gewähr!

Deutschland:

Aachen:

Aoxomoxoa, Reihstr. 15, 52062 Aachen
Club Voltaire, Friedrichstr. 9, 52070 Aachen; Tel.: 0241-543427
Musikbunker, Goffartstraße 39, 52066 Aachen, Tel.: 0241-532180

Arnstadt:

CultUR Haus zur Roten Tür, Unterm Markt 10, 99310 Arnstadt

Augsburg:

Rockfabrik, Riedingerstr. 24, 86153 Augsburg

Augustfehn:

Merlin, Hauptstr. 482, 26689 Augustfehn (zw. Lehr u. Oldenburg)

Bad Friedrichshall:

Rockfabrik, Friedrichshaller Str. 5, 74177 Bad Friedrichshall; Tel.: 0172-3092000

Bamberg:

Jazzkeller, Obere Sandstr. 18, 96049 Bamberg; Info: 0951-5190005
Top Act, Hauptstr. 26, 96199 Zapfendorf/Bamberg; Info: 0951-5190005

Bayreuth:

U-Boot, Riedinger Str., 95448 Bayreuth; Info: 0921-7912601

Berlin:

BKA, Mehringdamm 34, 10961 Berlin-Kreuzberg
Dezibel, Scharnweber Str./Ecke Müggelstr., 10247 Berlin-Friedrichshain
Drugstore, Potsdamer Str. 180, 10783 Berlin-Schöneberg
Duncker, Dunckerstr. 64, 10439 Berlin-Prenzlauer Berg
HVK „HeinrichsTanzbar“, Großgörschenstr./ Steinmetzstr. 39, 10783 Berlin-Kreuzberg; Tel.: 030-2159961
Die Insel, Alt Treptow 6, 12435 Berlin-Treptow; Tel.: 030-53608020
K 17, Kadiner Str. 16-17, 10243 Berlin-Friedrichshain; Info: 0171-1957625 & www.k17.de
Kastanie, Kastanienallee 85, 10435, Berlin-Mitte
Kato, im UBhf Schlesisches Tor, 10961 Berlin-Kreuzberg
Kulturfabrik, Lehrter Str. 35, 10557 Berlin-Tiergarten
K.v.U., Kremmener Str. 9-11, 10435 Berlin-Mitte, Tel: 030-4639125
Lime-Club, Dircksenstr. 105, 10178 Berlin-Mitte
Non Tox, Mühlenstr. 12, 10243 Berlin-Friedrichshain
Open Space, Adalbertstr. 32, 10179 Berlin-Mitte
Pool-Club, Golditzstr. 29, 12099 Berlin-Kreuzberg
Schoppas, Weinbergsweg 27, 10119 Berlin-Mitte
Stellwerk, Danneckerstr.1, 10245 Berlin-Friedrichshain
Transilvania, Schönhauser Allee 5, 10119 Berlin-Mitte

Bergneustadt:

Come In, Othestr. 28, 51702 Bergneustadt

Bielefeld:

Graveyard, August-Bebel-Str. 207, 33602 Bielefeld
PC 69, Am Stadtholz 11, 33609 Bielefeld; Tel.: 0521-69696

Bissingen:

Scheune, Talstr. 14, 74321 Bietigheim-Bissingen; Tel.: 07142-45385

Bochum:

Blackout, Kortumstr. 101, 44787 Bochum; Info: www.blackout-club.com
Matrix, Hauptstr. 200, 44892 Bochum; Tel.: 0234-292102
Rockpalast, Hauptstr. 200, 44892 Bochum; Tel.: 0234-292102
Zwischenfall, Alte Bahnhofstr. 214, 44892 Bochum-Langendreer; Info: 0234-287650

Bonn:

Atlantis, Kesselgasse 1, 53111 Bonn; Info: 0228-637109
N8Schicht, Bornheimer Str. 20-22, 53111 Bonn; Tel.: 0228-9638308

Braunschweig:

Jugendzentrum Drachenflug, Frankfurter Str. 253, 38122 Braunschweig; Tel.: 0171-8854808

Bremen:

Neue Welt, Hinter dem Schütting 10-12, 28195 Bremen
Tivoli, Hannoversche Str. 11, 28309 Bremen; Info: 0421-5577339

Burkau

Mittelgasthof, 01906 Burkau

Clausthal:

Kellerclub, Silberstr. 1, 38678 Clausthal-Zellerfeld; Tel.: 05323-722111

Dessau:

Schwarzebergbreite, Gartensparte an der „Großen Schaftrift", 06847 Dessau-Alten

Dieburg:

Apocalyptic Ballroom, Hohe Str. 17, 64807 Dieburg; Tel.: 06071-1482

Dortmund:

Sacre Coeur, Husener Str. 54, 44319 Dortmund; Tel.: 0231-283543

Dresden:

Alter Schlachthof, Gothaer Straße 11, 01097 Dresden
Bunker Strasse E, Werner-Hartmann-Str. 2, 01099 Dresden; Info: 0172-3741782
Nachtcantine, Lohrmannstr. 19, 01237 Dresden; Tel.: 0351-2816191
Starclub, Altbriesnitz 2A, 01157 Dresden; Tel.: 0351-4210397

Düren:

Komm, August-Klotz-Str. 21, 52349 Düren; Info: 02403-802135

Düsseldorf:

Con-Sum, Ronsdorfer Str. 77, 40233 Düsseldorf; Info: 0211-3613967
The Tube, Kurze Str. 9, 40213 Düsseldorf; Tel.: 0211-465422

Elmshorn:

Dancehall Traumraum, Berliner Str. 18, 25335 Elmshorn

Erfurt:

Gorki Park, Nordstrand 11, 99091 Erfurt

Erlangen:

Omega, Michael-Vogel-Str. 1g, 91052 Erlangen; Tel.: 09131-209347

Essen:

Zeche Carl, Steeler Str. 31, 45127 Essen

Flensburg:

Roxy-Music-Hall, Norderstr. 45, 24939 Flensburg

Frankfurt am Main:

Batschkapp, Maybachstr. 24, 60433 Frankfurt a. M.
The Cave, Brönnerstr. 11, 60313 Frankfurt a. M.
Dominicus Keller, Brückhofstr. 1, 60311 Frankfurt a. M.
Klapperkahn, Klappergasse 28, 60594 Frankfurt a. M.; Tel.: 069-615551
Nachtleben, Kurt-Schumacher-Str. 45, 60313 Frankfurt a. M.; Tel.: 069-20650

Freiberg:

Club im Schloß, Schloßplatz 4, 09599 Freiberg; Tel.: 03731-32793
Tivoli Chillout, Külzstr. 3, 09599 Freiberg; Tel.: 03731-267890

Geldern:

E-dry, Venloerstr. 10, 47608 Geldern; Tel.: 02831-4115

Gelsenkirchen:

Kaue, Wilhelminenstr. 174, 45881 Gelsenkirchen; Tel.: 0209-490131

Gera:

Downtown, Friedrich-Engels-Str. 01, 07545 Gera; Tel.: 0365-8004787

Gevelsberg:

RPL, Kölner Str. 914, 58285 Gevelsberg; Tel.: 02332-82191

Gießen:

Ausweg, Frankfurter Str. 183, 35392 Gießen

Göttingen:

Jump, Theodor-Heuss-Str. 11, 37075 Göttingen
Publique, Hannah-Vogt-Str. 3, 37079 Göttingen; Tel.: 0551-93162

Görlitz:

Nostromo, Cottbusser Str. 21, 02826 Görlitz

THE ROCKY HORROR
HE nIGHT iS CALLING
Schnuddel (bauhaus) wird 18
Am 30. 12. 1994 ab 22
Eintritt frei-Getr.1,50
DJ: Ralph&Thomas Thyssen
Musik:Gothic/EBM/Wave/NDW *
Keine Kirmes-, Tekkno-,
oder Heavymucke !
Im Radhaus Kleve
Sommerdeich 37
Übernachtungs-
plätze sind da,
nach Absprache.
Rise from
Your Grav
Dresscode
black
Gothik Industrial Event 98
Live
UNTOTEN
EXEDRA
BAKTERIELLE INFEKTION
ENDZEIT
after Gig Dark Disco mit
Guest Dj's: Demian
(Festival der Geisteskranken)
& Dj Schizophrenia
Gothik/Darkwave/80er pop/Industrial
Stände & „Gothik Art" Dias
Einlass 20 Uhr Beginn 21 Uhr
Eintritt 15 DM
4.7.'98 SO 36
Oranienstr. 190 Berlin Kreuzberg
Das Maul & sonic MALADE
Präsentieren
durch die nacht, die n
blickt zu mir der töne
Cl. Brentano
ØRLÔG
Montagna
gothic, industria
dunckerstr. 64

verschiedene Gothic-Flyer

Greifswald:

Kiste, Makarenkostr. 49, 17489 Greifswald

Gütersloh

Weberei, Bogenstr. 1-8, 33334 Gütersloh

Halle:

Capitol, Lauchstädter Str. 1a, 06110 Halle
Easy Schorre, Philipp-Müller-Str. 77/78, 06110 Halle; Info: 0345-212240
Elexir, Schmeerstr. 1, 06110 Halle
Fun-City, Leipziger Chaussee 147, 06112 Halle
Gig, Reilstr. 122, 06114 Halle; Tel.: 0177-5182939
Tanzbar Palette, Gr. Nikolaistr. 9-11, 06108 Halle; Tel.: 0177-5182939

Hamburg

Grünspan, Gr. Freiheit 58, 22767 Hamburg; Tel.: 040-65901372
Headbangers Ballroom, Große Elbstr. 14, 22767 Hamburg, Info: 040-52980408
Honigfabrik, Industriestr. 125, 21107 Hamburg-Wilhelmsburg; Info: 040-55901372
Markthalle, Klosterwall 9-21, 20095 Hamburg, Info: 040-65901372
Prinzenbar, Kastanienallee 22, 20359 Hamburg-St. Pauli, Info: 040-65901372
Steppenwolf, Schmuckstr. 9, 20359 Hamburg; Tel.: 040-312469
Tonwerk, Heidenkampsweg 32, 20097 Hamburg, Info: 0172-5837881

Hannover:

Backstage/Capitol, Schwarzer Bär 2, 30449 Hannover
Base-Underground Club, Brüderstr. 8, 30159 Hannover
Spaghetti Palast, Karmarschstr. 43a, 30159 Hannover; Tel.: 0511-3632481

Heidelberg:

Schwimmbad, Tiergartenstr. 13, 69121 Heidelberg; Info: 06221-470201

Herford:

Hinnerhöffken, Rennstr. 32, 32052 Herford; 05221-9190900

Hildesheim:

Kulturfabrik Lösecke, Langer Garten 1, 31137 Hildesheim
Vier Linden, Alfelder Str. 55b, 31139 Hildesheim; Tel.: 05121-25255

Kaiserslautern:

Blue Eye, Burgstr. 21, 67655 Kaiserslautern; Info: 0631-95844
Cream, Ziegelstr. 67655 Kaiserslautern
Downtown & Spatz, Logenstr. 4, 67655 Kaiserslautern; Info: 0631-3601586

Kassel:

Nachtwerk-Kleine Halle, Angersbachstr. 12, 34127 Kassel; Info: 0561-898142 & www.kassel-szene.de/nachtwerk
Spot, Ölmühlenweg 10-14, 34123 Kassel-Bettenhausen; Info: 0561-313326

Kiel:

H. Böll, Bergstr. 17, 24103 Kiel
Pumpe, Haßstr. 22, 24103 Kiel
Räucherei, Preezer Str. 35, 24143 Kiel

Koblenz:

Circvs Maximvs, Stegemannstr. 30, 56068 Koblenz; Info: www.charon-konzerte.de
Logo, Wallersheimer Weg 12-14, 56070 Koblenz; Info: 0261-8067257

Konstanz:

Contrast, Joseph-Belli-Weg 11, 78467 Konstanz; Info: www.tanz-der-nacht.de

Köln:

Blue Shell, Luxemburger Str. 32, 50674 Köln; Tel.: 0221-637109
LaLic, Rathenauplatz 6, 50674 Köln; Tel.: 0221-2404863
Rose Club, Luxemburger Str. 37, 50674 Köln; Info: 0221-2338387

Leipzig:

Dance Club, Lütznerstr. 175, 04179 Leipzig
Rockfabrik, Lagerhofstr. 2, 04103 Leipzig; Info: 0177-4270845
Sixtina, Katharinenstr. 11, 04109 Leipzig
Villa e.V., Lessingstr. 7, 04109 Leipzig
Werk II Halle D, Kochstr. 132, 04277 Leipzig

Lübeck:

Bad Taste, Untertrave 3a, 23552, Lübeck; Info: 0451-74431
Rider´s Café Live Club, Leinweberstr. 4, 23566 Lübeck

Lüneburg:

Garage, Auf der Hude 72, 21335 Lüneburg-Goseburg
Nightclub, Auf der Altstadt 8, 21335 Lüneburg

Magdeburg:

Factory, Karl-Schmidt-Str. 26-29, 39104 Magdeburg; Tel.: 0391-65901372

Mainz:

KUZ, Dagobertstr. 20b, 55116 Mainz; Info: www.dark-awakening.de
Lindenbaum, Holzstr. 32, 55116 Mainz; Tel.: 06131-227131

Mannheim:

JuZ Piranha, Käthe-Kollwitz-Str. 2-4, 68169 Mannheim

Marl:

Schacht 8, Loemühlenweg 8-10, 45770 Marl; Tel./Fax: 02365-515140

Merseburg:

Reaktor e.V., Geusaer Str. 88, 06217 Merseburg; Info: 0172-5993545

Miesau:

Maulwurf-Music-Club/2nd Basement, Bahnhofstr. 47, 66892 Miesau

München:

Bernd´s Place, Volkartstr. 41/43, 80636 München; Info: 0178-2984042
Loft, Friedenstr. 22, 81671 München
LOK/Feierwerk, Hansastr. 39, 81373 München
Tempel Club, Domakstr. 33, 80807 München; Info: 089-69340129 & www.blackpaintingcrew.com
Wunderbar, Hochbrückenstr. 3, 80331 München

ØRLÖG
Dark-Christmas
am 24.12. im Duncker Dunckerstr.64
von 22 Uhr bis ca. 3 Uhr

demnächst: 9.12.: SWAMP TERRORISTS / 16.12.: DAS HULZ
WATCH OUT: JUNI 1995: 4 FLOORS!!!!
DIE INSEL
presents:
tonight, at 0.00
the legendary
DARK FRIDAY
dj's: orlog; soon: doom & death headquarte

SPECIAL
MYSTIC
NIGHT
Dark Wave, Gothic
EBM, Neo Folk u.a.
...mit Szene-DJ´s Alex
(Wien - U4 / Graz)
und Devotee
22:00h
12.12.95
KIT KAT CLUB
Glogauer Str. 2 Ecke Wiener Str., 10999 Berlin X-Berg
U1 Görlitzer Bhf., Bus 129, N29, N44

electro-metal-crossover
DEATH-ZONE
DATES
05:10:94
&
12:10:94
PLACE
SOPHIENCLUB
SOPHIENSTR.6 ,BERLIN 1017

Münster:

Triptychon, Am Hawerkamp 31, 48155 Münster

Neustadt:

Musik-Kneipe „**Trial**“, Ziegenrücker Str. 6, 07806 Neustadt/Orla; 036481-53439

Nürnberg:

K4, Königstr. 93, 90402 Nürnberg
Tollhaus, Klingenhofstr. 52, 90411 Nürnberg
Twilight, Nimrodstr. 9, 90411 Nürnberg; Info: 09122-889299

Oberhausen:

Burg Vandern, Arminstr. 100, 46117, Oberhausen
Saint, Mülheimer Str. 24, 46047 Oberhausen; Info: 0208-8486200

Oldenburg:

Metro, Achternstr. 18, 26121 Oldenburg

Painten:

Music Stadl, Rygol-Hilde-Siedlung 1, 93351 Painten; Info: 09499-531

Passau:

Tollhaus, Spitalhofstr. 67, 94032 Passau

Peine:

UJZ Peine, Beneckestr. 9, 31224 Peine; Info: 05171-72565

Potsdam:

Archiv, Leipzigerstr. 60, 14473 Potsdam
Waschhaus, Schiffbauergasse 1, 14467 Potsdam; Tel.: 0331-2715626 & www.waschhaus.de

Rastatt:

Garage, Woogeseestr. 7, 76437 Rastatt; Info: 07222-81818 & www.garage-musicclub.de

Remscheid:

Deja Vu, Lenhartzhammer 4, 42899 Remscheid; Info: www.dark-awakening.de

Rödermark-Uberach:

X-Dream, Darmstädter Str. 200, 63322 Rödermark-Urberach; Info: 06074-879160

Rosenheim:

Blackout, Am Roßacker 7, 83022 Rosenheim; Tel.: 08031-380328

Rostock:

MS Stubnitz, Stadthafen Rostock, Liegeplatz 82

Salzgitter:

JKW Forellenhof, Forellenweg 10, 38226 Salzgitter; Info: 05341-43972

Sangershausen:

Cool´s World, Am Brühl, 06526 Sangershausen; Info: 0170-5214495

Ela-Club, Hans-Jürgen-Klinker-Str. 2, 24837 Schleswig; Tel.: 04621-51135

Sigmaringen:

Relativ Club, Hintere Landesbahnstr. 5, 72488 Sigmaringen; Tel.: 07571-63468

Solingen:

Exit, Müngstener Brückenweg, 42659 Solingen; Info: www.discothek-exit.de

Stendal:

Raffaello, Bahnhofstr. 12, 39576 Stendal; Tel.: 03931-211456

Straßkirchen:

Die Fabrik, Industriestr. 3, 94342 Straßkirchen

Stuttgart:

Altes Schützenhaus, Burgstallstr. 22, 70199 Stuttgart; Tel.: 0711-6498157
Die Röhre, Willy-Brandt-Str. 21, 70173 Stuttgart

Tübingen:

Zentrum Zoo, Schleifmühlenweg 86, 72070 Tübingen; Info: 07071-42568

Ulm:

Cat Café, Prittwitzstr. 36, 89075 Ulm; Tel.: 0731-9216135

SC Jacob, 99423 Weimar

Werne:

Silmarillion, Am Bahnhof 7, 59368 Werne/Lippe

Wiesbaden:

Schlachthof Wiesbaden, Gartenfeldstr., 65189 Wiesbaden; Info: 0611-731212

Wittenberg:

Musikclub **Bubbles**, Dessauer Str. 288, 06886 Wittenberg

Wolfen:

Stawo, Bobbauer Str. 18, 06766 Wolfen

Wolfenbüttel:

KuBa Kulturhalle, Lindener Str. 15, 38300 Wolfenbüttel

Würzburg:

W.E.A.R. House, Mainaustr. 50, 97082 Würzburg; Info: 0931-285641

Wuppertal:

U-Club, Friedrich-Ebert-Str. 191, 42117 Wuppertal

Österreich:

Bregenz:

Fiasko, Reinstr. 40, 6900 Bregenz; Tel.: 0043-5574-73231

Graz:

Q, Luthergasse 4, 8010 Graz

Innsbruck:

Prometheus, Hofgasse 2, 6020 Innsbruck

Wichtige Festivals/Treffen:

Zillo-Festival, wechselnde(r) Veranstaltungsort und -zeit (2001 z. B. vom 15.-17.06. in Losheim am See)

Wave-Gotik-Treffen in Leipzig, einmal jährlich zu Pfingsten

Schwarzen-Treffen auf der Domplatte in Köln, einmal jährlich zu Pfingsten

Schwarz, schwarz, schwarz sind alle meine Kleider... – Music and more, was das schwarze Leben schöner macht.

Da nicht alle Angehörigen der schwarzen Szene in einer Großstadt mit diversen Szene-Boutiquen und gut sortierten CD-Läden wohnen, gibt es die Möglichkeit, über diverse Versände bequem von zu Hause aus seinen Kleidersarg und seine Musiktruhe zu bereichern. Neben Klamotten, Schmuck und Schminke bieten die meisten Versände auch „grufige' Accessoires und Kuriositäten an, mit denen das traute Heim gleich ein bisschen mehr an Gemütlichkeit gewinnt...

Klamotten & Zubehör:

Alcantagram, Am Hauptbahnhof 10, 58089 Hagen; Tel.: 02331-13722

Alchemy Gothic Merchant, Katalog z. B. über InfraRot (s. u.)

Art of Dark, Rathenauplatz 4, 50674 Köln; Tel./Fax: 0221-9232964

Avalon, Thomas-Müntzer-Str. 10a, 06886 Wittenberg; Tel.: 03491-419656

Die kleine Hexe, A. Ehemann, Gassenäcker 10, 88634 Kleinschönach/Bodensee

Extra Versand, Roggenweg 6, 89233 Burlafingen; Tel.: 0731-712285

Scarface, Brückstraße/Helle, 44263 Dortmund; Tel.: 0231-571257

Teufelsküche, Rheiner Str. 33, 49809 Lingen; Tel./Fax: 0591-49886

Musik:

De Luitspreker, online shop www.deluidspreker.de

INDIEtective, Postfach 10 19 28, 30840 Langenhagen, Tel.: 0511-734979, Fax: -17

InfraRot, Fürst-Fugger-Str. 27g, 87727 Babenhausen; Tel.: 08333-93113, Fax: -14

Martz Mailorder, Postfach 1662, 45674 Herten; Tel.: 0209-3593011 , Fax: -091

Pandaimonium, Rohrackerstr. 99, 70329 Stuttgart

Eine Vielzahl weiterer Adressen finden sich im „Columbus", dem „Branchenbuch für die Szene". Zu beziehen ist das Heft über das Pressebüro Jan Kühr, Postfach 110645, 46126 Oberhausen; Tel.: 0208-6352529.

Literaturverzeichnis:

Baudelaire, Charles: Die Blumen des Bösen, Stuttgart 1992

Benn, Gottfried: Morgue, München 1980

Borchers, Elisabeth: An den Mond, Frankfurt 1986

Brockhaus Enzyklopädie, Wiesbaden 1967

Busse, G.: Romantik, München 1983

Cummings, Edward E.: Poems - Gedichte, Langewiesche-Brand Verlag, 1990

Farren, Mick: Black Power. Der Kult der schwarzen Lederjacke, München 1987

Gothic Press (Zeitschrift), Bonn 1991

Kaschnitz, Marie Luise: Überallnie, Hamburg 1965

Könneker, Marie-Luise: Haarproben. Bilder und Texte, Darmstadt 1983

Kuhnle, Volkmar: Gothic-Lexikon, Berlin 1999

Morson, Det: Praxis der weißen und schwarzen Magie, Burstadt 1991

Münchner Stadtmuseum: Anziehungskräfte, München 1986

Orkus (Zeitschrift), Stuttgart 1998

Paraneuja (Zeitschrift), Haßloch 1992

Riedel, Igrid: Farben, Stuttgart 1983

Rolling Stone (Zeitschrift), Hamburg 1999

Stock, M./Mühlberg, P.: Die Szene von innen, Berlin 1990

Trakl, Georg: Die Dichtungen, Frankfurt 1989

Vertigo (Zeitschrift), Bremen 1991

Zillo (Zeitschrift), Lübeck 1996 und 1997

Abbildungsverzeichnis:

Art of Dark Katalog, Köln 1998 und 2000

Bravo Girl, München (Zeitschrift)

Extra Katalog 1999

Fehlig, Ursula: Kostümkunde, VEB Fachbuchverlag Leipzig, Leipzig 1980

Gaiman, Neil: Sandman Special, „Death I“, Stuttgart 1993

Jedding-Gesterling, Maria (Hrsg.): Die Frisur. Eine Kulturgeschichte der Haarmode von der Antike bis zur Gegenwart, Callwey Verlag, München 1988

Kämpfer, Michael: Comix aus der Szene..., Kämpfer Verlag, Köln 1993

Mädchen, München (Zeitschrift)

O,Keeffe, Linda: Schuhe. Eine Hommage an Sandalen, Slipper, Stöckelschuhe, Könnemann Verlag, Köln 1997

ran, Köln 1998 (Zeitschrift)

Rattensteiner, Franz: The Fantasy Book, London 1978

Schweizer Nationalmuseum: Himmel – Hölle – Fegefeuer, Verlag *Neue Zürcher Zeitung*, Zürich 1994

Spaich, Herbert: Ernst Lubitsch und seine Filme, Heyne Fimbibliothek, München 1992

Verrückte Modewelt – Time-Life Bücher Amsterdam 1993

Zillo, Lübeck, 1997 und 2000 (Zeitschrift)

Im Sommer 1982 führte Gilbert Furian mit sieben Ostberliner Punks Interviews über Punk und Politik, Musik und Liebe, Arbeit und Anarchie. Das Resultat, 20 Blatt A4, verteilte er 90x in Ost- und 1x in Westberlin. Ein Vergehen, das ihm schließlich eine Verurteilung zu 2 Jahren und 2 Monaten Gefängnis einbrachte. Dieses Buch dokumentiert die damaligen Gespräche, die folgenden Aktivitäten der Stasi und erneute Gespräche mit den Punks von damals - 18 Jahre später.

Gilbert Furian
Auch im Osten trägt man Westen
2000, 120 Seiten, DM 28,-
ISBN 3-933773-51-2

»Wer das ENPUNKT nicht kennt, hat watt verpaßt« (Suburbia). Hier endlich auch in Buchform die besten Storys aus dem Kult-Egozine von Klaus N. Frick.

Klaus N. Frick
Zwei Whisky mit Neumann
2000, 96 Seiten, DM 18,-
ISBN 9-933773-81-4

Das Archiv der Jugendkulturen e.V. sammelt authentische Zeugnisse (Fanzines, Flyer, Musik etc.) aus den verschiedensten Jugendkulturen, aber auch wissenschaftliche Arbeiten und Medienveröffentlichungen und stellt sie in seinen derzeit 170 m² umfassenden Bibliotheks- und Arbeitsräumen der an einem differenzierten Blick interessierten Öffentlichkeit kostenfrei zur Verfügung. Das Archiv der Jugendkulturen e.V. führt aber auch eigene Forschungsprojekte durch, organisiert (oft in Kooperation) Fachtagungen und andere Events und gibt im Verlag Thomas Tilsner eine eigene Fachzeitschrift und eine Buchreihe mit etwa acht Titeln jährlich heraus. Vereinsmitglieder erhalten für einen Jahresbeitrag von 240,- DM sämtliche Publikationen des Archivs automatisch zugeschickt.

ARCHIV der Jugendkulturen e.V.

Kontakt:
Archiv der Jugendkulturen e.V.
Fidicinstraße 3 - 10965 Berlin
Tel.: 030-694 29 34 - Fax: 030-691 30 61
e-mail: archivderjugendkulturen @t-online.de

... für weitere Infos und Mailorder: **www.jugendkulturen.de**

Welche Möglichkeiten hat man schon, sich als Jugendlicher von den Alten abzusetzen, sich als Gleichgesinnte zu identifizieren? Das Naheliegendste: Outfit und Musik. Vorzugsweise eine, die sogar für Rock'n'Roll-sozialisierte Eltern kaum genießbar ist. Und sei es nur aufgrund der Taktfrequenz und der Position des Lautstärkereglers. Begeistern sich ein paar Leute mehr für die Musik, Mode, Action, erleben wir soeben die Geburtsstunde einer neuen Jugendkultur. Und bald darauf ihren Ausverkauf.

Klaus Farin
Jugendkulturen zwischen Kommerz und Politik
1998, 300 Seiten, DM 38,-
ISBN 3-910079-41-5

Hauptsächlich für den Einsatz im Unterricht u.a. (Jugend-) Bildungsmaßnahmen konzipierter Report über eine Studie der beiden Autoren, bei der im Frühjahr 1999 mehr als 800 14-21jährige befragt wurden. Einen Schwerpunkt bildet der Komplex Okkultismus/ »Satanismus« u.a. Sinnfragen.

Klaus Farin / Ingo Weidenkaff
Jugendkulturen in Thüringen
1999, 108 Seiten, DM 28,-
ISBN 9-933773-25-3

Mit dem *Journal der Jugendkulturen* veröffentlicht das Archiv der Jugendkulturen e.V. eine Fachzeitschrift, die über den aktuellen Bestand informiert, Veranstaltungs- und Publikationshinweise, Rezensionen über Themen, Tendenzen und Entwicklungen in der Jugendforschung u.v.m. enthält.
Reportagen aus aktuellen Jugendszenen.

Journal der Jugendkulturen,viertel jährlich, mindestens,
98 Seiten, DM 15,-
ISSN 1439-4324

Copyright © 1998 DC Comics.
All Rights Reserved.
Vertigo is a trademark of DC Comics
VERTIGO